ママとパパの

はじめての妊娠・出産事典

最新版

監修
東京大学医学部 産科婦人科学教室 主任教授
藤井知行
さめじまボンディングクリニック院長
鮫島浩二

朝日新聞出版

はじめに

女性は〝十月十日《とつきとおか》〟をかけて徐々にママになることができます。
でも、男性はパパになる実感がないまま父親になる、という人も多いのです。
妊娠・出産は人生でそうそうあることではありません。
ママのおなかの中で赤ちゃんが育つ時間は、赤ちゃんとママはもちろん、
パパにとってもとても大切な時間なのです。
間もなくママが臨月を迎えるパパに向けて、
クリニックでは、「パパの一夜づけ講座」を開いています。
ママが10カ月かかるところを、
一夜でパパになるための知識をたたき込む！という講座です。
でも、この講座でいちばん大切なことは、知識ではなく、
パパとしての〝覚悟〟をするということ。少し怖いことを言うようですが、
赤ちゃんは必ずしも元気に産まれてくるわけではありません。
妊娠・出産そのものが奇跡といえます。
「どんな子が産まれようとも、僕が育てていくよ」、
そして、命をかけて産んでくれたママに

「僕の子を産んでくれてありがとう」と言えるパパでいてほしいのです。
ママはきっとそんなパパを頼もしく思うでしょう。
そして、出産後の子育てに対する不安もやわらぐはずです。
ママ向けの妊娠・出産本が主流の中で、この本は、ママとパパが、
一心同体でマタニティライフを過ごし、出産に臨んでほしいという思いで作りました。
新しい家族の誕生がふたりの絆をさらに深められるものであってほしいと思います。

鮫島浩二（さめじまボンディングクリニック院長）

もしかして…妊娠???
ムムッ?
生理来てないぞ
薬局行かねば…
陽性
おめでたです!
わあっ!
やった♥
ウキウキ
うれしい…
でも……

おなかの赤ちゃん
無事 育ってくれるかな？
仕事…
やめなきゃかな？
私、赤ちゃん
ちゃんと育てられる？
どれくらいの
お金が必要？
どうやって
迎えて
あげたら
いいの？
ねぇ…
ザワ
ザワ
『妊娠』とってもうれしい！
けど…
夫は不安にならないのかな
私だけが不安なのかな
ハハハハッ！
この本
読んでみて
ママとパパのはじめての妊娠・出産
ここに書いてるんだ
赤ちゃんが無事
生まれることは
えっ⁉
…奇跡です
ママとパパのはじめての妊娠・出産

ハッ!!
奇跡
ほっほ〜
なるほど
マタニティ特集
でも本当にうれしい
ちょっと頑張り過ぎ？
あっ！洗たく終わった
干さなきゃ
ピ〜
ピ〜
ピ〜
飲み会行かない？
帰りま〜す
うちは共働きでね〜 かくかく、しかじか
はい、はい、勉強になります
がんばって
お産はママとパパの2人の力を合わせてするもの
ファイト
ハイ!!
順調ですよ

本書の使い方と特徴

妊娠の週数ごとに、ママの体の変化、赤ちゃんの成長をわかりやすく紹介しています。
安心してマタニティライフを送れるように、以下を参考に本書をご活用ください。

○週～○週の赤ちゃん
このころの赤ちゃんの身長、体重の目安や週数によってあらわれる赤ちゃんの様子などです。おなかの中でどのように育っていくか参考にしてください。

超音波写真&健診内容
このころの赤ちゃんの超音波写真と、健診で産婦人科の先生がチェックしていることなどを解説。

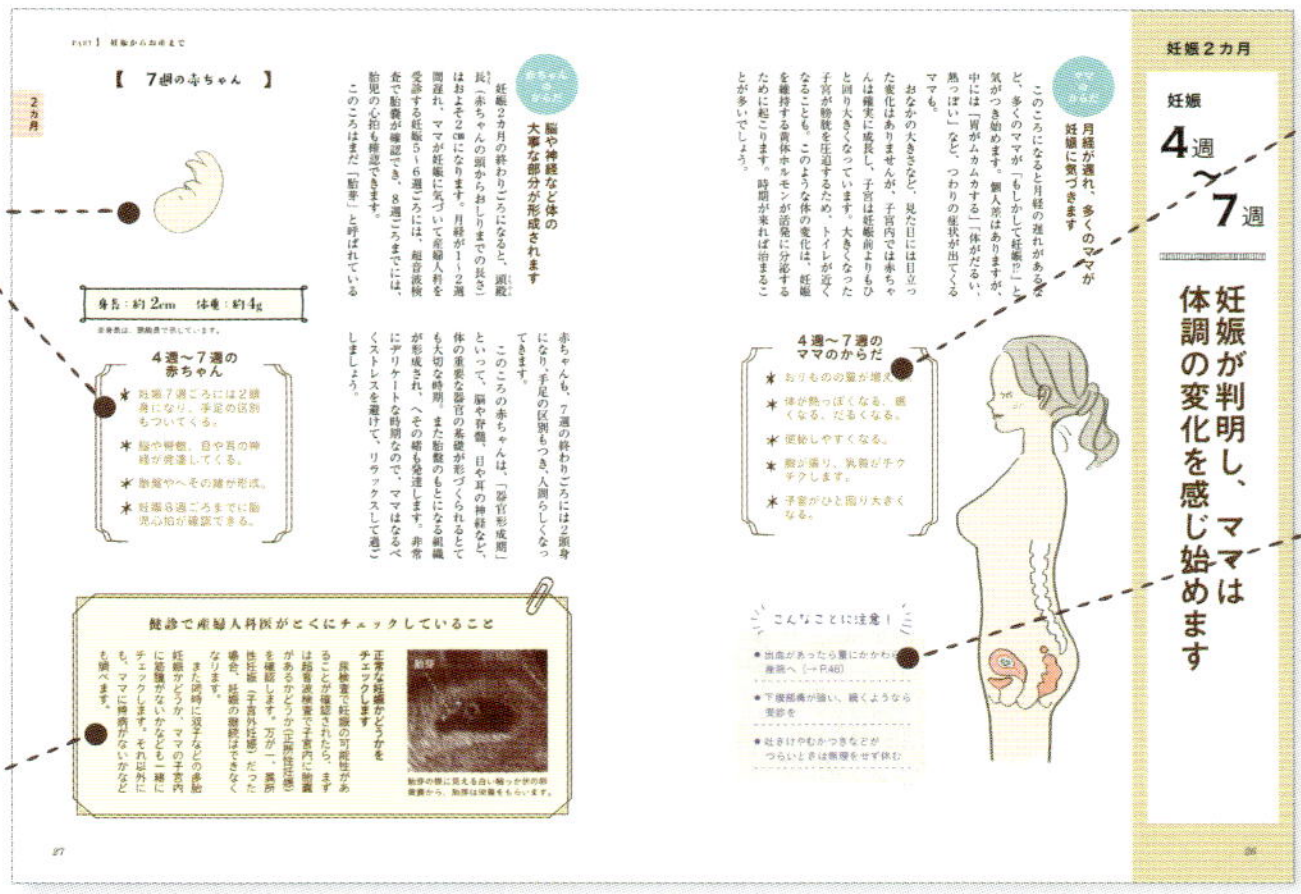

妊娠2カ月
妊娠 4週〜7週
妊娠が判明し、ママは体調の変化を感じ始めます

○週～○週のママのからだ
週数によってあらわれるママのからだの変化です。外見的な変化、からだの状態などの参考にしてください。

こんなことに注意！
この時期に、もしこのような状態になったら、迷わず受診したり、休むようにします。

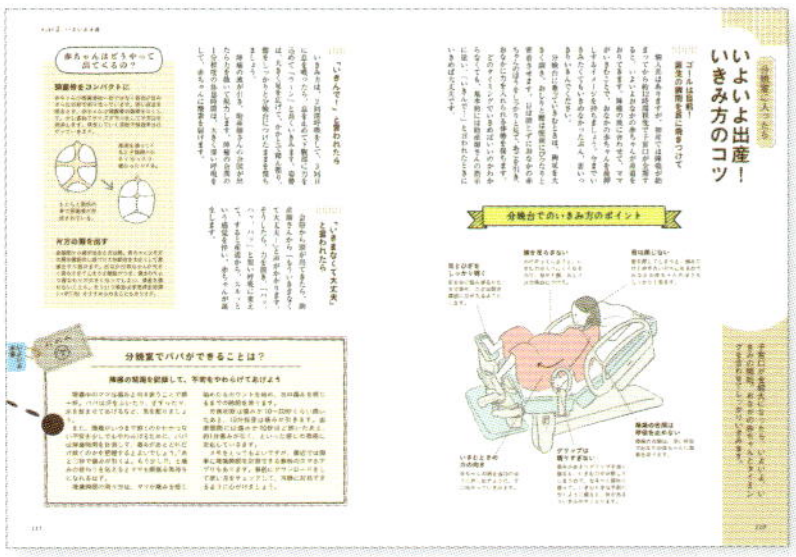

パパへ
パパができること、パパへのアドバイスを紹介しています。パパにぜひ読んでほしいコラムです。

産前産後体操&妊娠中のごはん
産前産後の体操、妊娠中のごはんなど、写真も豊富に説明しています。パパと一緒にできる体操、パパがつくるごはんなども紹介。

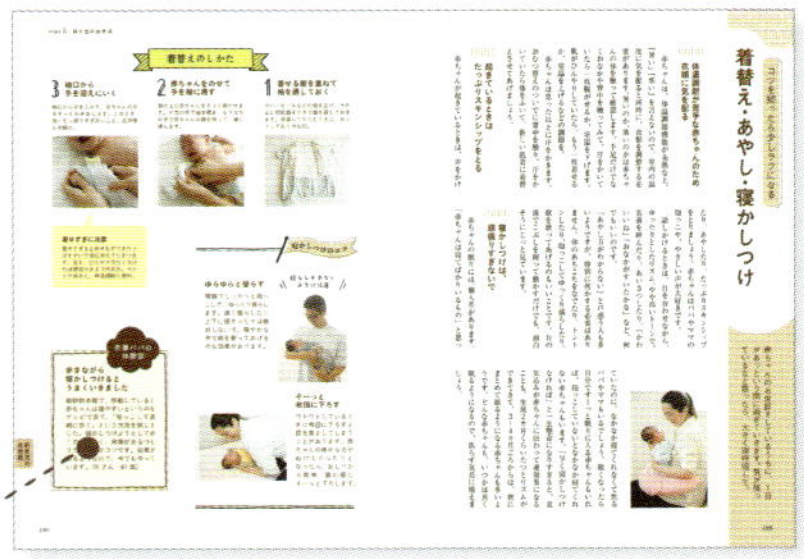

先輩パパの体験談
出産、育児経験のあるパパの体験談を、失敗談も含めて紹介しています。リアルな生の声が参考になります。

最新版

ママとパパのはじめての妊娠・出産事典 目次

PART 1 妊娠からお産まで

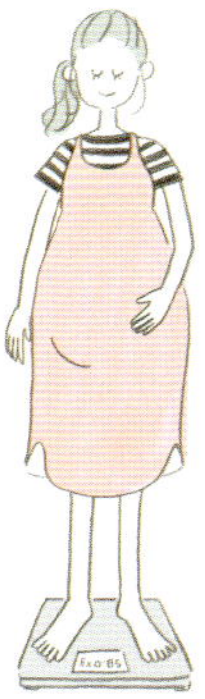

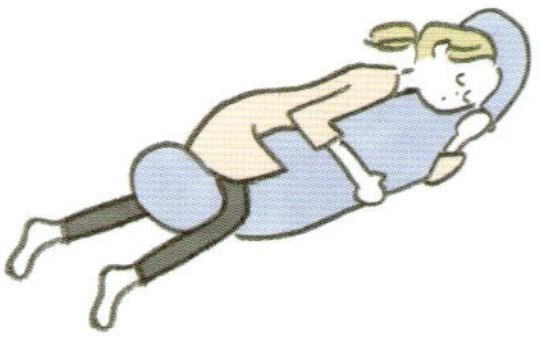

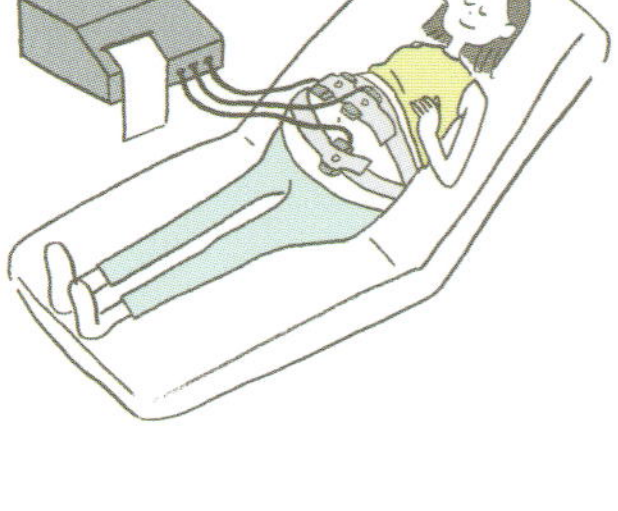

PART 2
いよいよ本番

PART 3
妊娠中の病気・トラブル

PART 4

安産のための食事と運動

PART 5

新生児のお世話

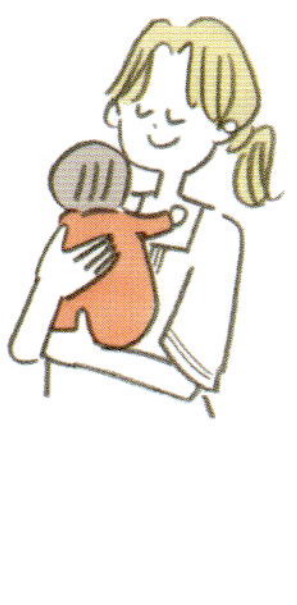

PART 6

産後ママの心と体のケア

PART 7

妊娠・出産にかかるお金

妊娠がわかったら

赤ちゃんを迎えるにあたって

妊娠したからといって、いきなりママやパパになるわけではありません。赤ちゃんとともにゆっくり親へと成長していきましょう。

ママとパパの心構え

妊娠がわかって、幸せな気持ちに包まれるのと同時に、未知なる出産・子育てに不安が産まれるのは当然のこと。

赤ちゃんを待ち望んでいた夫婦にとっては、やっとママ・パパになれる喜びとともに、無事に産まれてきてくれるだろうか、という不安もあるでしょう。また、思いがけずに妊娠したカップルは、今までの生活のリズムが変わることや、親になるイメージがまだ持てずに、動揺しているかもしれません。

けれども、誰もがその不安を経験してママ・パパになるのです。心配になるのは、おなかに芽生えた小さな命を大切に思うからこそ。その気持ちこそが、親になるための第一歩なのかもしれません。

身近にいるどんなに立派でかっこいい先輩ママ・パパでも、いきなりそのスタイルを確立できたわけではないでしょう。ママはおなかの中で小さな命を育みながら、そして、パパはそれを見守りながら赤ちゃんとともに、一歩一歩成長して、親になっていくのです。

変化を受け入れよう

一生のうち、そう何度もあるわけではない妊娠、出産の機会。その分、たくさんの希望が生まれるでしょう。「こんなお産にしたい」「こういうふうに育てたい」「男の子がいい、女の子がいい」「名前は○○にしたい」……。おなかにいる赤ちゃんについて、ママとパパでたくさん語り合ってほしいと思います。そして、その夢が実現するように、行動していきましょう。

ただし、ひとつ心得ておいてほしいことがあります。それは、「すべてが思い通りにはいかないこともある」ということ。

「どうしてもパパに立ち会い出産をしてほしい」と準備をしていたとしても、急に産気づいてしまい、パパが仕事で間に合わないことが起こるかもしれません。また、自然分娩を希望していたとしても、赤ちゃんの様子によっては緊急帝王切開手術になることもありえます。母乳育児を希望していたママも、おっぱいの出が悪くて、落ち込むことがあるかもしれません。

それでも、「赤ちゃんにとって何がいちばん大切なことか」という軸を持っていれば大丈夫。これはお産のシーンや新生児に限ったことではなく、これから何十年と続く子育てについても通じることです。

「バリバリ働いて出世するぞ！」と思っていたパパも、もしかしたら育児休暇を取って、子どもに寄り添う時間が必要になるかもしれません。反対に、子育てを最優先にするために仕事を辞めようと思っていたママが、働かざるをえない状況になることもあるでしょう。思い通りにいかないことがあっても、常に子どもにとって何がベストか、そんなふうに考えることができれば、きっとそこには再び希望が生まれるでしょう。

健康な赤ちゃんを産むために ママがするべきこと

妊婦さんになると、よく周りから「これからはひとりの体じゃないのだから」と言われます。

それはまぎれもない事実で、おなかにいる赤ちゃんは、ママの健康状態に左右されずにはいられません。

ママの栄養が偏っていれば、体の発達に影響が及ぶかもしれませんし、肉体的に負担が多い生活を強いられていれば、流産や早産の原因になってしまうこともあります。心配事やストレスが多いと、せっかくのマタニティライフを楽しめなくなりますので、適度な運動をして、心もリラックスさせましょう。

パパの仕事は ママの心を理解すること

パパのやるべきことは、ママのサポートに尽きるでしょう。力仕事や家事を手伝うのは、今や当然のことかもしれません。

パパの真にやるべきことは、ママの心を理解すること。妊娠したことによって、女性は体調不良になったり、感情が不安定になりがちです。普段はしっかりした女性だと思っていても、ホルモンの関係で心細くなったり、やる気が起きなくなったりするものです。

それなのに、「寝てばっかりいるね」とか「〇〇さんは臨月まで働いていたよ」など他人と比べるような発言はNG。

また、「仕事が大変で、ヘトヘトだよ」と自分の苦労話をしたり、「疲れてるから、あとでいい？」とないがしろにするのは控えましょう。立場が違うだけで、大変なのはママもパパも同じこと。それを口に出すことによって、不安定なママが不快な思いをしたら、おなかの赤ちゃんにもあまりいい影響は与えないでしょう。

パパになる自覚を持って、自ら自治体や病院が行う両親学級を探してみたり、ネットでパパの心得などを調べてみましょう。積極的にママと赤ちゃんに関わっていくようにする姿勢が大切です。

妊娠～出産まで

マタニティライフ・スケジュール

赤ちゃんと対面するまでの10カ月。いつ、どこで、何を準備すればいいのかを把握して、マタニティライフを楽しみましょう。

妊娠月数	1カ月	2カ月
妊娠週数	0～3	4～7
赤ちゃんの身長・体重目安	約1mm 1g未満 （3週ごろ）	約2cm 約4g （7週ごろ）
ママのからだ	●基礎体温は高温期をキープ。 ●眠けやだるさを感じる。 ●乳房が張った感じがする。 	●胃がムカムカと気持ちが悪くなる。 ●おりものが増加する。 ●乳房が張った感じがする。
この時期やっておきたいこと	□レントゲン撮影や薬の服用は医師に相談をする。 □飲酒、喫煙は控える。 	□妊娠検査薬で陽性反応が出る。 □月経予定日＋1～2週間後あたりに産婦人科へ。 □妊娠が確認できたら、出産する場所、病院などを決める。 □葉酸の摂取を心がける。
パパの出番！	まだ妊娠に気づいていない時期。ただし妊娠を考えている夫婦は、バランスのよい食事やストレスのない生活を常に心がけて。パパは風疹既往歴を調べ、まだかかっていない場合は予防接種をしておきましょう。	妊娠初期のママはホルモンバランスが急激に変化をしているため、精神が不安定になりがち。パパは常に、「寄り添う」気持ちを忘れないで。

5カ月	4カ月	3カ月
16～19	12～15	8～11
約25cm 約280g （19週ごろ）	約16cm 約100g （15週ごろ）	約9cm 約30～40g （11週ごろ）
●体が丸みを帯びてくる。 ●乳腺が発達して、乳房が大きくなってくる。 ●胎動を感じることも。	●つわりが一段落する。 ●高温期が終わり、だるさや熱っぽさがなくなる。 ●おなかがふっくらしてくる。	●つわりがピークになる。 ●立ちくらみなどの貧血症状がある。 ●頻尿や便秘などが起こることも。 
□戌《いぬ》の日に安産祈願のお参りをする。 □マタニティスポーツを始める。 	□食べすぎに注意し、体重管理を。 □妊娠線のケアのため保湿剤などを塗り始める。 □マタニティウエアの準備をする。	□母子健康手帳をもらう。 □心音が確認できたら両親に報告する人も。 □職場に妊娠の報告をする。
両親学級に参加してみましょう。 最近では、母親学級だけではなくパパ向けの講座を催している自治体や病院などもあります。		 つわりがひどいときは、料理をするのも億劫になりがち。ママの食べたいメニューを聞き、買ったり、つくるのもよいでしょう。

8カ月	7カ月	6カ月	妊娠月数
28～31	24～27	20～23	妊娠週数
約43cm 約1800g （31週ごろ）	約38cm 約1200g （27週ごろ）	約30cm 約700g （23週ごろ）	赤ちゃんの身長・体重目安
●おなかが張ることが増える。 ●血圧が上昇傾向になる。 ●子宮が大きくなることで胃腸が圧迫される。	●腰痛や肩こりがひどくなる。 ●胃腸の不調や便秘や痔などになりやすい。 ●静脈瘤《りゅう》や妊娠線が出ることも。	●おなかが目立つようになる。 ●胎動を感じる。 ●ふくらはぎがつる。 ●シミ・ソバカスが出やすくなる。	ママのからだ
□入院の準備をする。 □塩分、糖分のとりすぎ注意。 □お産の流れを把握しておく。 □ベビー用品などの下見を始める。 □赤ちゃんにたくさん話しかける。	□食物繊維や鉄分を多くとる。 □体重管理をする。 □働くママは保育園の下調べをする。	□鉄分やタンパク質を多く摂取する。 □歯科医院を受診しておく。 □性別がわかったら名前を考え始める。 □産後のサポート体制を考える。	この時期やっておきたいこと
部屋を片づけて赤ちゃんを迎えるスペースを確保します。ベビーベッドやベビーバスなど重いものは、パパが率先して準備しましょう。	おなかがますます大きくなり、腰痛などの体の不調が強くなるママもいます。掃除や洗濯、ゴミ出しなど、家事をこまめに手伝うようにしましょう。	ママはおなかが大きくなってきて、バランスを崩したりつまずいたりしやすくなるので、外出時は手をつないだり、腕を差し出すなどの配慮を。	パパの出番！

出産予定日	10カ月	9カ月
40	36～39	32～35
約50cm～ 約3100g～	約50cm 約3100g （39週ごろ）	約47cm 約2500g （35週ごろ）
● おしるしがある。 ● いきなり破水することも。 ● 陣痛が始まる。	● おなかの張りが頻繁に起こる。 ● 子宮の位置が下がり、胃もたれが落ち着く。 ● 尿もれ、頻尿などになりやすい。 ● サラサラしたおりものが増える。	● 骨盤や恥骨あたりが、おなかの重みで痛くなる。 ● 赤ちゃんの位置によって肋骨に痛みを感じることも。 ● 乳腺が発達し、乳汁が出る場合も。 ● 動悸や息切れが起こる。 ● おりものが増える。
□ おなかの張りが10分間隔になったり、破水した場合は産院に連絡をする。 □ 出産予定日を１週間過ぎても、何の兆候もない場合は、病院へ連絡を。	□ 入退院の荷物を確認する。 □ ひとりで遠出をしないようにする。 □ 緊急時の車の手配や、連絡先の確認をする。	□ おっぱいのケアをする。 □ 里帰り出産をする場合は、この時期に帰省する。

出産の兆候が現れたら、産院までの移動を一緒に。タクシーを手配したり、入院の荷物を持ったり、迅速に動きましょう。	ママがいない間の家事はどんなふうにすればよいか、事前に話し合っておくとよいでしょう。また、陣痛アプリなどを登録して、入力のしかたまで確認を。	出産が早まることも考慮して、入院グッズを入れたカバンはすぐに持ち出せる場所に用意しておきます。入院用の大きいバッグはパパが運んで。

マイ・バースプランをつくる

一生のうち、そう何度もあることではないお産。より印象深く、いい思い出として残るように、「こんなふうにお産してみたい」という希望を、事前に書き出してみましょう。プランによっては、大学病院や総合病院、助産院や個人産院など、産院選びにもかかわってきます。また、お産はなかなか予定通りには進みませんので、結果、「思い通りにならなかったとしても、仕方ないこと」と心づもりをしておくことも必要です。

出産方法

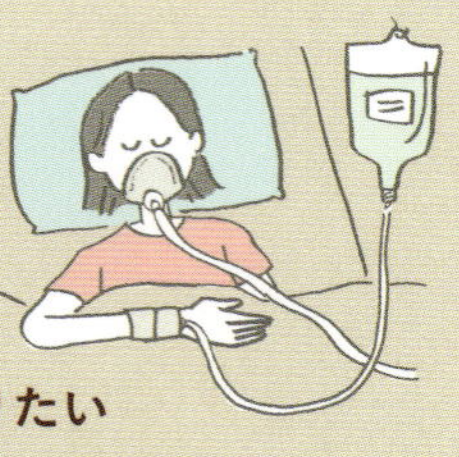

- 和痛(無痛)分娩をしたい
- 計画分娩をしたい
- できるだけ経膣分娩にこだわりたい
- 女医さんを希望する
- 座った姿勢、自由な姿勢など分娩姿勢にこだわりたい

…など

立ち会い出産

- パパに立ち会ってほしい
- パパ以外の家族の立ち会いも可能なところにしたい
- 分娩中はひとりでよいが、産まれたあとにパパを呼んでほしい

…など

陣痛中

- 痛みを軽減するマッサージをしてほしい
- 好きな香りのアロマを焚きたい
- 好きな音楽を流したい
- 簡単な食事が出る
- 陣痛促進剤は極力使いたくない

…など

分娩中

- 会陰切開は避けたい
- 剃毛や浣腸はしたくない
- 吸引分娩や鉗子分娩はなるべく避けたい
- 研修医などの立ち会いは控えてほしい
- 写真やビデオを撮りたい

…など

入院中

- ゆっくりしたいので個室がよい
- ママ友が欲しいので大部屋を希望する
- 赤ちゃんと同室でお世話をしたい
- 夜はしっかり寝たいので赤ちゃんと別室がよい
- 夜遅くの面会もできるようにしてほしい
- パパや家族の宿泊が可能

…など

産まれてから

- 赤ちゃんの産声を録音したい
- 産まれたら、すぐに赤ちゃんを抱っこしたい
- へその緒をパパがカットしたい
- 家族の記念写真が欲しい
- 胎盤を見てみたい
- 希望の授乳方法（母乳のみ、ミルク混合など）に対応してほしい

…など

PART 1

妊娠からお産まで

「もしかして、妊娠？」となれば、産婦人科でどんな診察を行うのか、出産のためにどんな準備をすればいいのか？　そもそも妊娠するとどのような体の変化があるのか……など、わからないことばかりです。ママの体の変化とおなかの赤ちゃんの成長を追いながら、それぞれの週数に必要な情報を細かく紹介していきます。

妊娠 0週〜3週

まだ妊娠した実感はないけれど、赤ちゃんを育む準備が始まっています

ママのからだ

まだ自覚症状はなくとも ママの体は大きく 変わり始めます

妊娠0週0日は、最終月経の開始日にあたります。2週0日が平均的な排卵日で、このころに精子と卵子が出会って受精をします。受精卵が子宮内に着床して妊娠が成立するのは妊娠3週ごろ。まだ妊娠が成立していない時期から、妊娠週数のカウントは始まっていることになります。次の月経予定日にあたる妊娠4週には、すでに妊娠2カ月に入っています。

受精卵が着床しても、多くのママはまだ妊娠には気がついていませんが、熱っぽい、ムカムカするなどつわりのような症状が出る場合も。また、着床時に「月経様出血」といって、赤茶色のおりもののような出血が見られることもあります。

0週〜3週の ママのからだ

- 基礎体温で高温期（→ P.28）が続く。
- 人によっては胸や胃がムカムカするなどつわりのような症状がみられる。
- 眠くなったり、だるさを感じることも。
- おりものの量が増える、乳房が張るなどのサインも。

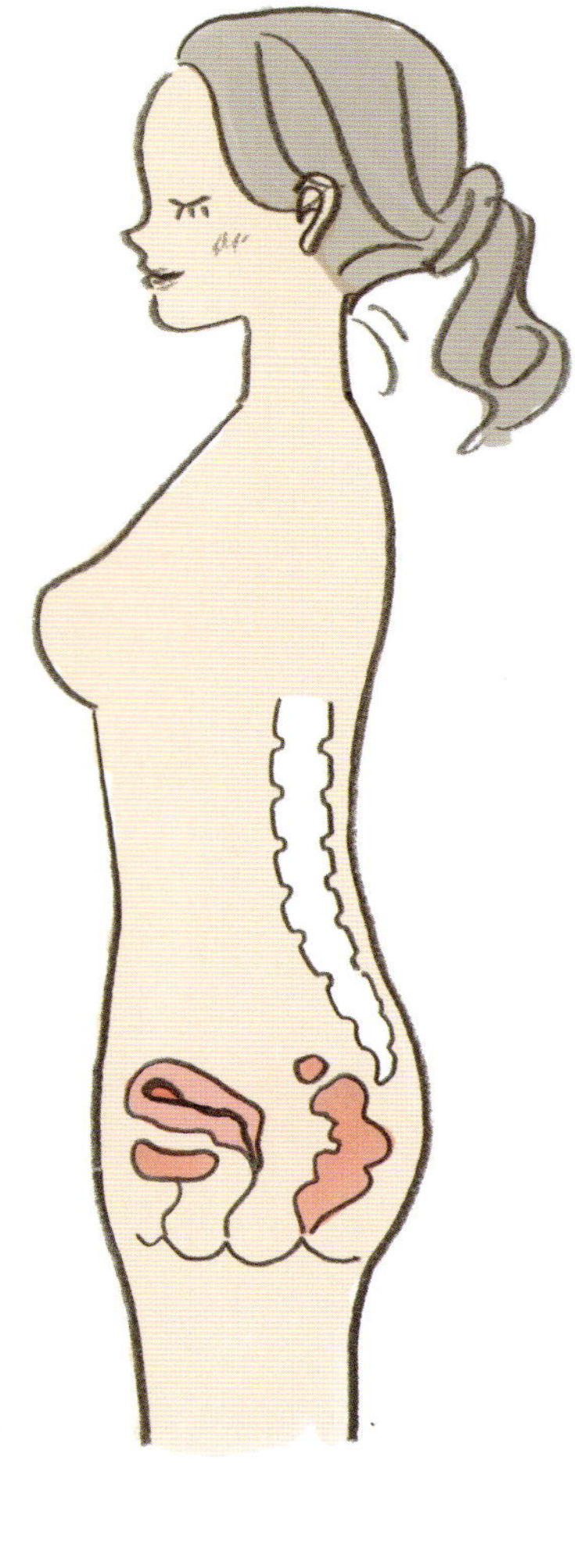

こんなことに注意！

- おりものの色と量に気をつける
- 熱っぽい、だるいなどの体の変化に注意

赤ちゃんのからだ

超音波でも確認できない「胎芽」の時期

卵子と精子が出会って受精すると、大きさ約0・2㎜の受精卵になります。受精卵は卵管をゆっくりと通って子宮へと進み、子宮内膜に着床し、妊娠が成立します。受精してから着床までは、7～10日程度。その後、細胞分裂を繰り返しながら、脳や脊髄、神経、目、鼻、皮膚などの大事な器官が形成される準備が進んでいきます。ママにはまだ妊娠の自覚がありませんが、赤ちゃんにとっては、非常にデリケートで重要な時期でもあるのです。

このころの赤ちゃんはまだ「胎児」とは呼ばれず、「胎芽《たいが》」という状態で、胎嚢《たいのう》という袋に包まれています。妊娠3週ごろの大きさは、約1㎜、体重は1gにも満たないほどです。この時期はまだ、超音波検査でも確認できないくらいの、小さな存在なのです。超音波検査で胎嚢が確認できるのは、妊娠5～6週ごろになります。

0週～3週の赤ちゃん

- まだ「胎芽」と呼ばれる状態。
- 胎嚢という袋に包まれている。
- 脳や脊髄、神経など重要な器官をつくる準備が進む。

この時期、ママ＆パパが赤ちゃんにしてあげられること

心身ともにバランスのとれた生活を

ママはまだ妊娠を自覚していませんが、受精卵が着床して急速に変化していくこの時期は、健康的な生活を送ることが第一。妊娠の可能性がある場合は、栄養バランスのとれた食事、適度な運動、十分な睡眠を心がけましょう。飲酒・喫煙は控え、薬の服用やレントゲン撮影の機会がある場合は、必ず医師に相談しましょう。パパは、心身ともに不安定になりがちなママを、おおらかな気持ちで支えてあげましょう。

知っておこう

排卵・受精・妊娠のしくみ

卵子と精子が出会い、妊娠が成立します。それはまさに「奇跡的」な確率。どのようなしくみで命が生まれるのでしょうか。

さまざまな偶然が重なって妊娠が成立する

卵子が精子と出会って受精卵になる確率は、数億分の1といわれています。さらにその受精卵が卵管を通り抜け、細胞分裂を繰り返しながら、子宮内膜に着床してはじめて、妊娠が成立するのです。

妊娠が成立するまでのプロセスはまさに、偶然に偶然が重なった、ドラマチックな奇跡の連続といえるでしょう。

排卵

月経開始から約2週間後に、卵巣から飛び出した1個の卵子が、卵管の先端部分にある卵管采《さい》にキャッチされ、卵管の中に取り込まれていきます。このとき排卵されたたったひとつの卵子の寿命は、12〜24時間と、とても短いものです。

受精

セックスにより腟の中に数億もの精子が放出されますが、腟内は非常に強い酸性なので、精子の多くが死滅します。生命力の強い精子だけが生き残り、卵管の先にある膨大部という場所で卵子を待ちます。精子の寿命は48〜72時間。限られた時間の中で、出会いを待つのです。

一方の卵子は、たどりついた精子の中のたったひとつに信号を送り、精子を招き入れます。精子が卵子に入り込むと、卵子の表面は変化し、ほかの精子は入り込めなくなり、受精が成立します。

着床

受精卵は卵管の蠕動《ぜんどう》運動に助けられ、子宮へと進みながら細胞分裂を繰り返し、桑の実のような「桑実胚《そうじつはい》」から「胞胚《ほうはい》」へと変化します。4〜5日かけて子宮内腔に到着すると、子宮内を移動しながら、子宮体部の内膜にもぐり込み、いちばん居心地がよさそうな場所にしっかりと着床します。

こうして妊娠が成立するのです。

【妊娠するまでのしくみ】

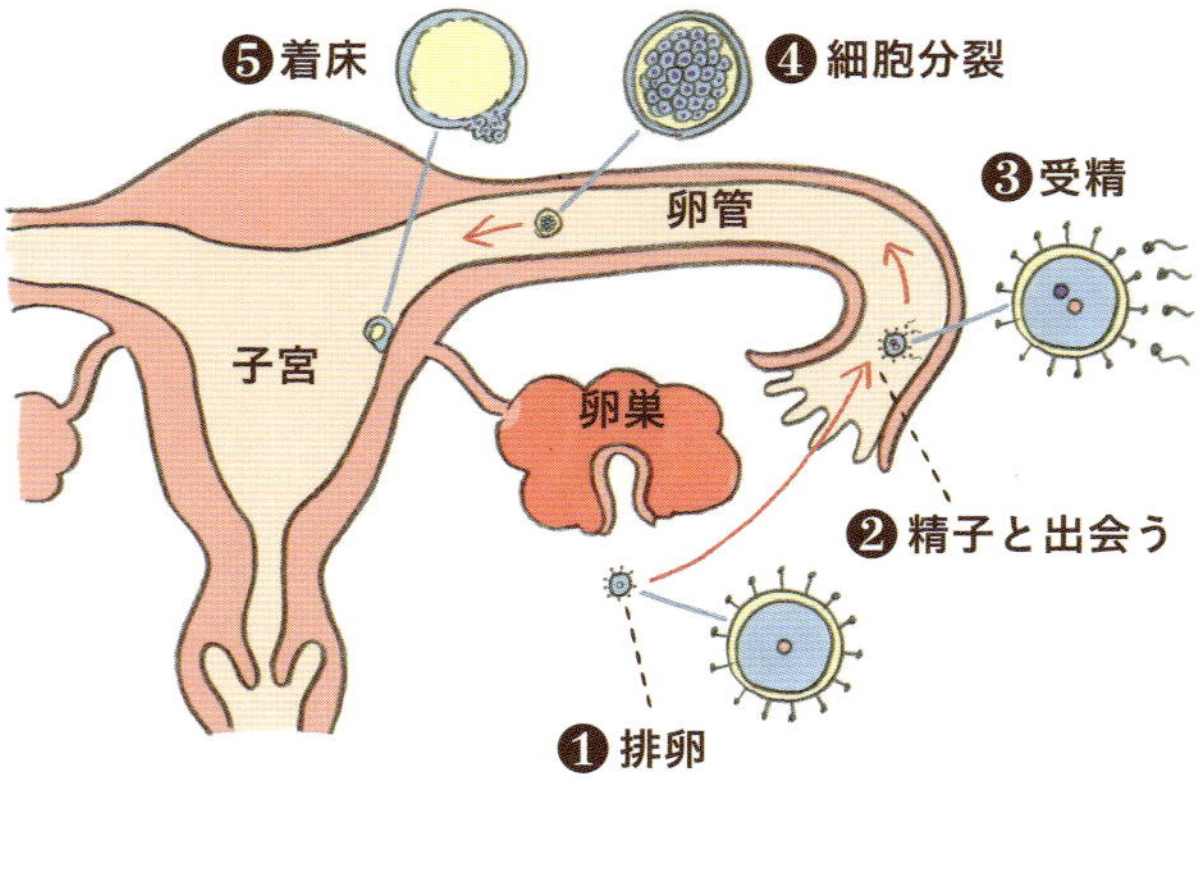

子宮の中の赤ちゃんはどんな状態？

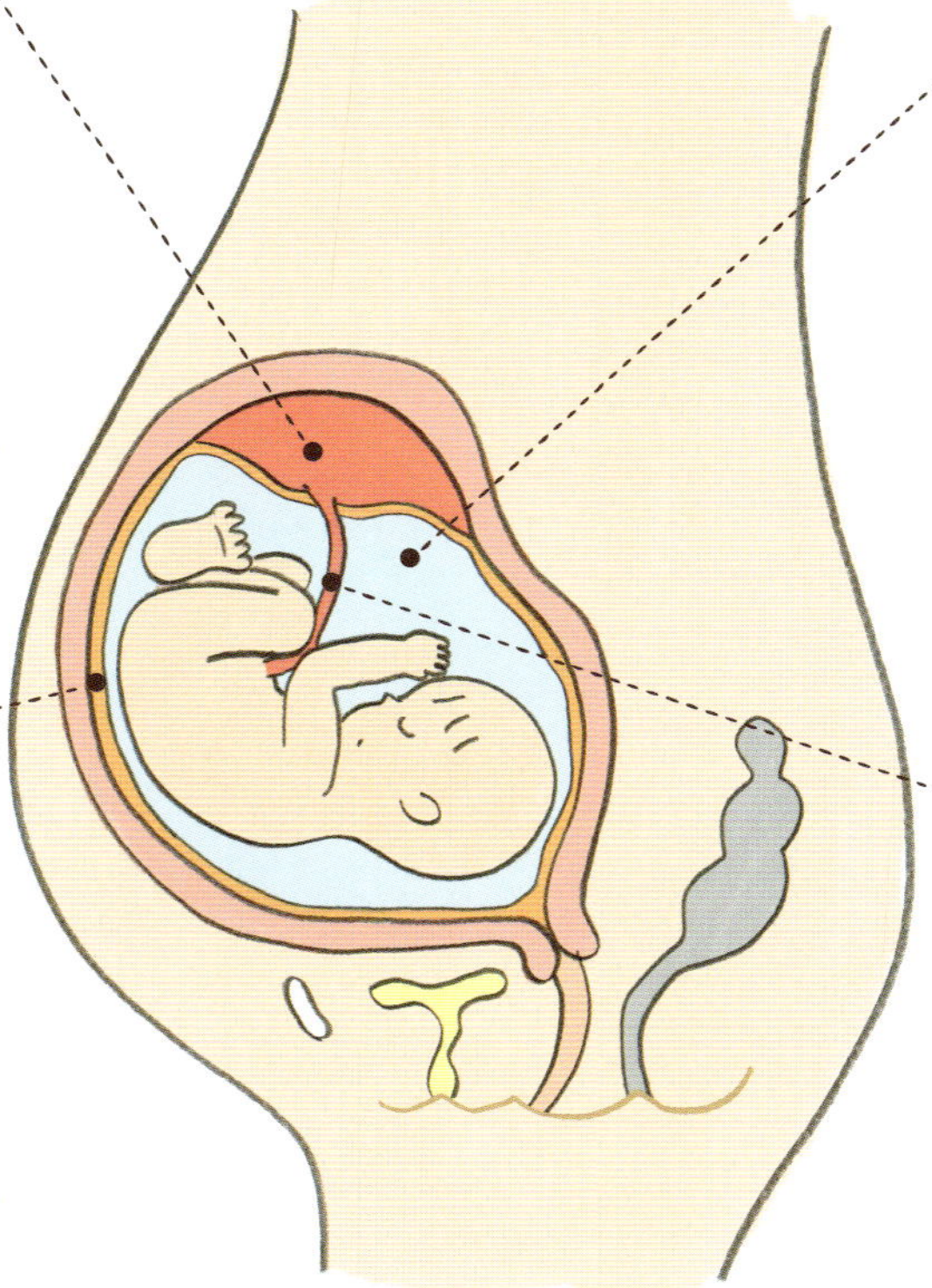

胎盤《たいばん》

栄養素や老廃物をやりとりするところ

赤ちゃんが育つために必要な栄養分や酸素と、いらなくなった老廃物や二酸化炭素を交換して、赤ちゃんをサポートします。

羊水《ようすい》

赤ちゃんを守ってくれる温かい水

卵膜の中を満たし、外からの衝撃を吸収して赤ちゃんを守り、快適な状態を維持します。出産時には卵膜が自然に破れて（破水）外に流れ出し、赤ちゃんがスムーズに生まれやすくします。

卵膜《らんまく》

おなかの赤ちゃんと羊水を包み込む膜

赤ちゃんと羊水、へその緒を包み込む薄い膜。外界の細菌やウイルスなどから赤ちゃんを守ります。

へその緒（臍帯《さいたい》）

胎盤と赤ちゃんをつなぐひも状の組織

胎盤と赤ちゃんをつなぐひも状の組織で、２本の動脈と１本の静脈から成ります。栄養分や酸素は、静脈を通して赤ちゃんに届き、老廃物や二酸化炭素は動脈から胎盤に戻されます。

子宮が大きくなるとママの体にどんな影響があるの？

胃がむかつく

妊娠初期はつわりによって胃がむかつくことが多いですが、後期になると、大きくなった子宮によって胃が圧迫されることで、胃がむかついたり食欲が落ちたりします。

便秘になりやすい

妊娠初期は黄体ホルモンの影響により、腸の蠕動運動が弱まるため、便秘気味に。また大きくなった子宮に圧迫されることでも便秘をしやすくなります。

腰痛になりやすい

黄体ホルモンの影響で骨盤の関節がゆるむため、初期から腰痛を訴えるママも。後期は大きくなったおなかが負担となり、腰痛になるママも多くいます。

トイレが近くなる

大きくなった子宮に膀胱が刺激され、トイレが近くなりがちに。また循環する血液量が増えるにつれて尿量も多くなるため、トイレの回数が増えることもあります。

むくみやすい

子宮が大きくなることで下半身が圧迫され、血流がとどこおりがちになります。そのため、とくに下半身がむくみやすくなることがあります。

動悸、息切れがしやすい

動悸や息切れなどが起こるのは、ホルモンの影響のほか、全体に血液中の水分量が増えるため薄まった状態になり、鉄欠乏性貧血の状態になることも一因です。

妊娠

4週〜7週

妊娠が判明し、ママは体調の変化を感じ始めます

ママのからだ

月経が遅れ、多くのママが妊娠に気づきます

このころになると月経の遅れがあるなど、多くのママが「もしかして妊娠!?」と気がつき始めます。個人差はありますが、中には「胃がムカムカする」「体がだるい、熱っぽい」など、つわりの症状が出てくるママも。

おなかの大きさなど、見た目には目立った変化はありませんが、子宮内では赤ちゃんは確実に成長し、子宮は妊娠前よりもひと回り大きくなっています。大きくなった子宮が膀胱を圧迫するため、トイレが近くなることも。このような体の変化は、妊娠を維持する黄体ホルモンが活発に分泌するために起こります。時期が来れば治まることが多いでしょう。

4週〜7週のママのからだ

- おりものの量が増える。
- 体が熱っぽくなる、眠くなる、だるくなる。
- 便秘しやすくなる。
- 胸が張り、乳首がチクチクします。
- 子宮がひと回り大きくなる。

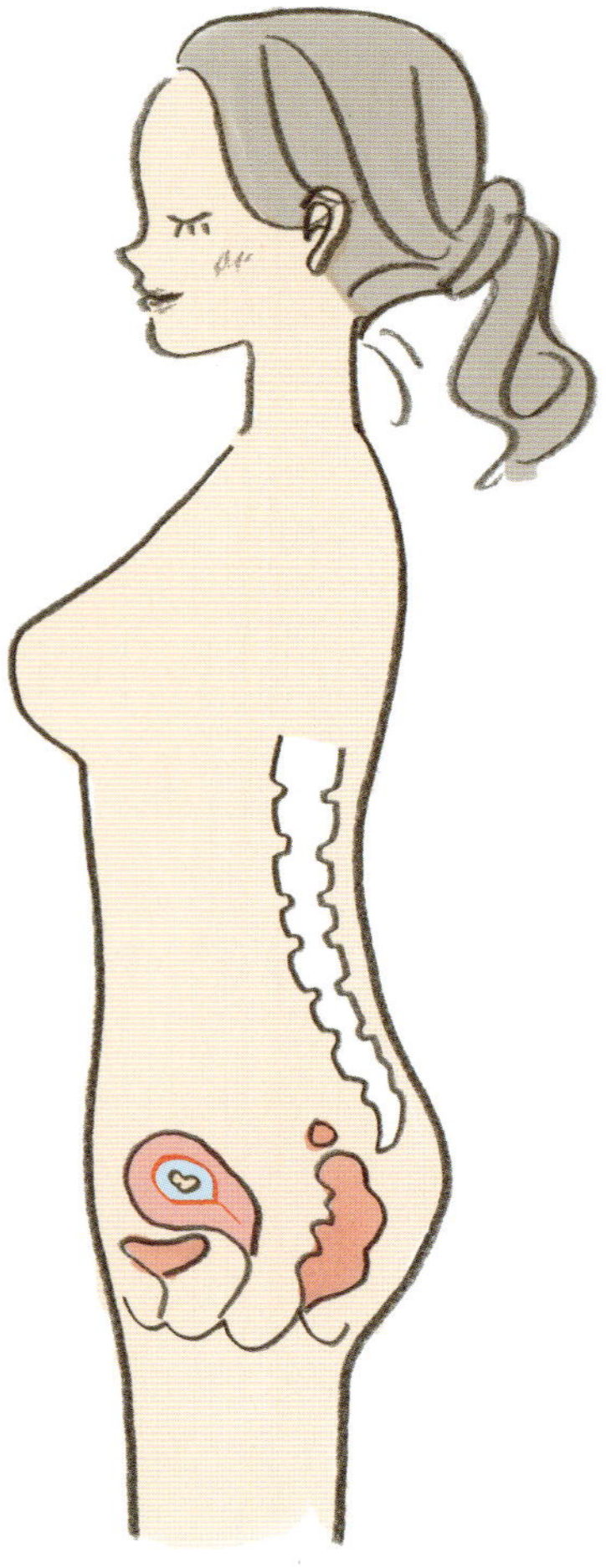

こんなことに注意!

- 出血があったら量にかかわらず産院へ
- 下腹部痛が強い、続くようなら受診を
- 吐きけやむかつきなどがつらいときは無理をせず休む

2カ月

【 7週の赤ちゃん 】

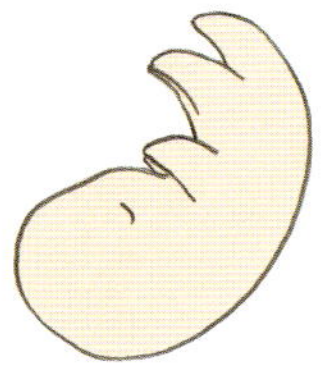

身長：約2cm　体重：約4g

4週〜7週の赤ちゃん

- 妊娠7週ごろには2頭身になり、手足の区別もついてくる。
- 脳や脊髄、目や耳の神経が発達してくる。
- 胎盤やへその緒が形成。
- 妊娠8週ごろまでに胎児心拍が確認できる。

赤ちゃんのからだ

脳や神経など体の大事な部分が形成されます

妊娠2カ月の終わりごろになると、頭殿《とうでん》長《ちょう》（赤ちゃんの頭からおしりまでの長さ）はおよそ1cm、身長は2cmになります。月経が1〜2週間遅れ、ママが妊娠に気づいて産婦人科を受診する妊娠5〜6週ごろには、超音波検査で胎嚢が確認でき、8週ごろまでには、胎児の心拍も確認できます。

このころはまだ「胎芽」と呼ばれている赤ちゃんも、7週の終わりごろには2頭身になり、手足の区別もつき、人間らしくなってきます。

このころの赤ちゃんは、「器官形成期」といって、脳や脊髄、目や耳の神経など、体の重要な器官の基礎が形づくられるとても大切な時期。また胎盤のもとになる組織が形成され、へその緒も発達します。非常にデリケートな時期なので、ママはなるべくストレスを避けて、リラックスして過ごしましょう。

健診で産婦人科医がとくにチェックしていること

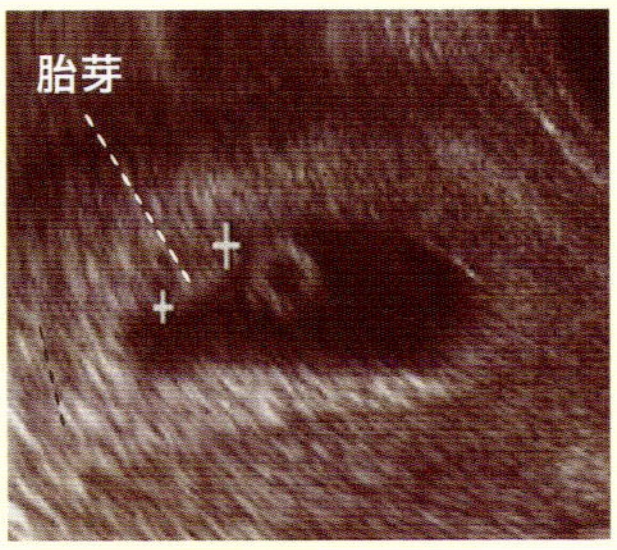

胎芽の横に見える白い輪っか状の卵黄嚢から、胎芽は栄養をもらいます。

正常な妊娠かどうかをチェックします

尿検査で妊娠の可能性があることが確認されたら、まず超音波検査で子宮内に胎嚢があるかどうか(正所性妊娠)を確認します。万が一、異所性妊娠（子宮外妊娠）だった場合、妊娠の継続はできなくなります。

また同時に双子などの多胎妊娠かどうか、ママの子宮内に筋腫がないかなども一緒にチェックします。それ以外にも、ママに持病がないかなども調べます。

もしかして妊娠!?

人によってさまざまな妊娠のサイン

妊娠すると、月経が遅れる以外にも、ママの体や心にはさまざまなサインが表れます。どんなものがあるか知っておきましょう。

体や心の変化や不快症状が多く出てくる

妊娠の可能性に気づく最もわかりやすいサインは、月経の遅れです。規則正しい周期で月経がある場合、月経が1週間以上遅れていたら、妊娠の可能性が高いでしょう。月経の遅れに気づくのと同じころ、さまざまな妊娠のサインが出てきます。妊娠すると高温期が続くため、熱っぽくなったり、だるくなったりします。また乳首がチクチクしたり、便秘がちになったり、肌が荒れることも。さらに、食の好みが変わる、イライラするなどの変化もみられます。これらの変化はすべて、ママの体のホルモンバランスが、妊娠に向けて劇的に変化するためです。つらいと思うママも多いかもしれませんが、これも赤ちゃんを迎える体になるための変化です。ただ、症状が重い場合は、早めに医師に相談しましょう。

月経が遅れている

受精卵が子宮に着床すると、月経時にはがれ落ちるはずの子宮内膜がそのまま成長するため、月経が止まります。月経周期が規則正しい人は、早めに妊娠に気づくでしょう。

おりものの量が増える

妊娠すると大量に分泌される黄体ホルモンの影響で、腟から分泌されるおりものの量が増えます。おりものは、細菌が子宮に入らないようにバリアーの役目をしています。

月経が遅れた上に少量の出血がある

受精卵が子宮内膜に着床するとき、赤茶色のおりもののような出血（月経様出血）が見られることがあります。ただ、出血の原因はさまざまなので、出血が見られたら産院へ。

熱っぽい微熱が続く

妊娠すると、黄体ホルモンの影響で、体温が上昇します。基礎体温を測っている人は、高温期が２週間以上続くことで、妊娠に気づくことが多いでしょう。

基礎体温の変化の例（28日型の場合）

● 妊娠していないとき　● 妊娠したとき

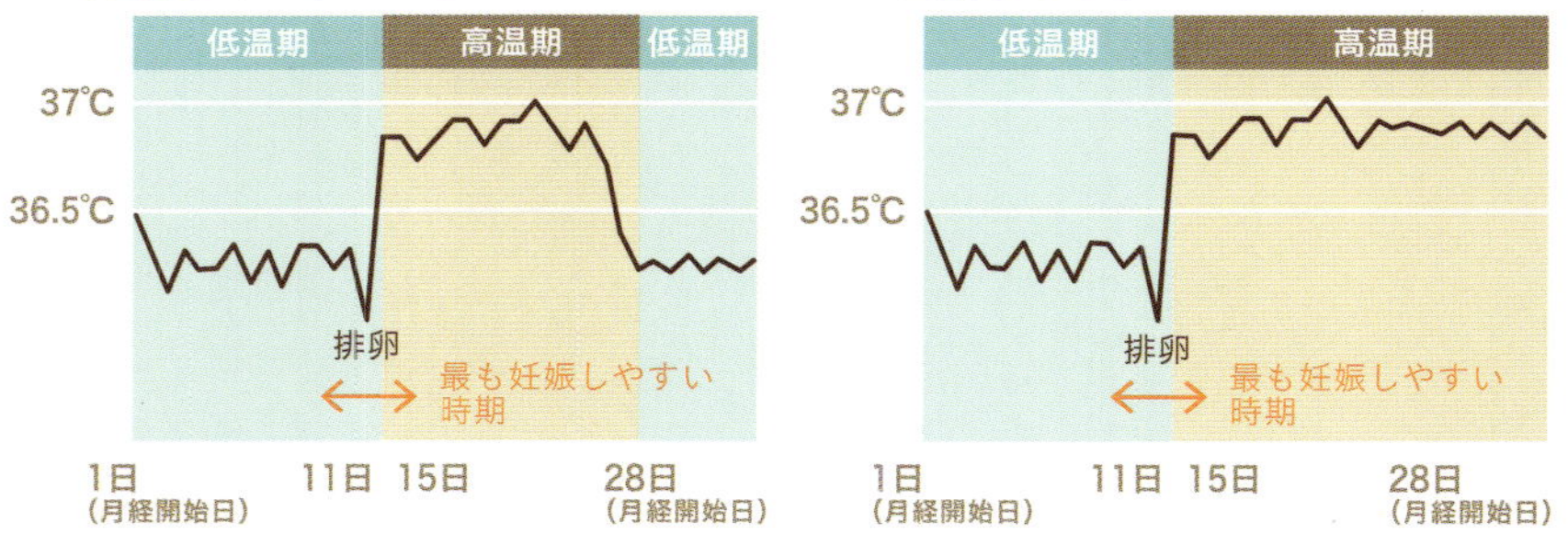

月経から排卵日までが低温期。排卵日から約２週間高温期が続き、次の月経が始まるころに再び低温期に。

妊娠すると、体温を上げる黄体ホルモンの働きによって、排卵後も高温期がそのまま続きます。

イライラする 涙もろくなる

妊娠によってホルモンバランスが乱れるため、理由もなく涙が出てくる、ささいなことでイライラするなど、精神的に不安定になることも。

便秘がちになる

黄体ホルモンが内臓の運動にかかわる平滑筋《へいかつきん》をゆるめるため、腸の動きが抑制され、便秘になる人もいます。また、自律神経が乱れることも一因。

胸が張る 乳首がチクチク痛む

妊娠の初期症状として、胸が張る感じがしたり、乳首が敏感になり、下着に触れたときにチクチクと痛みを感じたりすることがあります。

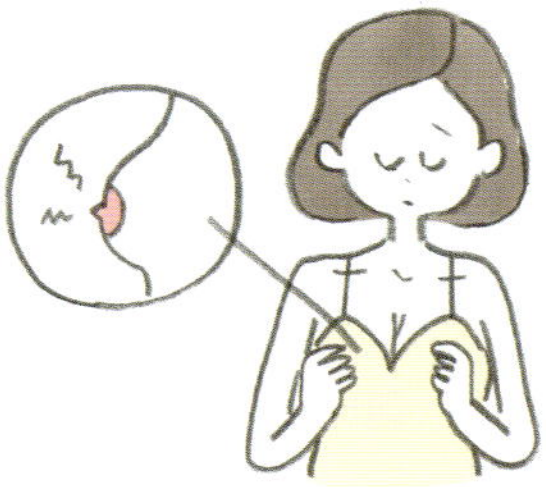

吐きけがする 気持ち悪くなる

つわりの典型的な症状です。胃がムカムカする、船酔いのような状態が続く、食欲不振になるなど、重さや程度は人それぞれです。

だるい、眠い

妊娠するとしばらくは高温期が続くため、だるい、眠い、体が重いなどの症状が。風邪のひき始めに似ているという人もいます。

貧血気味になる 動悸や息切れがする

妊娠すると血液量は増えるものの薄まった状態になるため、貧血を起こしやすくなります。それによって動悸や息切れしやすくなることも。

妊娠検査薬でチェック！

妊娠のサインや月経の遅れがみられたら

いつもと違う体調の変化がある、月経が遅れているなど妊娠のサインが表れたら、市販の妊娠検査薬でチェック。陽性反応が出たら、正常な妊娠かどうか必ず産婦人科を受診して確かめましょう。

腰が張る、痛い

大きくなっていく子宮やホルモンの影響で、おなかや腰が張る症状が現れます。仙骨や腸骨の関節がゆるくなることも一因です。

肌が荒れる

ホルモンバランスが乱れることから、肌荒れや吹き出物ができたりします。シミ・ソバカスが目立つようになったり、化粧のノリが悪くなることも。

妊娠を確認するために

はじめての産婦人科 初診で行うこと

妊娠の可能性が高いとわかったら、早めに産婦人科を受診しましょう。初診で行うことも紹介します。

妊娠を確認するためにも産婦人科の受診を

妊娠の兆候があり、月経が遅れ、妊娠検査薬で陽性反応が出たら、産婦人科で妊娠を確認してもらいましょう。受診時期の目安は月経が1～2週間遅れたころ。

産婦人科では尿検査と超音波検査、内診をして、妊娠をしているかどうか調べます。受精卵が子宮内に着床していれば、超音波検査で胎嚢が確認できます。子宮内に胎嚢があれば、正常な妊娠（正所性妊娠）と診断されます。心拍が確認できるとひと安心。

産婦人科をはじめて受診する人にとっては、少し緊張するかもしれませんが、できるだけリラックスして受診しましょう。また、妊娠は病気ではないので、基本的に自費診療です。産婦人科によって行う検査内容などもさまざまですが、初診時は1～2万円用意しておくといいでしょう。

妊娠かな？と思ったら

初診のタイミングは？

早すぎると…

受診するのが早すぎると、子宮内に胎嚢が確認できないことも。「1週間後にまた来てください」と言われることが多いようです。

遅すぎると…

異所性妊娠や流産などのトラブルがあった場合に、その診断や対応が遅れてしまうことがあります。先延ばししないようにしましょう。

目安は月経が1～2週間遅れたころ

最近の妊娠検査薬は精度が高いため、月経が遅れてすぐの段階で陽性反応が出ることがあります。ただ、子宮内の胎嚢を確認するためには、月経が1～2週間遅れたころ（妊娠5～6週にあたる）に受診するのがベスト。

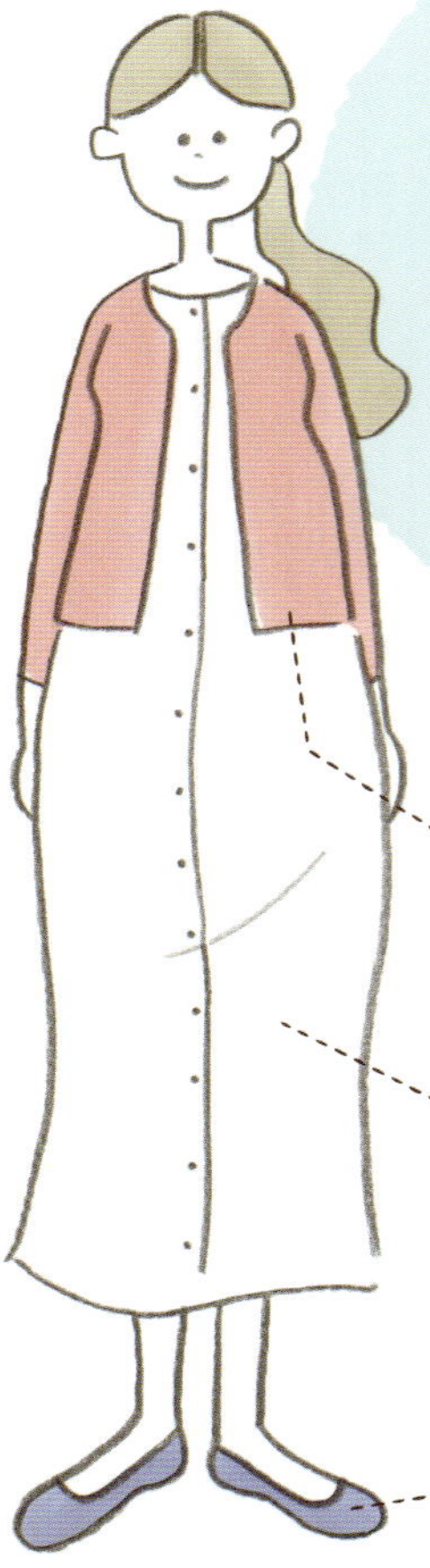

【受診におすすめの服装】

血圧測定や採血などがしやすいように、トップスはそでがまくりやすいものを。上着は前開きタイプを選んで。

初期はワンピースでもOKですが、おなかの部分だけを出す経腹超音波検査（P.36）を受けるようになったら、上下分かれた服を。

ヒールの高い靴はNG。脱ぎ履きしやすいものを選びましょう。

持っていくもの

- 健康保険証
- 基礎体温表または最終月経開始日のメモ
- 生理用ナプキン
- 筆記用具
- 現金（1～2万円あると安心）

初診で行うことを知っておこう

初診の流れの例

1 受付・問診票の記入

受付をしたあと、問診票に記入します。項目には月経歴や最終月経、過去の妊娠・出産・流産歴や過去の病気や持病の有無などがあります。

⇩

2 検査 ⇒詳しくはP.34へ

尿検査で妊娠しているかどうか、また尿糖や尿タンパクを調べます。体重測定、血圧測定をします。

尿検査　体重測定　血圧測定　など

⇩

3 医師による診察

検査がすべて終わると、医師との問診があります。体調や妊娠のことで気になることがあれば遠慮せず、ここで聞きましょう。問診のあと、内診や超音波検査で子宮内の様子を調べます。

内診　超音波検査

⇩

4 会計

妊娠に関する診察や検査は保険診療にはならず、自費診療になります。ここで次回の健診の予約を入れる産婦人科もあります。

産婦人科医が診ていること

子宮内に胎嚢があるかどうかがポイント

初診ではまず、ママの過去の病気や持病の有無などの確認や現在の体調をチェックしますが、最も重要なのは、子宮内に胎嚢が確認できるかどうか。子宮内に胎嚢があれば異所性妊娠の可能性はなくなります。胎嚢だけが見え、赤ちゃんが見えない場合は、次回の健診で確認します。

初診ではこんなことを聞かれます

- 最終の月経開始日
- 初潮の年齢、月経周期
- 大きな病気や手術歴
- 自分や家族に持病があるか
- 現在服用している薬、治療中の病気
- 出産経験があるか、出産時のトラブルはあったか
- 流産、死産、人工妊娠中絶の経験の有無
- 不妊治療をしていたか

など

初診時にあわてないように、問診票に記入する可能性があることは、あらかじめメモしておくといいでしょう。

施設によっていろいろ違う

自分に合った産院選び

妊娠が確定したら、できるだけ早く赤ちゃんを出産する産院を決めましょう。希望に合う産院選びのポイントをまとめました。

自分の希望に合う産院を早めに探しておこう

妊娠が確認できたら、赤ちゃんを出産する産院を選びます。ひとくちに産院といっても、いろいろなタイプの施設があります。大学病院や総合病院は規模が大きいため、リスクが高い妊婦さんは安心です。個人産院や産婦人科病院は、院長先生の方針によって個性があるので、自分に合ったところを見つけることが大切。助産院はアットホームなお産ができますが、リスクの高い妊婦さんは引き受けられないなどの条件があります。また家から産院までの距離も重要なポイントです。インターネットからの情報だけに頼らず、実際に産んだ人の声を聞いてみるなど、下調べは念入りに。

最近は産院が減少しているので、希望の産院で出産できない場合も。妊娠が確定したら、できるだけ早めに決めましょう。

産院の種類を知っておこう

総合病院

産婦人科以外のさまざまな科があるので、持病のある妊婦さんなどは安心。NICUを併設している場合は赤ちゃんのトラブルに対応可能。ただ、健診の待ち時間が長い、担当医が毎回変わることも。

産婦人科病院

お産を専門に扱う、入院ベッド数が20床以上の施設。お産に特化しているので、専門の医師や助産師などのスタッフが常駐している安心感も。ただ急なトラブルに対応できないこともあるので確認が必要。

大学病院

大学に附属している病院。医療技術が高く、スタッフも充実しているため、緊急時の対応がしやすい。施設によってはNICU（新生児集中治療室）も併設。ただ、毎回担当医が変わることもある。

健診と分娩を別の施設で行うケースも

婦人科のみのクリニックで妊婦健診を受け、分娩は提携している分娩施設の整った産院で行うケースも。実施しているかどうか、事前に確認しましょう。

個人産院・クリニック

産科医が個人で開業している、入院ベッド数19床以下の施設。地域密着型で、信頼関係が築きやすく、希望のお産ができたり、食事が充実しているなどそれぞれのサービスにも特徴がある。

助産院

アットホームな雰囲気の中、妊婦さんが望むスタイルで出産できることが特徴。ただ、健康でリスクがない妊婦さんに限られ、出産時にトラブルが起こった場合は、提携先の産院に搬送される。

産院選びのチェックポイント

- □ **緊急時に必要な医療が受けられるか**
  万が一トラブルがあったとき、必要な医療が受けられるか、なければ搬送される医療機関はどこかなども調べましょう。
- □ **自宅から産院までの所要時間は問題ないか**
  自宅から産院まで通いやすいことは重要。夜中に車で行く可能性もあるので、所要時間や移動手段に問題がないかチェック。
- □ **自分が必要とする医療が可能な施設か**
  持病がある、多胎、高年齢など、リスクがある妊婦さんの場合は、必要な医療が受けられる施設かどうかもチェックを。
- □ **立ち会い出産や和痛（無痛）分娩など、希望の出産方法が可能か**
  希望する出産スタイルが可能かどうかも、事前にホームページなどで調べておきましょう。

高年初産の気がかり

35歳以上でのはじめての出産を高年初産といいます。高年初産は個人差はあるものの、一般的にリスクが高いといわれますが、どのようなものがあるのでしょうか。ここで説明します。

どんなリスクがあるの？

妊娠中の病気やトラブルが起きやすい

年を重ねることで高血圧や糖尿病などの生活習慣病のリスクが上がり、それによって妊娠高血圧症候群や妊娠糖尿病などの発症率も高くなります。妊娠高血圧症候群や妊娠糖尿病の場合、重篤な合併症が起こることもあります。

子宮のトラブルが見つかることがある

年齢を重ねると、子宮筋腫や卵巣嚢腫など、子宮まわりのトラブルが発見されることも多くなります。妊娠をきっかけにはじめてトラブルに気づくこともあります。場所にもよりますが、子宮筋腫は妊娠の継続にもかかわるため、注意深く経過をみていきます。

おなかの赤ちゃんにトラブルが起きやすい

ママの年齢に伴って、赤ちゃんに染色体異常などが見られる確率は高くなります。もちろん、すべての高年初産のママがリスクを抱えているわけではありませんが、先天的な病気の有無については、出生前診断（→P.37）を検討するママもいます。

流産率が上がる

流産は、すべての妊娠のおよそ15％に起こるといわれています。ママの年齢に関係なく、妊娠初期の流産は、そのほとんどが受精卵の染色体異常によるものです。ただ、ママの年齢が上がるにつれ、卵子も老化することから、流産率が上がります。

お産が長引くなど難産につながりやすい

年齢を重ねることで子宮口の弾力性が弱くなり、お産のときに陣痛が弱くなる微弱陣痛や、赤ちゃんの通り道である軟産道がかたくなること（軟産道強靭《きょうじん》）によってお産が長引くケースが増え、医療処置が必要となったり、帝王切開になったりすることもあります。

妊娠生活においての注意点は？

- 妊婦健診を欠かさず受ける
- 無理をしない、ストレスをためない
- しっかり睡眠をとり、規則正しい生活をする
- 適正な体重増加を心がける
- 適度な運動をして体力をつける

定期健診をきちんと受け、無理のない生活を送ることで、リスクを大幅に減らすことができるでしょう。生活習慣を見直し、お産を乗りきる体力づくりも心がけましょう。

高年初産 Q&A

Q — 不妊治療の結果、高年初産になっても心配ない？

A — 不妊治療からの妊娠でも、妊娠経過が順調であれば、赤ちゃんに影響が出ることはありません。また、生活面でも上記の注意点に気をつければ心配ありません。その上で気になることがあれば、主治医に相談しましょう。

Q — 産後に気をつけることはありますか？

A — 高年だからといって産後に違いはありませんが、出産は想像以上に体力を消耗します。体力が回復するまでは十分に休養をしましょう。また産後は、ひとりで頑張らずに家事や育児を協力してもらえる人を探しておくと安心。

妊婦健診を上手に受けよう

妊婦健診はママと赤ちゃんの健康状態をチェックする大事な機会。妊娠がわかってから出産まで定期的に受けましょう。

妊婦健診は定期的に受けることが大切

妊婦健診は、妊娠時期ごとにその頻度や内容が違います。とくに初期は少なく見積もっても2週間に1回、人によってはさらに頻繁に通院する場合もあります。

妊娠は病気ではありませんが、ママの体の中ではさまざまな変化が起こっています。妊婦健診できちんと診ないとわからないこともたくさんあります。「体調がいいから、受診しなくても大丈夫」などと自己判断で健診に行かない、ということがないように、決められた回数を必ず守り、定期的にチェックしてもらいましょう。きちんと健診を受けていれば、もしも何らかのトラブルがあっても早期発見でき、対処できることも多いものです。

健診には毎回行う検査と必要に応じて行う検査があります。毎回行う主な検査には、尿検査、血圧測定、体重測定、超音波検査などがあります。一方、時期や必要に応じて行う検査の主なものには、血液検査、膣分泌物検査、内診、ノンストレステストなどがあり、検査時期や頻度などは産院によって異なります。

健診で行われる検査の中でも超音波検査は、ママやパパにとって、おなかの赤ちゃんの様子がわかる楽しみな機会でもあります。パパも妊婦健診に付き添うことで、赤ちゃんの存在をママと一緒に実感することができるでしょう。

スケジュールは産院によって異なります。

妊婦健診のスケジュール例

時期	月	頻度	検査
初期	妊娠２カ月	2週に1回	問診、内診、体重測定、血圧測定、尿検査、経腟超音波検査、血液検査
	妊娠３カ月	2週に1回	
	妊娠４カ月	4週に1回	
中期	妊娠５カ月	4週に1回	問診、体重測定、血圧測定、尿検査、経腹超音波検査、経腟超音波検査、浮腫検査※1、腹囲・子宮底長測定、血液検査
	妊娠６カ月	4週に1回	
	妊娠７カ月	4週に1回	
後期	妊娠８カ月	2週に1回	問診、内診※2、体重測定、血圧測定、尿検査、経腹超音波検査、浮腫検査、腹囲・子宮底長測定、血液検査、ノンストレステスト※3
	妊娠９カ月	2週に1回	
	妊娠 10 カ月	1週に1回	

健診の際には母子健康手帳を必ず持参し、結果を記入してもらいます。また合併症の治療など保険が適用されるケースもあるので、保険証も必ず持参しましょう。

※1 妊娠４カ月からも行います。　※２※３ 必要に応じて行います。

妊婦健診で行われる検査

毎回
行われる検査

血圧測定

妊娠高血圧症候群の早期発見につながる

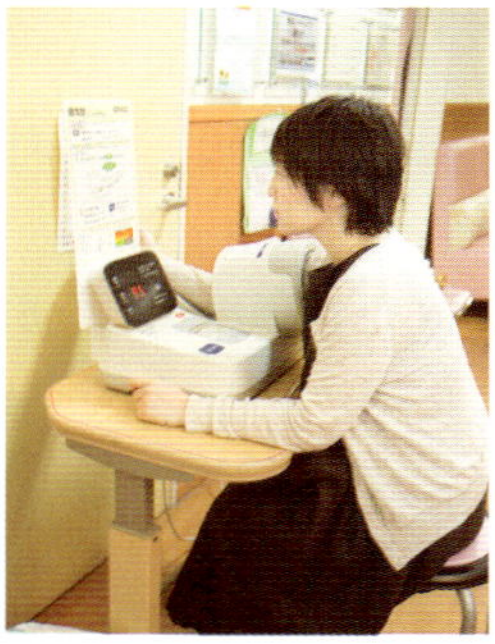

妊娠高血圧症候群の早期発見のために測定します。ママが妊娠高血圧症候群になると、赤ちゃんの成長に影響を与え、早産のリスクが上がります。早期発見・早期治療をするためにも、毎回欠かさず血圧測定することが大切です。

尿検査

尿中の尿糖と尿タンパクをチェック

尿中に尿糖や尿タンパクが出ていないかを調べ、妊娠糖尿病や妊娠高血圧症候群の兆候がないか、腎臓の病気の有無などを確認します。尿糖と尿タンパクは陰性（–）、陽性（+、++）などと表示されます。

浮腫《ふしゅ》検査

足のすねなどを押してむくみをチェック

足のすねを指で押すなどして、へこみ具合からむくみの程度を調べます。（+）や（–）などと表示されます。塩分をとりすぎるとむくみやすくなるので注意しましょう。

腹囲・子宮底長測定

ママのおなかまわりと子宮の大きさを測る

ママのおなかまわりと子宮の大きさを測り、赤ちゃんの大きさや羊水量を測定。ただ、超音波検査でもわかるため、最近では産院によっては測定しないところも多くなっています。

体重測定

体重が適正範囲で増加しているかどうかをチェック

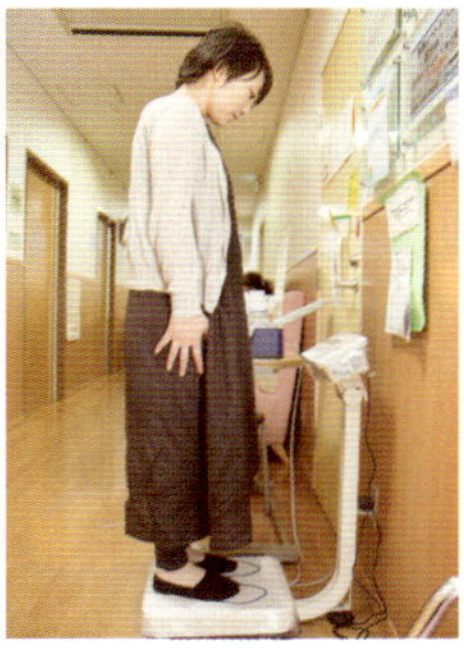

ママの体重や体型に合わせて、適正な範囲で体重が増えているかどうかをチェック。急激な体重増加は、妊娠高血圧症候群や妊娠糖尿病などのトラブルにつながりますが、体重増加が少なすぎると、赤ちゃんの低出生体重につながることも。

出産予定日はどうやって確定するの？

赤ちゃんの頭殿長を測って確定します

妊娠8～11週ごろ、超音波検査で赤ちゃんの頭殿長《とうでんちょう》（頭からおしりまでの長さ）を測ります。このころの頭殿長には個体差があまりないため、ここから正確な妊娠週数を算出し、出産予定日を確定します。

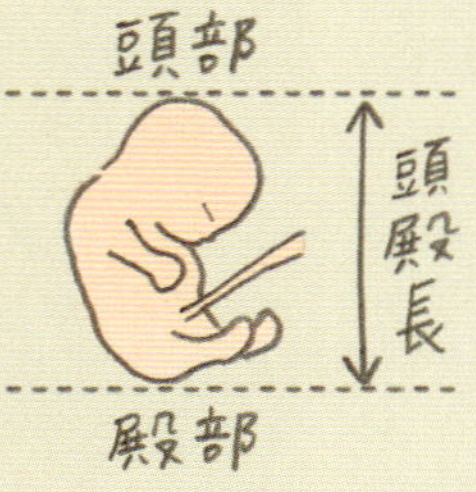

妊娠週数の数え方は？

0週0日が最終月経の開始日

妊娠週数は、最終月経開始日を0週0日と数え、平均的な排卵日は2週0日になります。以降、4週間ごとに妊娠月数が進んでいき、妊娠10カ月に入るのは36週0日から。40週0日が出産予定日になります。

問診

妊婦さんの健康状態を確認し、不安や疑問を解消

問診は、直接妊婦さんの体調や生活内容を聞き、健康状態を正確に把握することが目的。これから受ける検査や妊娠中の体調管理、お産に関することなど、わからないことや不安があれば、積極的にたずねることが大切です。

毎回行われる検査

胎児超音波検査

赤ちゃんの成長や子宮内の環境をチェックします

超音波プローブと呼ばれる器具で子宮内の羊水の量や胎盤の位置、そして赤ちゃんの様子を調べます。また、わかる範囲で赤ちゃんの形態に問題がないかどうかもこまかくチェック。赤ちゃんの性別がわかることもあります。

2種類あります

経腹超音波検査

14～16週以降は、おなかの上からプローブを当てて検査。赤ちゃんが大きくなると、画面に赤ちゃんの全身が映しきれなくなるので、部分的にチェックしていきます。

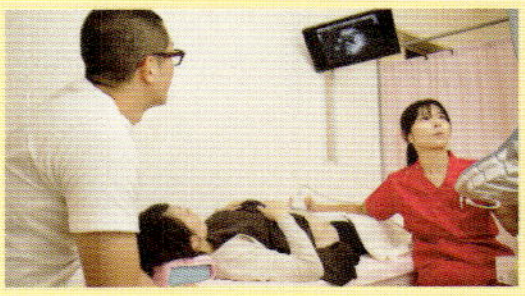

経腟超音波検査

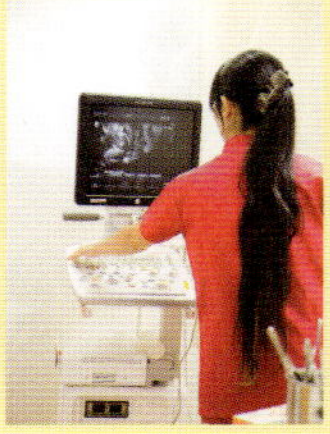

妊娠12～14週くらいまでは、腟内に棒状の超音波プローブを挿入し、子宮内の様子をごく近い距離からチェック。着床の様子や胎児の心臓の動き、子宮頸管の長さなどを診ます。

必要に応じて行われる検査

腟分泌物検査

感染症の有無や早産の兆候がないかをチェック

おりものを採取して、流産・早産を引き起こす細菌や微生物がいないか、また出産時に赤ちゃんに産道感染しないかなどを確認します。その結果、問題があった場合は、赤ちゃんへの感染を防ぐため、何らかの処置や治療をします。

血液検査

妊婦さんの病気や心配な体質を早期発見して治療するため

ママと赤ちゃんの体に影響する病気や体質がないかや、感染症の有無や貧血はないかなどを調べます。主な血液検査は初期に行われます。ママに病気や心配な体質があれば、早期治療をしてママや赤ちゃんへの影響を最小限に防ぎます。

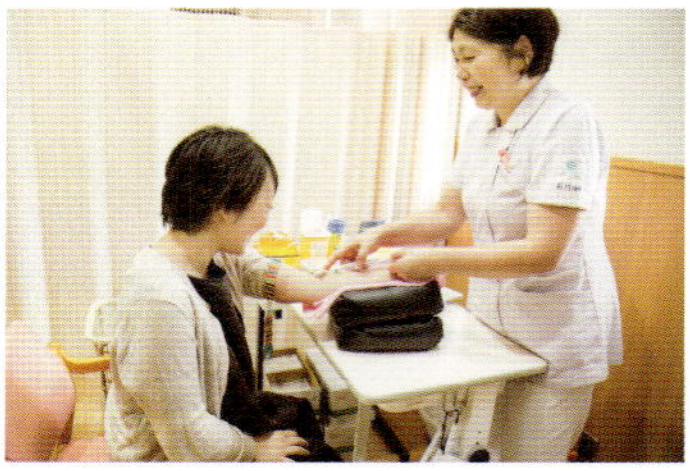

ノンストレステスト（NST）

赤ちゃんの心拍数や子宮収縮の状態をチェック

分娩監視装置という機械を装着して、赤ちゃんの心拍とママの子宮の収縮を連続的に記録します。臨月に入ってからの妊婦健診で行う産院が多く、おなかの赤ちゃんが元気か、陣痛に耐えられるかどうかなどを調べます。

内診

子宮や卵巣、子宮口の状態を診察

医師が子宮の大きさやかたさ、子宮口の状態を診ます。必要に応じて、中期に超音波で子宮頸管の長さを測定、後期は子宮口のやわらかさや開き具合などをチェックしますが、内診の回数は産院によって違います。

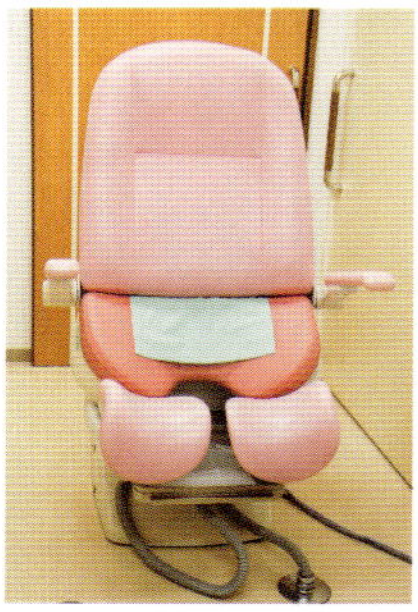

どんな検査があるの？

出生前診断について

おなかの赤ちゃんに先天的な病気があるかどうかを調べるのが出生前診断です。どんな検査があり、何がわかるのか、知っておきましょう。

おなかの赤ちゃんの病気や障がいの有無を妊娠中に調べます

出生前診断は、おなかの赤ちゃんの染色体異常や先天異常を調べる検査のことをいいます。その種類は下記のようにいくつかありますが、通常の妊婦健診で行われる「胎児超音波検査」以外は、妊婦さんが希望しなければ受けられない検査で、検査によって受けられる時期も限られています。

出生前診断では染色体異常を調べることはできますが、赤ちゃんのすべての病気や障がいがわかるわけではなく、また検査によって流産のリスクを伴うものもあります。出生前診断は非常にデリケートな問題を含んでいるため、「とりあえず調べておこう」といった、安易な気持ちで受けるものではありません。検査を検討するときは、「もし異常が見つかったらどうするか」など、授かった命について、夫婦で十分に話し合っておきましょう。それでも迷うときは、周産期センターなどに併設されている遺伝相談外来や、出生前診断外来での遺伝カウンセリングが受けられます。

【 検査の種類と内容 】

羊水検査

羊水を採取して染色体を調べる

超音波で胎児や胎盤の位置を確認しながら、おなかから子宮壁を通して針を刺し、羊水を採取。その羊水の中の赤ちゃんの細胞を培養して染色体を調べます。確実に染色体異常を診断できるものの、すべての染色体異常がわかるわけではなく、流産のリスクなどもあります。

●**検査時期：15～18週ごろ**

血清マーカー検査（クアトロテスト）

血液検査で染色体異常の確率を出す

妊婦さんから採血し、タンパク質やホルモンの濃度を測定し、染色体異常や神経管の形態異常の確率を出す検査。あくまでも確率なので、異常があるかどうかは確定できません。結果を見て、確定検査である羊水検査を受けるかどうかを決めます。

●**検査時期：15～18週ごろ**
（羊水検査まで受けるなら16週までに）

胎児超音波検査

超音波画像から赤ちゃんの生まれつきの病気を調べる

妊婦健診の超音波検査では、赤ちゃんの心拍や発育、羊水の量、形態異常の有無などを調べます。赤ちゃんの首の後ろの厚みを測るNT値が一定の数値以上あると、ダウン症候群の可能性が高くなります。ただし、それだけで染色体異常があると確定診断されるわけではありません。

●**検査時期：妊娠全期間**
（染色体異常の可能性が高いといわれる首の後ろの厚みを測るNT値のチェックは10～14週ごろ）

NIPT（新型出生前診断）

血液検査で3種類の染色体疾患の可能性を調べる

妊婦さんから採血し、血中に浮遊する赤ちゃんのDNA断片を分析。3種類の染色体異常の可能性を判断します。検査結果は「陽性」「陰性」で出るため、確定診断のために羊水検査が必要。検査が受けられるのは特定の施設で、年齢などの条件があります。

●**検査時期：11～16週ごろ**

絨毛《じゅうもう》検査

染色体異常や一部の遺伝子の病気の有無を調べる

おなかか腟から針を刺し、子宮壁を通して胎盤の絨毛組織を採取し、赤ちゃんの染色体やDNAを分析します。染色体異常については、ほぼ確実に診断はできるものの、流産のリスクや、出血・破水・子宮内感染を起こす可能性もあります。

●**検査時期：11～12週ごろ**

症状はさまざま

つわりと上手につきあう

妊娠初期に、ほとんどのママが悩まされるつわり。どんな症状があり、どう乗りきればいいのか、知っておきましょう。

少しでもラクになる方法を見つけよう

つわりの原因はまだはっきりわかっていませんが、妊娠初期に胎盤からhCG（ヒト絨毛《じゅうもう》性ゴナドトロピン）というホルモンが大量に分泌されるからという説が有力。つわりは妊娠5～6週ごろに始まり、7～11週でピークを迎え、胎盤が完成する15～16週ぐらいで落ち着く人が多いようです。

ただ、つわりの症状や度合いは人によってさまざま。軽い症状で終わるママもいれば、食べものを受けつけなくなり点滴をするママ、出産直前まで不快症状が続くママもいます。またストレスなど精神面からつわりの症状が重くなることもあります。仕事をしているママは無理をしないことが大切です。つわりは病気ではありませんが、脱水症状が重く、体重が極端に減るなど重症な場合は、すぐに受診しましょう。

つわりの症状

眠い、だるい

ホルモンバランスの影響で、夜しっかり寝ても眠い、日中もだるいという人が多いようです。状況が許すなら、ゆっくり休んでもいいでしょう。働いているママは、休憩時間は軽いストレッチなど、上手にリフレッシュを。

吐く 吐きけがする

つわりの代表的な症状。空腹時や朝起きたときが気持ち悪いという人が多いようです。何度も吐いてしまう人から、ムカムカする状態がずっと続く人、何かしら口に入れていないと気持ち悪い人など、症状も程度もさまざま。

食べものの好みが変わる

今まで好きだったものが食べられなくなったり、逆に今まで口にしなかったものがむしょうに食べたくなったり。ジャンクフードにハマるママもいますが、つわりの一時だけならそれもOK。食べられるものを食べましょう。

においに敏感になる

「ごはんの炊けるにおいが気になる」など食べもののにおいだけでなく、洗剤や香水のにおいなど、あらゆるにおいに敏感になる人も。部屋はできるだけ換気をし、外に出るときや料理をするときはマスクをするのもおすすめ。

頭痛がある 唾液が増える

頭痛やめまいが起こる、唾液が増えるなどを訴えるママも。頭痛がつらいときは自己判断で市販薬を飲む前に、医師に相談しましょう。口の中が気持ち悪い場合は、炭酸水やゼリーなどさっぱりしたものを口にして。

こんなときは産院へ

- 1日に何度も吐く
- 水分をほとんどとれない
- 体重が短期間に減った
- 尿の量が減った、または出ない
- 起きるとフラフラする、頭痛がある
- 日常生活が送れない

つわりを乗りきるコツいろいろ

炭酸水や氷でさっぱり

水は飲めなくても炭酸水ならOKというママも多いもの。できれば糖分が入っていないもので、炭酸が強すぎないものを。氷を入れて冷やして飲んでも。

小分けにして食べる

一度にたくさん食べられない場合や、何か口にしていないとムカムカする場合は、食事を何回かに分ける、少量ずつ食べるようにすると、吐きけを抑えやすくなります。

こまめに水分補給する

脱水症状を防ぐためにも、水分だけはこまめに補給しましょう。この時期は飲めるものならジュースでも構いません。水分がとりにくい人は氷を口に含んでもいいでしょう。

働くママは無理をしない

仕事をしているママは無理をしがち。ストレスはつわりの症状を悪化させるので、出勤時間をずらす、時短勤務にする、可能なら休憩時間に横になるなど、工夫をして乗りきりましょう。

アメやガムを携帯する

何か口に入れていないと気持ち悪い場合や、口の中をさっぱりさせたいときにアメやガムがおすすめ。気分転換にもなるので、外出時や仕事に行くときには、バッグに入れておきましょう。

酸味のあるものを食べる

酸味のあるものは食べやすいというママも多いようです。胃のムカムカを抑える作用があるクエン酸が含まれているため、レモンや梅、お酢など、工夫して取り入れてみましょう。

ゆったりした服装を

きつい下着や洋服で体を締め付けると、血行が悪くなり、余計に気持ち悪くなります。とくに下着は妊娠初期でもマタニティ用のゆったりしたものを身につけましょう。

食べられるときに食べられるものを

つわりの時期は、あまり食べられなくてもおなかの赤ちゃんに栄養は届いています。クッキーやパン、おにぎりなど食べたいときにすぐつまめるものを常備しておきましょう。

ご飯などは冷たくして食べる

温かい食べものは、においによって気持ち悪くなることもあります。ご飯を冷たくして食べたり、お味噌汁などの汁ものを冷やしたりしておくと、食べやすくなります。

つわりのママのためにパパができること

- **においに気を使う**
  食べものだけでなく、生活臭全般に注意。パパは帰宅したら、すぐ着替えるくらいの気づかいが◎。
- **買い物をする**
  スーパーの買い物で、ママが重い荷物を持つのはもってのほか。休日にパパがまとめ買いを。
- **マッサージをする**
  背中をさする、肩をもむのもおすすめ。ゆっくり休ませてあげるだけでもママはうれしいものです。
- **家事をする**
  洗濯や掃除など、できる家事は率先してやりましょう。調理のときは、においにも注意して。

おなかに赤ちゃんがいることを知らない時期にやってしまったこと、心配になりますよね。気になるあれこれを紹介します。

こんなことしてたけど大丈夫!?

妊娠前にしてしまった気になること

妊娠経過が順調ならまず心配いりません

ママが妊娠に気づくのは、早くても妊娠4〜5週ごろ。それまではほとんどのママが妊娠していることを知らずに、いつも通りに過ごしています。しかしながら、妊娠が成立してから妊娠に気づくまでの間は、赤ちゃんの体の重要な器官がつくられる時期。妊娠に気づく前に薬を飲んでしまった、レントゲン検査を受けてしまった、スポーツをしてしまった、など不安になっている人もいるかもしれません。

妊娠初期は、心身ともに不安定で注意が必要な時期ではありますが、基本的に現在、妊婦健診を受けていて、妊娠経過が順調であれば、必要以上に心配することはありません。その上で妊娠確定前にしてしまったことで心配なことがあれば、医師に相談しましょう。

妊娠前にしちゃったこれって大丈夫？

たばこを吸った

妊娠前に喫煙をしていたママは、今すぐきっぱり禁煙を。喫煙を続けると、血管が収縮し、赤ちゃんに十分な酸素が届かなくなり、発育を妨げてしまいます。そのほか前期破水、胎児機能不全などのリスクも高まります。

お酒を飲んだ

妊娠前に知らずにお酒を飲んでしまったとしても、妊娠が成立していて、今順調に育っているなら問題ありません。ただし、アルコールは胎児に影響を与えるので、妊娠が判明してからは飲まないようにしましょう。

ダイエットをしていた

妊娠前に食事制限をしていたママは、妊娠がわかったら栄養バランスを考えた食事に変えれば大丈夫。妊娠中も“やせ志向”のままでは、低出生体重児など赤ちゃんの成長・発育に影響を与えてしまうので注意しましょう。

激しいスポーツをした

妊娠判明前にスポーツをしていて、それが影響しているとしたら、妊娠は成立していません。今、妊娠経過が順調なら大丈夫。妊娠がわかったら、適度な運動にとどめ、激しいスポーツはお休みしましょう。

ジェットコースターに乗った

ジェットコースターで逆立ちのような状態になっても、恐怖や興奮でドキドキしたとしても、妊娠が判明して順調であれば問題ありません。ただ、妊娠がわかったら、そのような乗り物には乗らないようにしましょう。

排卵誘発剤を使った

不妊治療などで排卵誘発剤を使って妊娠した場合も、何かリスクが高くなったり、おなかの赤ちゃんに悪影響があるということはなく、自然妊娠とまったく変わりありません。心配せずに、普段通りに過ごしましょう。

レントゲン検査を受けた

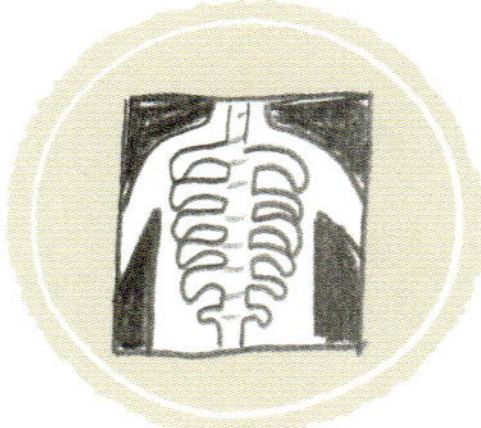

大量に放射線を浴びた場合は、胎児に影響を及ぼすこともありますが、レントゲン検査で浴びる程度の放射線はまったく問題ありません。ただし妊娠が判明したら、レントゲン検査の前に必ず医師に相談しましょう。

電磁波を浴びた

現代人が電磁波をまったく浴びずに日常生活を送ることは不可能です。妊娠が成立していて、経過が順調なら問題ありません。またパソコンなどから出る電磁波はごく微量だといわれているので、赤ちゃんに影響はないでしょう。

エステを受けた

妊娠前のエステはまったく問題ありません。レーザー治療のようなものも、おなかの赤ちゃんに影響はありません。妊娠が判明してからエステを受ける場合は、妊娠を告げた上で、妊婦さんに施術が可能なところで受けましょう。

市販薬を飲んだ

多くの市販薬は服用しても問題ありません

市販薬の多くは、用量を守って短期間飲んだ程度なら問題ないものがほとんどです。赤ちゃんが最も薬の影響を受けやすいといわれているのは、妊娠4～7週ごろです。たとえこの時期に服用したとしても、実際に赤ちゃんに影響する可能性はごくわずかです。ただ、中には限られた種類ではありますが、妊婦さんが服用してはいけない薬もあります。心配な場合は、その薬を持って主治医に相談を。

ビタミン剤

ビタミン剤のうち、ビタミンＢやビタミンＣは問題ありません。ただ、妊娠初期に大量のビタミンＡを服用した場合は赤ちゃんに影響することも。心配な場合は相談を。

胃腸薬

一般的な胃腸薬は服用しても問題ないことがほとんどですが、ごく一部で妊娠初期に注意したい成分も。心配な場合は、成分を確認し、主治医や薬剤師に相談しましょう。

風邪薬

妊婦さんが服用できる市販薬の風邪薬もあり、容量を守って短期間服用した場合はまず問題ありません。妊娠が判明したら、自己判断せず、必ず主治医に相談しましょう。

⇒詳しくはP.152へ

妊娠 8週〜11週

つわりがピークを迎える時期。ママは無理せず乗りきって

ママのからだ

つわりをはじめマイナートラブルが増えます

この時期はつわりがピークを迎え、食事がとれない、ムカムカする、眠けやだるさがあるなどの不快症状がつらいというママも多いでしょう。この時期、おなかの赤ちゃんに必要な栄養が届いていないと心配するママもいますが、赤ちゃんはしっかり育っているので心配しないで。ただ、水分もとれない、ずっと嘔吐が続くなど、症状が重い場合は、妊娠悪阻《おそ》（体重減、脱水症状）の可能性が高いため、すぐに産院を受診しましょう。また、つわりの症状以外でも、頻尿や便秘がちになる、乳房が張るなどのマイナートラブルも増えてきます。このつらい時期を乗り越えれば、多くのママは心身ともに落ち着いてくるでしょう。

8週〜11週のママのからだ

- つわりの症状がピークになる。
- 立ちくらみやめまいがしやすい。
- 乳房の張りを強く感じることも。
- 子宮の大きさはグレープフルーツ大に。

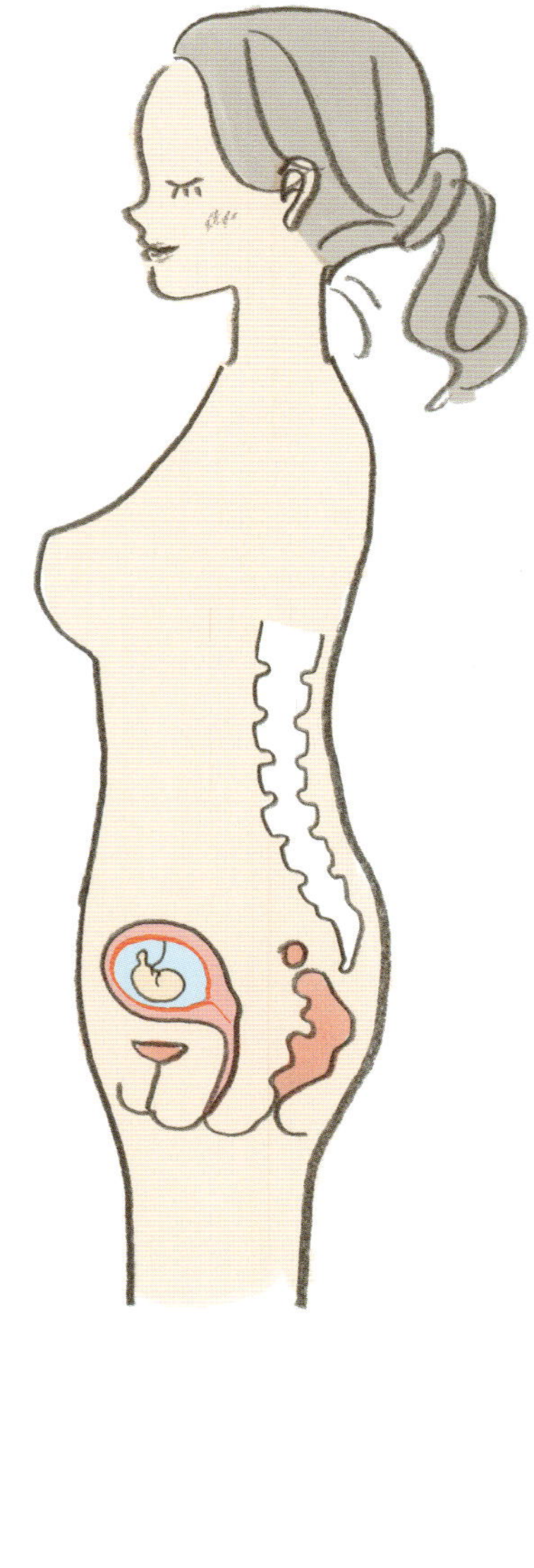

こんなことに注意！

- 出血があったら産院へ
- 下腹部の痛みが強い、続くようなら産院へ
- つわりがひどくて水分もとれないようなら受診する

赤ちゃんのからだ

2頭身になり より人間らしい体つきに

妊娠2カ月までは「胎芽《たいが》」と呼ばれていた赤ちゃんも、妊娠3カ月に入ってからは、「胎児」と呼ばれるようになります。体つきは頭が大きな2頭身になり、より人間らしくなってきます。目、鼻、口、耳や、手足の指が見分けられるようになり、心臓、脳、肝臓、肺、腎臓などのほとんどの内臓ができあがってきます。

膀胱や腎臓の機能も発達してくるので、子宮の中で飲み込んだ羊水をおしっことして出すこともできるようになります。

この時期、超音波検査では赤ちゃんの頭殿長（頭からおしりまでの長さ）を測り、出産予定日が確定されます。また、同じく超音波検査の画像で、手足を元気に動かすかわいらしい赤ちゃんの様子を見ることができるのも、この時期ならでは。ただ、ママが実際に胎動を感じるのは、妊娠5～6カ月以降になります。

【8週～11週の赤ちゃん】

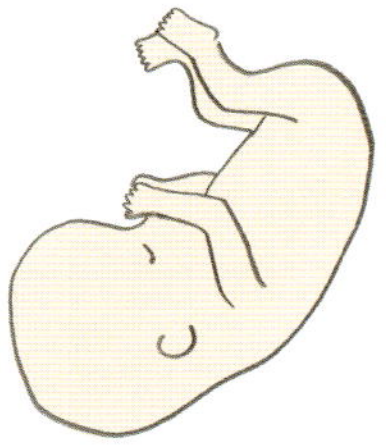

身長：約9cm　体重：約30～40g

8週～11週の赤ちゃん

- ✶ 心臓、脳、肝臓などほとんどの内臓が形成。
- ✶ 目、鼻、口、耳、手足の指ができてくる。
- ✶ 2頭身になり、人間らしい体つきに。

健診で産婦人科医がとくにチェックしていること

赤ちゃんの成長とともに出産予定日を確定

妊娠2カ月の健診のときに引き続き、赤ちゃんが順調に成長しているかどうかを診ます。早期流産などの可能性も高い時期なので、慎重にチェックします。また、この時期は個体差が少ないため、赤ちゃんの頭殿長を測り、妊娠週数を改めて確認し、出産予定日を確定します。多胎妊娠かどうかもはっきりとわかるので、あわせて胎盤と羊膜の数（膜性）はどうかなども診ます。

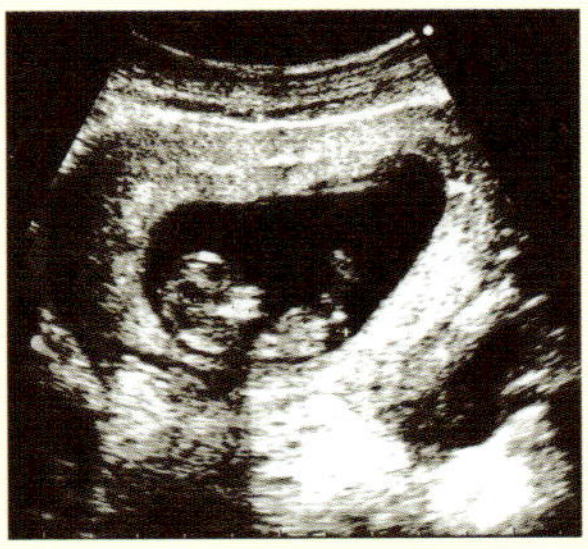

頭と胴体が分かれた2頭身に。かわいらしい足も見えます。

おなかの赤ちゃんとママのために

母子健康手帳と公費補助券を活用しよう

妊娠が確定したら、役所などで母子健康手帳をもらいます。一緒にもらえる公費補助券についても知っておきましょう。

ママと赤ちゃんの大切な成長記録

産婦人科で妊娠が確定したら、役所などに母子健康手帳をもらいに行きましょう。母子健康手帳は、妊娠・出産の経過を記録し、赤ちゃんの健康状態や成長、予防接種や乳幼児健診の情報などを記録する手帳で、妊娠中から小学校に入学するくらいまで使われます。妊婦健診のときは、手帳に妊娠経過を書き込むので、毎回忘れずに持参します。また、外出するときも必ず持ち歩くようにしましょう。

母子健康手帳と一緒にもらえるのが、「妊婦健康診査受診票」という公費補助券です。妊婦健診時にこれを提出することで、健診の費用の一部を助成してもらえますが、受け取る時期が遅れると、助成が受けられなくなることもあるので、妊娠10週くらいまでにはもらいに行くようにしましょう。

ママが記入する欄

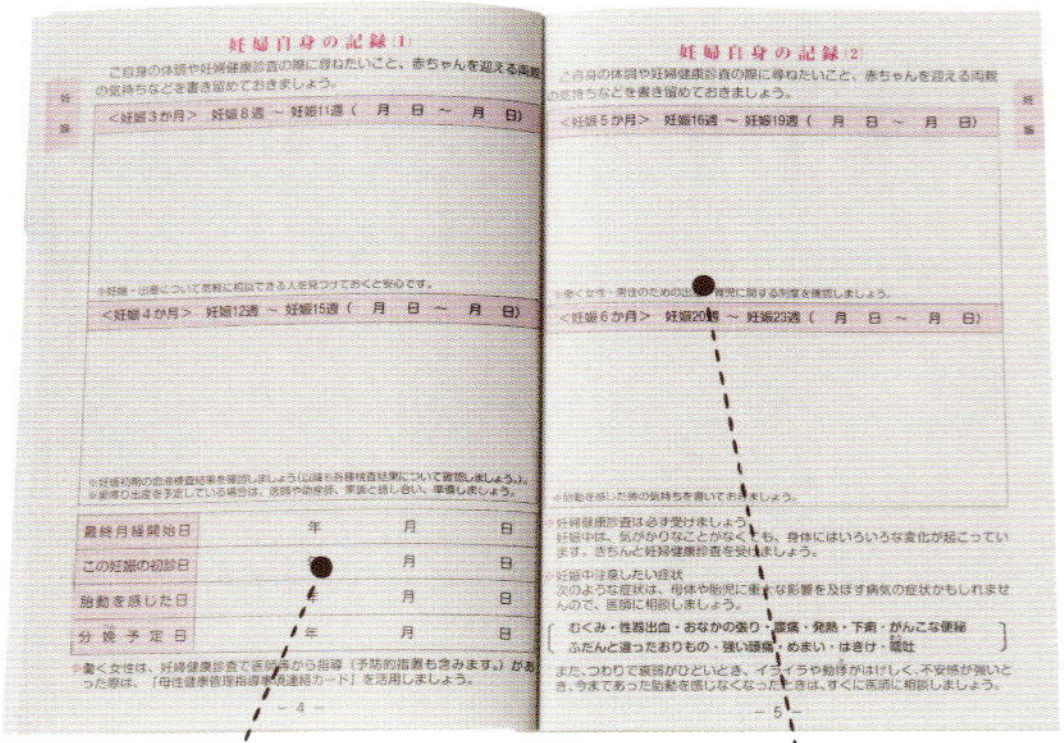

最終月経の開始日や、今回の妊娠の初診日、胎動をはじめて感じた日。分娩予定日などを記入する欄。忘れないうちに記入しておくと、あとで振り返ったときの思い出にも。

ママが自由に書き込むことができる欄。今の体調や赤ちゃんへの思いなども書いておきましょう。妊婦健診で聞きたい気になることを書いておくと健診時に忘れずに質問できます。

表紙

自治体によって母子健康手帳のデザインなどは違いますが、記載内容は全国共通。もらったらすぐに表紙にママの名前の記入を。

医師や助産師が記入する欄

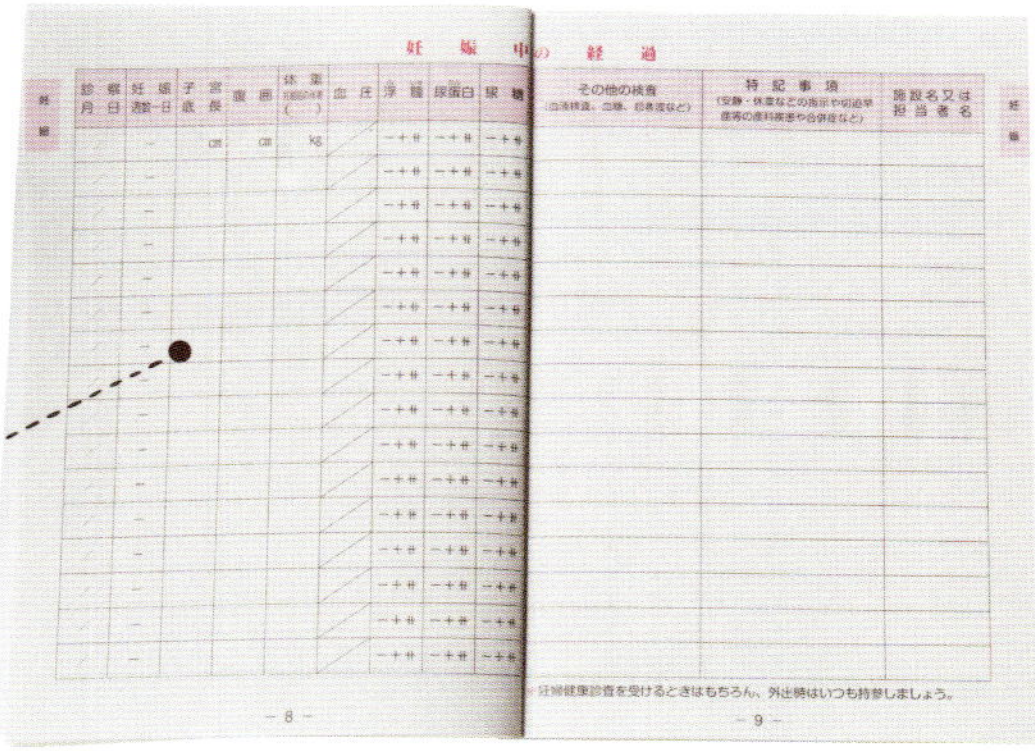

妊娠中の経過を記録する欄。産院で医師や助産師が記入します。妊婦健診で毎回検査する内容についてはここを見れば一目瞭然。子宮底長や腹囲、体重や血圧の数値、浮腫の有無のほか、尿糖や尿タンパクの度合いも記入されます。

公費補助券って？

役所などで母子健康手帳を受け取るときにもらえます。健診時に産院の受付に提出すると、健診費用の一部を助成してもらえます。自治体によってもらえる受診票は異なります。

公費補助券で受けられる検査一覧

妊婦健診時に、妊婦健康診査受診票の提出により補助が受けられる検査を紹介します。受けられる時期が決まっているものもあるので注意。

血糖値

妊娠糖尿病の予防のため

妊娠糖尿病の早期発見のために行う検査。血液検査でママの血糖値（血液中のブドウ糖の値）を調べます。妊娠初期と中期に２回検査を行います。妊娠糖尿病と診断された場合は、主に食事療法をして、血糖をコントロールします。

梅毒

流産・早産の原因に

性感染症の一種。妊娠初期の血液検査で、ママの感染の有無を調べます。感染していると、流産・早産の原因に。さらには、おなかの赤ちゃんが先天性梅毒になることも。ただし、初期に治療すれば、赤ちゃんへの感染を予防できます。

貧血

妊娠初期と後期に検査

妊娠中は貧血になりやすい傾向があります。ママが貧血になると、赤ちゃんの成長が遅れたり、ママが疲れやすくなったり、分娩時に出血量が増えたりすることがあります。貧血と診断されると、鉄剤が処方されることもあります。

HTLV-1（成人T細胞白血病）

母乳による母子感染を防ぐ

成人T細胞白血病（ATL）を発症させるHTLV-1というウイルスに感染しているかどうかを、血液検査で調べます。母乳を介して赤ちゃんに感染するので、検査で陽性と出た場合は、事前に産後の授乳方法を検討し、母乳をやめることも。

HBs抗原

B型肝炎ウイルスの感染を調べる

血液検査でB型肝炎ウイルスに現在または過去に感染したことがあるかどうかを調べます。陽性の場合は、分娩時や出産後の母子感染を予防するために、産後すぐに赤ちゃんに免疫グロブリンとB型肝炎ワクチンを投与します。

HCV（C型肝炎ウイルス）

C型肝炎ウイルスの感染を調べる

血液検査でC型肝炎ウイルスに感染しているかどうかを調べます。C型肝炎はママが感染していても、自覚症状がないことも多いもの。分娩時に血液を通して母子感染する可能性があるため、妊娠中に検査しておくことが大切です。

ノンストレステスト（NST）

赤ちゃんの元気度をチェック

主に妊娠後期に行われる検査。分娩監視装置という機器をママのおなかに装着し、おなかの赤ちゃんの心拍や胎動の有無、ママの子宮収縮の状態などをチェックします。臨月の健診では、毎回行うことが多いようです（→P.36）。

GBS（B群溶血性連鎖球菌）

B群溶連菌の感染を調べる

腟内のおりものを採取して、B群溶血性連鎖球菌の感染の有無を調べます。分娩時に赤ちゃんに感染すると、肺炎や敗血症、髄膜炎を起こすことがあります。感染している場合、分娩時に抗生物質を投与して赤ちゃんへの感染を予防します。

クラミジア

性感染症のひとつ

妊娠中にママがクラミジアに感染していると、早産を引き起こしやすく、また分娩時に赤ちゃんに感染するとクラミジア結膜炎や肺炎を発症することも。感染がわかったら、出産前に治療をして、トラブルを予防します。

スムーズな報告のしかたは？

職場の妊娠報告とマナー

妊娠中の働くママにとって、いつ、どんなふうに職場に妊娠報告するかは重要なポイント。上手に伝えるコツについて紹介します。

早めに妊娠報告をしておくと安心

妊娠がわかったら、職場にどのタイミングで妊娠報告をすればいいのか迷うところです。「安定期に入ってから」と考えるママも多いようですが、実際は、赤ちゃんの心拍が確認できる妊娠8～11週ごろに報告するのがベター。とくに直属の上司などには、体に負担のかかる業務を控えてもらう、時差出勤をお願いするなど、業務に配慮してもらう必要があるからです。

報告後は周囲の協力を得ながら無理せずに

また、妊娠中は急な体調の変化で早退をしたり、お休みをしたりすることもあります。上司に報告したあとはなるべくすみやかに、直接仕事にかかわる同僚や先輩にも妊娠報告をしましょう。

妊娠中や出産後も同じ職場で継続して働くママの場合は、いつ産休に入るのか、職場に復帰する時期の目安など、大まかに希望を伝えておきましょう。

妊娠報告をしたあとは、周囲の協力を得ながら、無理せず仕事を続けましょう。仕事を続けていても妊婦健診や急な体調不良でお休みをする可能性も。周囲の人には常に感謝の気持ちを忘れずに、引き継ぎもしっかりとしておきましょう。そうすることで協力も得られやすくなり、出産後のスムーズな職場復帰にもつながります。

働き方について

チェックポイント

- □ 退職したら経済的にやっていけるか
- □ 今の仕事を続けるメリットはあるか
- □ 職場復帰後、夫の協力は得られるか
- □ 復帰希望時期までに保育園に入園できるか
- □ 保育園以外の育児のサポート体制は整っているか
- □ 仕事があることで精神的に安定するタイプか、または育児に専念したいタイプか
- □ 退職する場合、キャリアを手放してもいいか
- □ 退職する場合、再就職する予定はあるか

など

妊娠中の働くママのスケジュール

妊娠判明

妊娠検査薬で妊娠が判明。さっそく産婦人科を受診し、妊娠が確定！

↓

妊娠報告

タイミングをみながら、直属の上司には早めに報告。同僚への報告もなるべくすみやかに。

妊娠中も快適に仕事を続けるために利用しよう

「母性健康管理指導事項連絡カード」

体調が悪いときに利用できる申請書

つわりがひどいときや切迫流産などで体調が悪化し、療養が必要になったときに職場に申請できるのが「母性健康管理指導事項連絡カード」。医師が指導し、カードに記入したものを職場に提出すると、労働時間の短縮や休業などの適切な措置を講じることが義務付けられています。産院でもらえるほか、厚生労働省のホームページからもダウンロードできます。

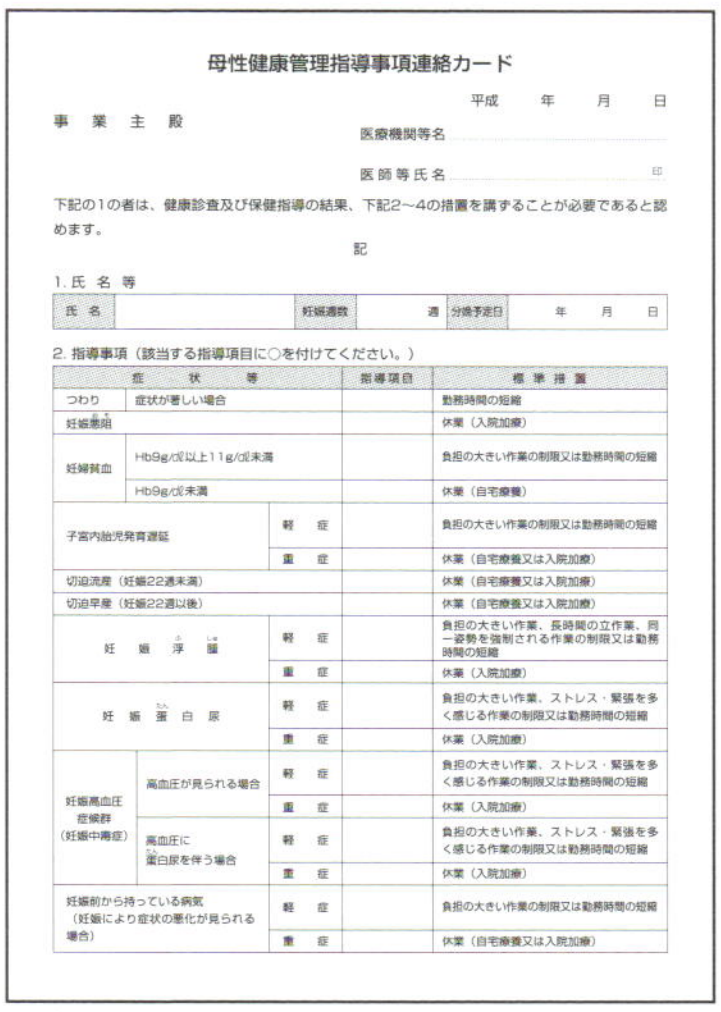

母性健康管理指導事項連絡カード

平成　年　月　日

事業主殿

医療機関等名

医師等氏名　印

下記の1の者は、健康診査及び保健指導の結果、下記2～4の措置を講ずることが必要であると認めます。

記

1. 氏名等

氏名		妊娠週数	週	分娩予定日	年　月　日

2. 指導事項（該当する指導項目に○を付けてください。）

症状等			指導項目	標準措置
つわり	症状が著しい場合			勤務時間の短縮
妊娠悪阻				休業（入院加療）
妊婦貧血	Hb9g/dℓ以上11g/dℓ未満			負担の大きい作業の制限又は勤務時間の短縮
	Hb9g/dℓ未満			休業（自宅療養）
子宮内胎児発育遅延		軽症		負担の大きい作業の制限又は勤務時間の短縮
		重症		休業（自宅療養又は入院加療）
切迫流産（妊娠22週未満）				休業（自宅療養又は入院加療）
切迫早産（妊娠22週以後）				休業（自宅療養又は入院加療）
妊娠浮《ふ》腫《しゅ》		軽症		負担の大きい作業、長時間の立作業、同一姿勢を強制される作業の制限又は勤務時間の短縮
		重症		休業（入院加療）
妊娠蛋《たん》白尿		軽症		負担の大きい作業、ストレス・緊張を多く感じる作業の制限又は勤務時間の短縮
		重症		休業（入院加療）
妊娠高血圧症候群（妊娠中毒症）	高血圧が見られる場合	軽症		負担の大きい作業、ストレス・緊張を多く感じる作業の制限又は勤務時間の短縮
		重症		休業（入院加療）
	高血圧に蛋《たん》白尿を伴う場合	軽症		負担の大きい作業、ストレス・緊張を多く感じる作業の制限又は勤務時間の短縮
		重症		休業（入院加療）
妊娠前から持っている病気（妊娠により症状の悪化が見られる場合）		軽症		負担の大きい作業の制限又は勤務時間の短縮
		重症		休業（自宅療養又は入院加療）

仕事中に体調が悪くなったときの対処法

休憩時間を増やしてもらう

昼休みなどの決まった休憩時間だけでなく、体調が悪く、少し休みたいときは、ラクな姿勢をとって休みましょう。上司にあらかじめ相談して休憩時間を増やしてもらってもいいでしょう。

気分転換に外に出る

デスクワークで長時間、同じ姿勢でいる妊婦さんは、血流が悪くなったり足がむくんだりすることがあります。体調がいいときは、ランチタイムに外に出て散歩をするなど気分転換を。

つわりの症状には自分に合った対策を

何か口に入れていないと気持ち悪い人は、ひと口大の食べものを用意する、アメなどを常備しておくなどの工夫を。また、においが気になる人は、マスクや好きな香りなどで対策を。

通勤電車では

満員電車を避けて通勤を

満員電車は妊娠中のママにとって負担になるだけでなく、非常に危険でもあります。ラッシュを避けられるように、上司に相談して時差出勤させてもらうなど、相談してみましょう。

体調に気づかいながら勤務

つわりがつらいときや通勤がつらいときは、ラッシュを避け時差出勤させてもらいながら勤務。

仕事を続ける場合

産後も仕事を続ける場合は、育休の時期、職場復帰の時期も伝える。引き継ぎも意識して。

産休に入る

産休中はしっかり休みつつ、出産の準備。保育園のリサーチもこの時期にしておく。

仕事を辞める場合

仕事を辞めると決めた場合も、そのあとの引き継ぎがスムーズにいくように準備を進める。

退職する

最後まで仕事はしっかり続け、お世話になった上司や同僚、取引先などに挨拶を。

出産

産後

育休に入る

周囲の協力を得ながら同時進行で引き続き保育園探しを続ける。

職場復帰

子どもの預け先が決まり、職場復帰。最初のうちは無理しないで時短（勤務）でゆったりペースで。

育児

いずれ仕事に復帰することを検討するママは、落ち着いたら就活を。

おなかの赤ちゃんへの影響は？

妊娠中の気になる出血

妊娠中はちょっとしたことで出血しやすくなります。出血にも心配いらないものと緊急性の高いものがあるので注意が必要です。

出血をしたら まずは産院に連絡を

妊娠中に出血が起こるのは珍しいことではありません。出血があっても問題のない場合もありますが、中には重大なトラブルにつながるケースもあります。少量でも出血が見られたら、自己判断せずに産院に連絡し、医師に診断してもらうのが原則です。連絡するときは、母子健康手帳を手元に用意し、妊娠週数のほか、出血の色や量、おなかの痛みなどその他の症状の有無をできるだけ詳しく伝えましょう。

出血の原因は妊娠時期によってもさまざまありますが、妊娠初期の出血は受精卵の着床や胎盤がつくられる過程で起こる、赤ちゃんへの影響が少ないものが多い傾向があります。妊娠中期以降になると、出血の頻度は減るものの、妊娠経過に影響するケースも出てきます。

出血があったときに伝えること

出血の量
下着に少しつく程度、生理の２日目くらいの量、ナプキンを当てても漏れるほど、など。

出血の状態
サラサラしている、粘りけがある、かたまりがある、止まったり出たりする、など。

妊娠週数
まず最初に現在、妊娠何週目かを伝えましょう。

出血以外の症状
おなかの張りや痛みはあるか、発熱や頭痛があるか、おりものの量、など。

出血の色
真っ赤な鮮血、赤に黒や茶色が混ざったような色、茶色、薄いピンク色、など。

こんなときは産院に連絡を！

- 出血がずっと続く
- 出血の量が多い
- 出血量が増えていく
- 鮮血が出た

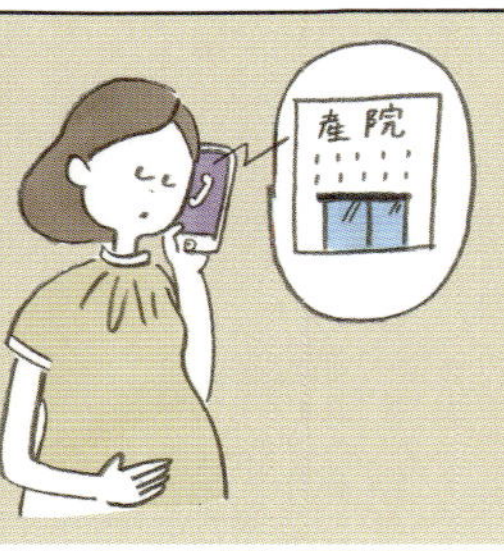

上記のような出血以外の場合でも、張りが強い、おなかが板のようにかたい、胎動が感じられないなどの状態を伴った場合は、すぐに産院に連絡しましょう。

緊急度の低い出血の原因

子宮腟部《ちつぶ》びらん

子宮頸管の内側がただれている状態

腟の奥にある子宮の入り口の粘膜が、ホルモンの影響でただれている状態。少しの刺激で出血するので、内診やセックスがきっかけで出血しやすくなることも。生理的なものですが、出血があったら自己判断はしないで産院へ連絡を。

内診後の出血

内診時の刺激によって出血しやすくなる

内診は、健診時に腟内に指や腟鏡と呼ばれる器具を入れて行います。その過程で、接触や摩擦による刺激で出血することがありますが、少量であれば問題はありません。子宮腟部びらんなどがあると出血しやすくなります。

着床時出血

月経初日のような少量で茶色の出血

受精卵が子宮内膜に着床するときに起こる出血。子宮内膜にもぐり込んでいくときに、受精卵が血管に当たることで起こりますが、出血しても吸収されてしまうこともあり、気がつかないママも。月経様出血とも呼ばれます。

子宮頸管《けいかん》ポリープ

良性のポリープが刺激を受けると出血

子宮頸部にできる良性のポリープのこと。子宮頸部の粘膜の細胞が何らかの理由で増殖し、子宮頸管部から子宮の出口に飛び出したもの。ポリープは表面がもろいので、少量ではあるものの、たびたび出血することがあります。

セックス後の出血

挿入の刺激で出血することも

挿入の刺激によって、少量の出血が見られることがあります。子宮腟部びらんや子宮頸管ポリープがあると、さらに出血しやすくなります。出血の量が少量で、すぐに止まるようなら、しばらく様子を見てもいいでしょう。

お産が近くなると おしるしによる出血もあります

出産予定日が近づくと、赤ちゃんを包む卵膜と子宮壁の間がずれ、少量の出血が起こることがあります。これが「おしるし」。もうすぐお産ですよ、というサインです。

注意が必要な出血の原因

子宮頸《けい》がん

妊娠中に見つかることが多いので注意

子宮頸がんは30代の女性に増えています。不正出血などの症状がありますが、自覚症状がないことが多く、妊娠中に子宮頸がん検査をしてはじめてわかることも多いものです。がんが見つかったら、進行度に応じた治療をします。

切迫流産

おなかの張りや痛みを伴うことも

子宮収縮によって少量の出血があり、おなかの張りや痛みを伴います。超音波検査で調べると、絨毛膜下血腫が見られることも。ママは安静にして過ごしますが、診察して胎児の心拍が確認できれば、まず心配はありません。

⇒詳しくはP.130へ

絨《じゅう》毛《もう》膜《まく》下《か》出血

子宮内にできた血のかたまりから出血

受精卵が、胎盤のもとになる絨毛組織を子宮の内膜に伸ばしていく過程でできる、血のかたまり（血腫）です。通常は自然に吸収されて消えますが、出血量が多いと血腫が出血として体外に出ます。血腫が出血として大きくなる場合は治療の対象に。

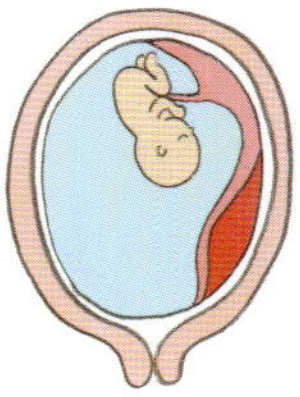

【妊娠中期以降気をつけたい出血】

前《ぜん》置《ち》胎盤

子宮口の近くで出血が起こります

通常、胎盤は子宮の上のほうにできますが、何らかの理由で、胎盤が子宮口の一部、または子宮口全体をふさいでいる状態のこと。出血の量や状態はさまざまですが、わずかな子宮収縮でも出血しやすいため、注意が必要です。

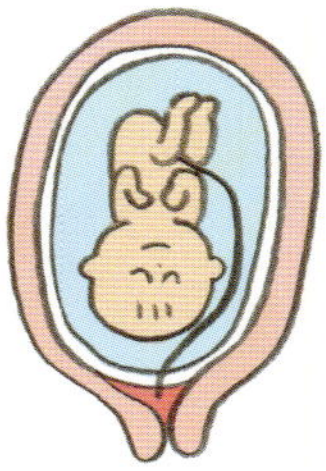

胎盤が完全に子宮口をふさいだ状態。

常《じょう》位《い》胎盤《たいばん》早《そう》期《き》剥離《はくり》

赤ちゃんが生まれる前に胎盤がはがれて出血します

通常、胎盤がはがれるのは赤ちゃんが産まれたあとですが、まだ赤ちゃんがいるのに胎盤がはがれてしまうこと。大出血するため、母子ともに危険な状態に。下腹部がカチカチにかたくなることも。症状があったらすぐに産院へ。

切迫早産

妊娠22週以降に張りや出血が見られる

妊娠22週以降、37週未満に、下腹部に張りや痛みを伴った出血があります。ただ、張りや痛みの感じ方にも個人差があるため、自覚のないまま出血が最初のサインになることも。出血が少量であっても、注意が必要です。

⇒詳しくはP.134へ

ママが出血したとき パパができることは？

- まずはすぐに産院へ連絡し、受診の準備を
- ママは我慢してしまいがち。パパの行動力で産院へ連れていく
- 不安なママにしっかり寄り添い、精神的な支えになる

妊娠中の出血 Q&A

Q 出血したとき、自分でちゃんとわかるでしょうか？

A ごく少量でも見過ごさず必ず受診しましょう

真っ赤な鮮血や量が多い場合はすぐに気づくと思いますが、注意が必要なのが茶色いおりもののような出血や、ごく少量の出血の場合。妊娠中の出血はその状態にかかわらず正常なことではないので、「この程度なら大丈夫」と見過ごさず、必ず受診しましょう。

Q 初期に出血があると、その後も出血しやすいですか？

A 出血の原因によって違います

着床時出血や子宮腟部びらん（→ P.49）など、初期はちょっとしたことで出血しやすい傾向がありますが、その多くの場合は心配ありません。ただ、出血の原因が感染症や何らかの合併症である場合は、出血が続くこともあるので、主治医と相談しながら、経過をみます。

Q 出血は予防できるのでしょうか？

A おなかが張るようなことは避けましょう

出血が起こる原因はさまざまなので完全に予防はできませんが、子宮収縮による出血のリスクは、おなかが張るようなことを避ければ、減らせる可能性はあります。もちろん、避けることができない出血の原因もありますが、出血したら早期に対処することが重要です。

Q 産院への連絡を急いだほうがいいケースはありますか？

A 前置胎盤や高血圧の人は細心の注意が必要

少しでも出血があれば、すぐに産院に連絡するのが基本です。前置胎盤と診断されている人は、胎盤の一部がはがれて大出血をする可能性も。また、高血圧の症状があると、常位胎盤早期剥離のリスクが通常の妊婦さんより高いことがわかっているので、注意しましょう。

Q 出血が起こりやすい状況はありますか？

A 体に負担がかかると出血につながることも

立ち仕事や重いものを持つなど、体に負担がかかることは、おなかの張りに通じ、出血につながる場合があります。個人差はありますが、長距離の移動など、同じ体勢が続くこともよくありません。こまめに休憩をとり、子宮の収縮につながるような行動は避けるようにしましょう。

こんなことしても大丈夫？

妊娠中にしてもいいこと、避けたいこと

妊娠すると、日常生活で「こんなことをしてもいいのかな」と迷うことが増えてきます。そんな疑問や不安を解消します。

日常生活は無理のない範囲で余裕を持った行動を

妊娠中は、おなかの赤ちゃんに負担になることや、影響があることは避けたいもの。妊娠前よりできることが減ってしまったり、行動を制限されたりしてしまうことにストレスを感じるママもいるかもしれません。でも、今はおなかの赤ちゃんの安全が第一。いつもよりスローペースで余裕を持って行動しましょう。体調がよければ、無理のない範囲で積極的に出かけるのもいいでしょう。

ただし、体に負担がかかる行動や、遠くへの外出などには注意が必要です。妊娠は病気ではないとはいえ、妊娠前と同じ体ではありません。くれぐれも無理をしないように気をつけて。妊娠中は、急に体調が変化することも少なくないことを頭に入れた上で生活することが大切です。

これってOK？ NG？

インフルエンザの予防接種

インフルエンザは母子感染することはありませんが、妊娠中にインフルエンザに感染すると、通常よりも重症化しやすくなります。妊婦さんが予防接種をすることは、妊娠週数を問わず可能なので、流行期に入る前に接種を。

性生活

安定期に入るまではできるだけ控えましょう。安定期以降も無理をせず、ソフトなセックスを心がけましょう。ママのおなかに負担がかかるような体位はしないで。おなかの張りや出血があったらすぐにやめましょう。

妊娠中の性生活 パパができることは？

- セックス以外のスキンシップを心がける
- ママの体調を第一にソフトなセックスを
- おなかが張ったり出血があったらすぐに中断する

家事（掃除・料理・洗濯など）

医師の安静指示などがなければ、いつも通りに家事をしても大丈夫。ただし、おなかが張ってきたらすぐに横になりましょう。滑りやすいお風呂掃除や体に負担のかかるふき掃除、高いところへの洗濯物干しなどはパパの出番です。

引っ越し

出産前に引っ越しをする家庭もあるかもしれませんが、引っ越しは心身ともに負担が大きいため、パパや引っ越し業者にすべてまかせましょう。ママは決して、重たい荷物を持ったり運んだりしないでください。

お酒・カフェイン・生もの

妊娠中のアルコールは赤ちゃんへの影響があるため、NG。コーヒーなどのカフェインは、1日1～2杯程度なら大丈夫。また、お刺身や生肉など加熱処理されていないものは食中毒を起こすことがあります。とくに生肉は母子感染を起こすトキソプラズマの主要な感染源。妊娠中は避けましょう。

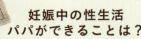

飛行機に乗る

フライトで長時間同じ姿勢でいると、血流が悪くなり、血栓症になるリスクが高くなるので、こまめに水分をとる、足を動かすなど注意しましょう。また妊娠後期は、搭乗に医師の診断書が必要な場合があるので、各航空会社に確認をしてください。

車・自転車に乗る

妊娠中は体のバランスを崩しやすく、転倒の危険があるため、自転車はやめましょう。また妊娠すると注意力が散漫になりやすいため、車の運転は短い距離で最小限に。できるだけ、家族に運転してもらうほうが無難です。

整体・マッサージ

妊婦さんも施術が受けられる専門の施設であれば、リラックスにもつながるのでおすすめです。事前に必ず妊娠中であること、妊娠週数などを告げてから施術を受けましょう。また、うつぶせになるなど、おなかに負担がかかる姿勢はとらないように注意しましょう。

国内旅行

体調がよければ基本的に問題ありませんが、妊娠中は急な体調の変化を起こすこともあります。無理のない余裕を持ったスケジュールを。必ず母子健康手帳を持参し、旅先の病産院の情報などを調べた上で自己責任で出かけてください。ただし、海外旅行は基本的にNG。

マタニティスポーツ

体を動かすことは、安定期以降、体調がよければおすすめです。産院でもヨガ教室などを設けているところもあるので、ママ友づくりにも最適。マタニティスイミングも、安定期以降、妊娠経過に問題なければOK。専門の指導員の指示に従って行いましょう。

歯の治療

妊娠するとホルモンの影響やつわりのために口腔状態が悪くなり、虫歯や歯周病になるママも。妊娠中に歯のケアをしておくことは大切です。治療の際は、体勢がつらくならないように注意し、気分が悪くなったらすぐに伝えて。

ヘアカラー・パーマ

妊娠中は頭皮が敏感になっている可能性があるため、ヘアカラーやパーマはできれば控えて。どうしてもという場合は、安定期までに済ませましょう。長時間座りっぱなしになるなど、同じ姿勢が続かないよう休憩を入れて。短時間のカットなら問題ないでしょう。

ムダ毛の処理・レーザー脱毛

ムダ毛の処理が赤ちゃんに影響することはありませんが、妊娠中は肌がデリケートになっている時期なので、極力しないほうがいいでしょう。また、レーザー脱毛は妊婦の場合は断られることが多いようです。脱毛をするなら、産後に行うよう検討を。

妊娠 12週〜15週

胎盤の完成が近づき、つわりが落ち着いてきます

ママのからだ

少しずつおなかがふっくら。体の不調が穏やかに

妊娠12週に入ると、流産の心配は減ってきます。羊水も増え、子宮が大きくなり、おなかのふくらみが目立ち始めるころです。また乳腺も発達し始め、乳房が大きくなってきたり、張りを感じたりすることも出てきます。マタニティ用の下着やウエアに切り替えていく時期です。

基礎体温が下がり始め、だるさやほてりなどが解消されてきます。つわりも、個人差があるものの、多くの人が落ち着いてきて、食欲も元通りになってきます。胎盤の完成が近づき、ママが食事からとった栄養が、胎盤を経由して赤ちゃんへと運ばれるようになります。赤ちゃんのためにも、バランスのよい食事を心がけたいですね。

12週〜15週のママのからだ

- 子宮が徐々に大きくなり、おなかが少しずつ目立ってくる。
- 個人差はあるものの、つわりがだんだんと治まってくる。
- 基礎体温が下がり、体のだるさやほてりが解消される。

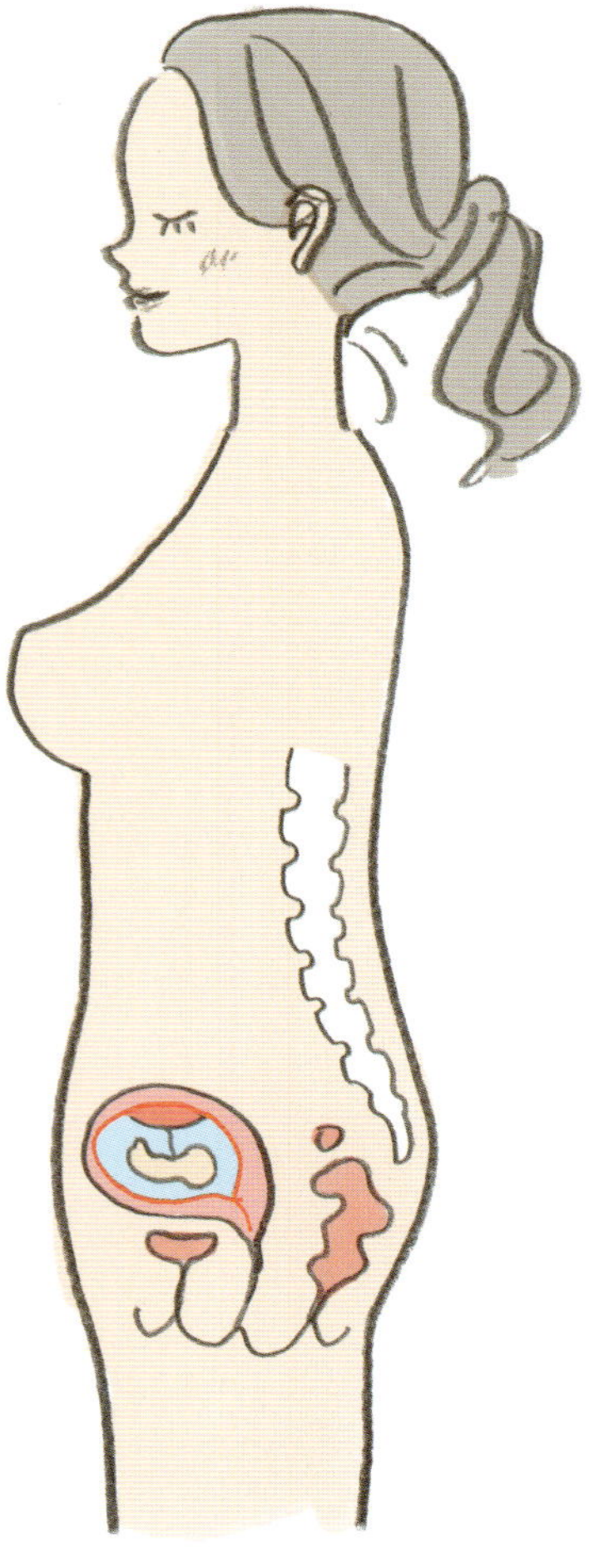

こんなことに注意！

- 大量の出血があるときは受診を
- 下腹部に痛みがあり、持続するときは受診を

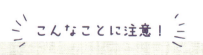

赤ちゃんのからだ

骨や筋肉が発達して手足の動きが活発に

赤ちゃんの主要な器官はほぼ形づくられ、体の筋肉や骨などが発達していきます。超音波検査の画像では、背骨や足の骨などが白くはっきりと確認できるようになります。この時期にママがおなかの赤ちゃんの動きを感じることはありませんが、手足を活発に動かしたり、体を曲げ伸ばしたりする赤ちゃんの様子も見られるようになります。足が伸びて徐々に3頭身に。皮膚は厚みを増し、まぶたや足のつめなど体の細部もつくられます。おなかの中で、指しゃぶりをしておっぱいを吸う練習や、羊水を吸ったり吐いたりして呼吸の練習をしています。

音が伝わる構造ができたり、皮膚感覚が発達し始めるのもこのころから。ママやパパの声、外の音が聞こえたり、ママの動きが振動となって伝わっているかもしれません。

【15週ごろの赤ちゃん】

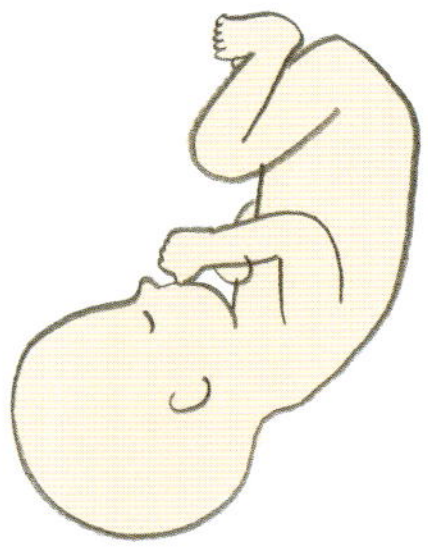

身長：約16cm　体重：約100g

12週～15週の赤ちゃん

- 体の骨や筋肉が発達し始める。
- 手足や体の動きが活発に。
- 消化器官が機能し始める。
- 音が伝わる構造ができ始め、外の音も聞こえるように。

健診で産婦人科医がとくにチェックしていること

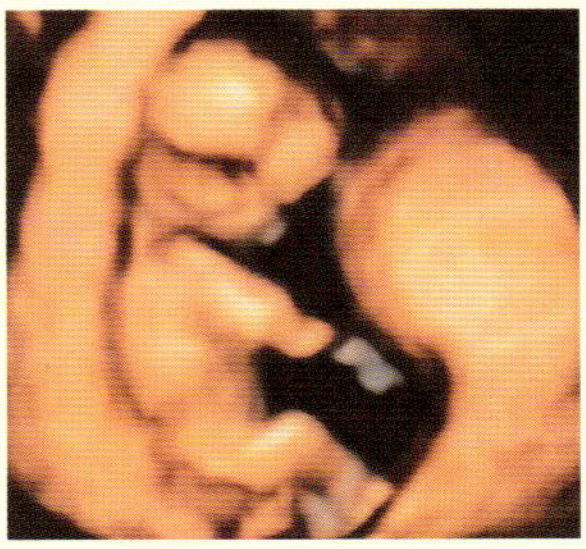

12週ごろ。赤ちゃんの顔がふっくらとして手足が伸び、3等身に。

病気やリスク要因の有無を調べる重要な検査をします

健診は4週に一度のペースに。早期流産の確率が減るとはいえ、引き続き超音波検査で胎児心拍をチェックします。

また、ママの体重、血圧、尿（タンパクと糖）、浮腫の測定が毎回実施されるようになります。血液検査で風疹の抗体の有無などをチェックするのもこのころ。子宮頸部の組織を採取する検査（子宮頸部細胞診）で子宮頸がんが見つかった場合は、進行度に応じた治療が行われます。

おなかがふくらみ始めたら

体型に合わせてケアをしよう

妊娠中は体型が大きく変わります。マタニティ下着＆ウエアの選び方や妊娠線ケアのポイントを知っておきましょう。

ケア1

マタニティ下着＆ウエアにチェンジ

おなかや胸を締めつけず、やさしくホールド

今までの下着や洋服がきつくなったら、マタニティ用のものに切り替えを。ただサイズを大きくすれば済むというものではありません。マタニティ用はおなかや胸を締めつけず、やさしく包み込む設計で、妊婦の体のための工夫がされています。

選び方のポイント

- **肌触り**
  妊娠すると肌が敏感になりがち。肌にやさしい素材のものを。
- **伸縮性**
  体型の変化が著しいので、伸縮性のあるものが長く使え経済的。
- **吸湿性＆保温性**
  汗をかきやすく、冷えには注意したい妊娠中は、吸湿性＆保温性もポイント。
- **丈夫な布地と縫製**
  臨月まで繰り返しの洗濯に耐えられる布地で、丁寧な縫製ものを。

【 主なマタニティ下着 】

ショーツ
おへその上まで包み込んでくれるもの、おりものの変化に気づきやすいように股部分が白いものがおすすめ。

妊婦帯
大きくなるおなかをやさしく包み、支えてくれます。はいて着用するガードルタイプや腹巻のようなコルセットタイプなどがあります。

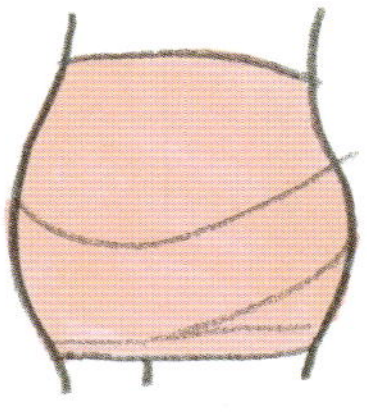

コルセットタイプ

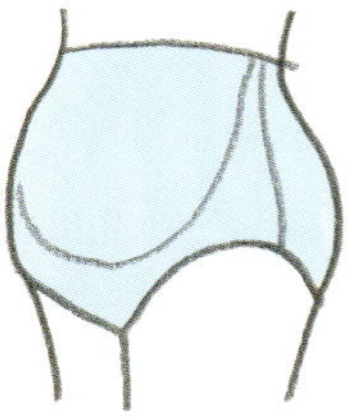

ガードルタイプ

ブラジャー
締め付けず、バストをやさしくホールドしてくれます。大幅なサイズの変化にも対応できるものや、授乳しやすい工夫がされたものなどさまざま。肌や乳頭が敏感になりがちなので、素材にも着目して選んで。

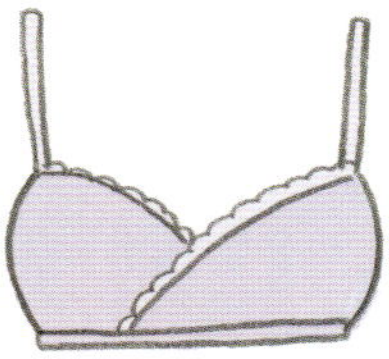

【 体にやさしく、ラクなウエア 】

ワンピース・チュニック＆マタニティ用レギンス
Aラインやゆったりとしたシルエットのワンピースやチュニックなら、マタニティ用でなくてもラクに着られます。おなかを包み込むマタニティ用のレギンスを合わせると◎。

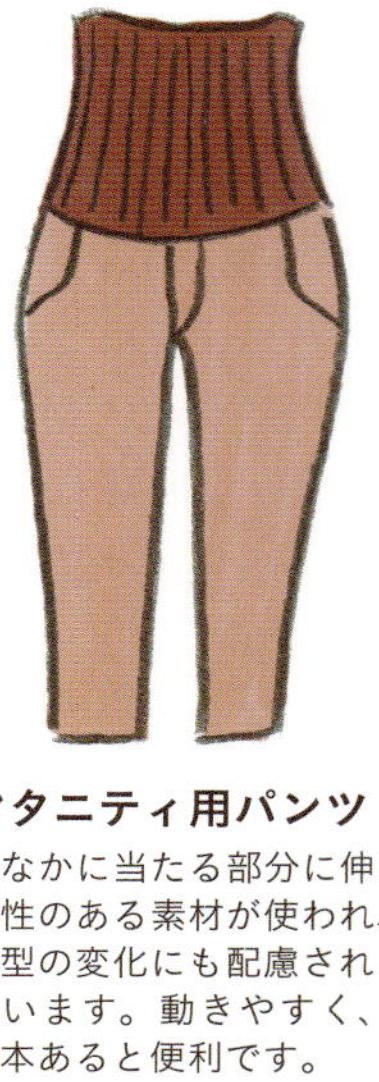

マタニティ用パンツ
おなかに当たる部分に伸縮性のある素材が使われ、体型の変化にも配慮されています。動きやすく、1本あると便利です。

靴
おなかが大きくなると、バランスを崩しやすくなりがち。高いヒールの靴は安定性が悪いので避けて。かがむ必要がなく、脱ぎ履きしやすいスリッポンやローファーがおすすめ。

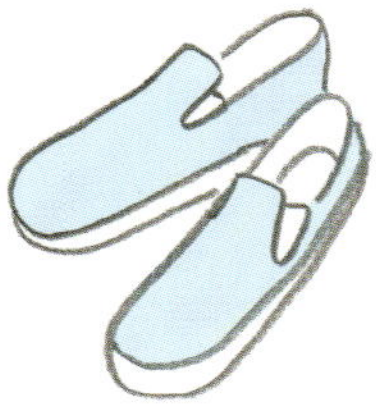

ケア2

妊娠線の予防

急激な体重増加に注意！保湿ケアで皮膚にうるおいを

妊娠線とは、急激に体型が変化したとき、皮下組織がそれに追いつかず断裂が起こってできる、赤みのある線。一般的にはおなかにできることが多いですが、胸や太もも、おしりなどにもできる場合が。妊娠線の予防には、急激な体重増加で皮膚が引き伸ばされないようにすることと、皮膚が乾燥しないよう、保湿をすることです。一度できると残念ながら消えることはありませんが、産後は薄くなり目立たなくなります。

予防のポイント

- **急激な体重増加はNG**
  体重が急に増えると皮膚の伸びが追いつかず、妊娠線ができる原因になることが。
- **乾燥は大敵**
  保湿クリームやオイルでマッサージしながら肌にしっかりうるおいを。かゆみにも気をつけて。
- **見落としに注意**
  見えにくい部位は鏡で確認したり、パパに見てもらったりしてこまめにチェックを。

妊娠線のできやすいところとケア

妊娠線は、脂肪がつきやすく、皮膚が引き伸ばされる場所にできる可能性が。下腹部や太もも、おしり、胸やわきなども注意しましょう。

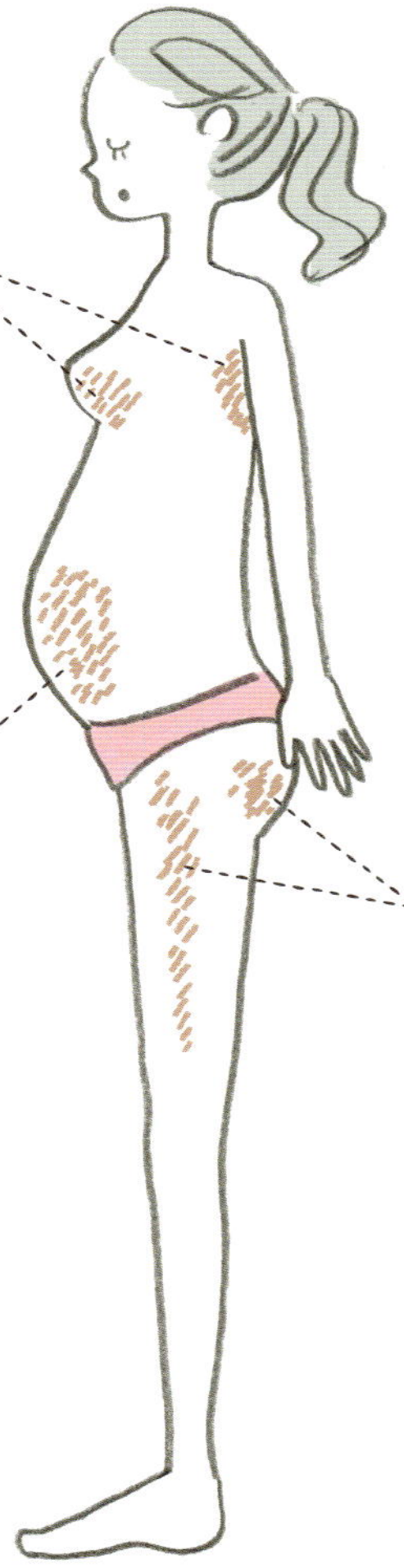

胸・わき

乳房の下側や外側にできやすいので要注意。わきからバストトップ、わきから二の腕などをマッサージ。

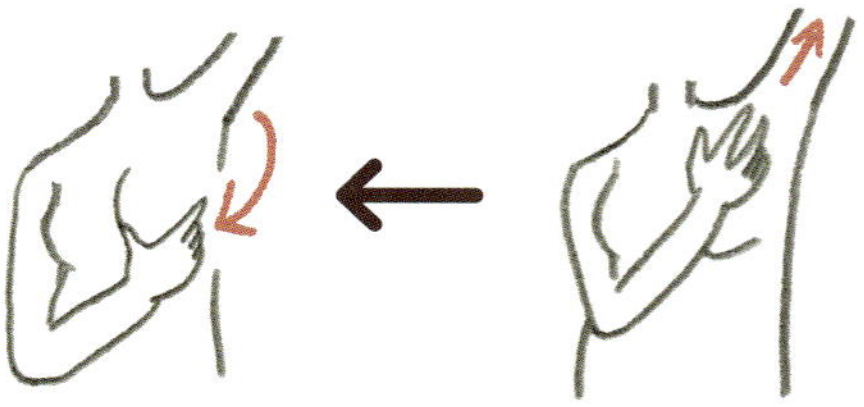

おなか

1 手のひらをおなかにやさしく当て、時計回りにそっとなでながら保湿ローションやクリームを塗ります。

2 おなかの下から上に、手のひらでゆっくり、繰り返しなでます。おなかが張った場合はすぐにやめましょう。

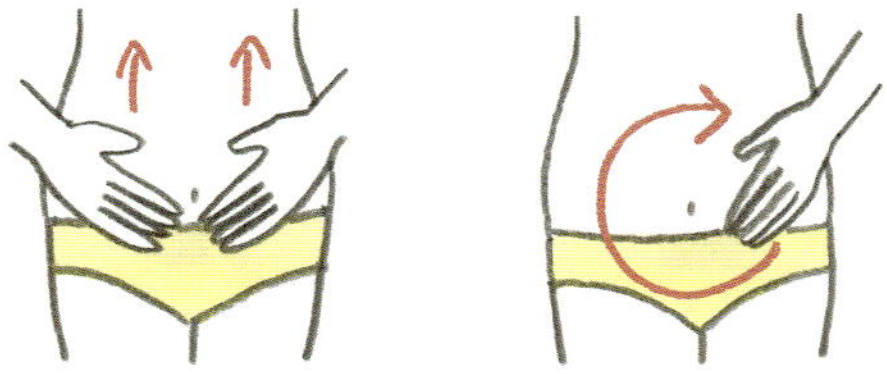

太もも・おしり

太ももやおしりをマッサージしながら保湿ローションやクリームを塗りましょう。太ももに塗る場合は、下から上に向けてなでて。

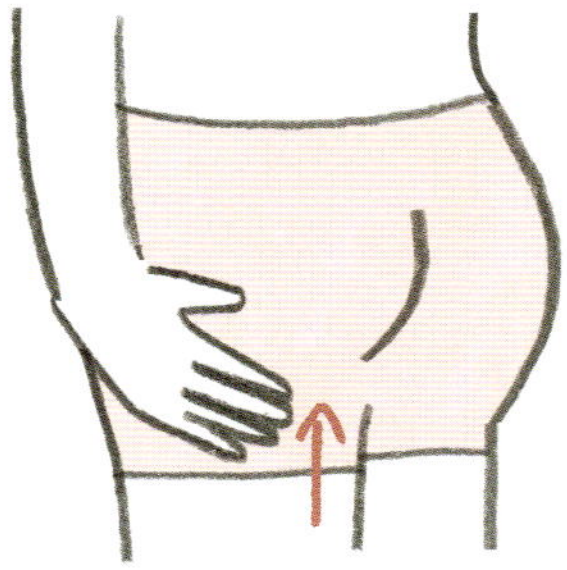

自分に合った体重増加を

バランスよく食べて体重管理

妊娠中は太りすぎもやせすぎもトラブルにつながります。適切な体重増加には理由があるのです。

体重は増えすぎるのも増えないのも問題です

妊娠すると、おなかの赤ちゃんに栄養を送ると同時に、お産や授乳に備えるために脂肪を蓄えやすくなります。さらにおなかの赤ちゃんや胎盤、羊水の重さも加わるため、妊娠中に体重が増えるのは自然なこと。しかし、必要以上に体重が増えると妊娠高血圧症候群（→P．138）や妊娠糖尿病（→P．144）のリスクが高まる可能性も。

一方で、やせすぎ、体重増加の抑えすぎも問題です。ママの栄養不足から、おなかの赤ちゃんが十分に育たず、低出生体重児になるリスクがあります。低出生体重で産まれた子どもは将来的に生活習慣病になりやすいこともわかっています。出産だけでなく、ママと赤ちゃんのその後の健康のためにも、妊娠中に適正な体重増加を目指すことが大切です。

適正な体重増加を知るために自分のBMIをチェック！

BMI（ボディ・マス・インデックス）は肥満度を示す体格指数。体重と身長を計算式に当てはめ、算出された数値によって妊娠中の体重増加量の目安がわかります。

妊娠前の体重（kg）÷［身長（m）×身長（m）］

例）身長 160cm、体重 50kgの場合→ 50÷（1.6×1.6）＝ 19.5

やせ	標準	肥満
18.5 未満	18.5 以上 25.0 未満	25.0 以上
体重増加は 12kgを目安に。栄養不足の心配がありますが、食べすぎには注意。15kg以上は増えすぎです。	体重増加の目安は 12kg。1カ月に 1～1.5kg増加を目安にし、週に 500g 以上の増加は避けて。	体重増加の目安は医師に相談を。初期段階から体重コントロールが必要。急激な体重増加があれば早めの受診を。

妊娠前の体型から自分の体重増加量を知ろう

自分の適正な体重増加量の目安は、ＢＭＩ（ボディ・マス・インデックス）という肥満度の判定式を使い、妊娠前の体型を調べることで確認できます。上の数式に自分の妊娠前の体重や身長を当てはめてみましょう。計算した数値が「やせ」「標準」「肥満」のどこに分類されるのかで、体重増加量がわかります。ただし、増加量は個々に考えなければならない場合もあり、とくに「やせ」「肥満」に当てはまるママは、健診で医師に相談したり、栄養指導を受けたりしておくと安心です。

臨月のとき

体重増加の内訳

赤ちゃんの体重	約 3kg
胎盤	約 500g
羊水	約 500g
子宮、乳房、血液、水分＋脂肪の増加	約 8kg
合計	約 12kg

太りすぎ・やせすぎが招くトラブル

やせすぎのリスク

赤ちゃんの体重が減少し、低出生体重児のリスクが

おなかの赤ちゃんに十分な栄養が届かず、低出生体重児になるリスクがあります。

低出生体重児の場合、赤ちゃんが将来生活習慣病に

将来的に肥満や高血圧、糖尿病などの生活習慣病になるリスクが高くなります。

お産や産後に必要なエネルギーが足りなくなる

やせすぎて体力がないと、お産や産後の赤ちゃんのお世話が大変に。母乳の出にも影響を与えます。

早産が起こりやすくなる

もともとやせている人が、体重増加を抑えると早産が起こりやすくなります。

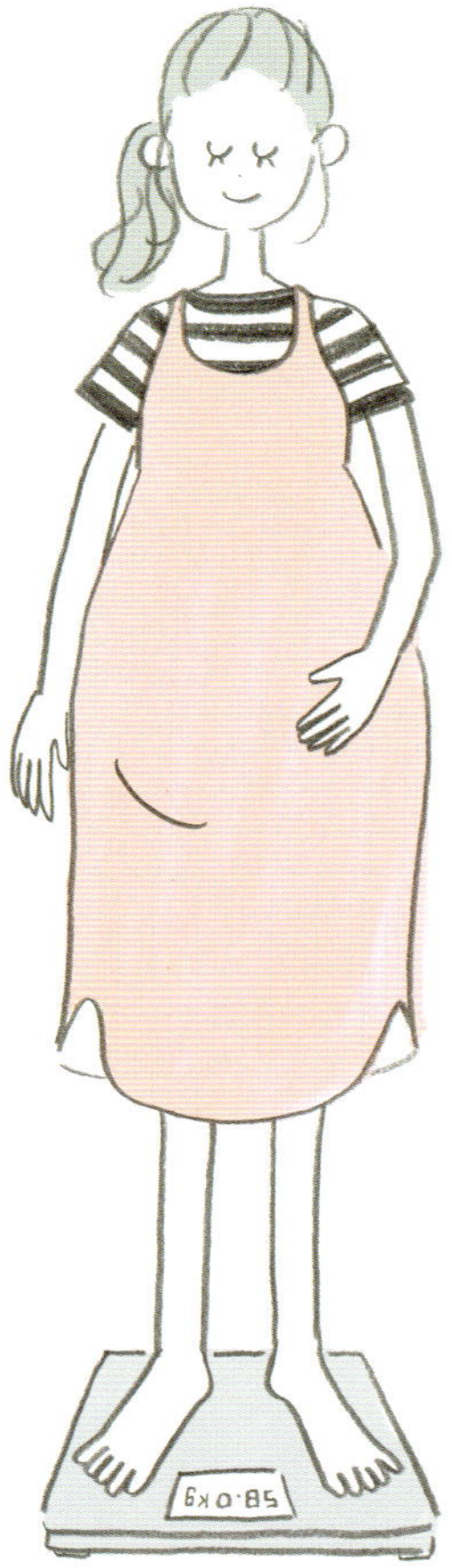

太りすぎのリスク

妊娠高血圧症候群や妊娠糖尿病が起こりやすくなる

どちらともママと赤ちゃんの健康に影響を与え、お産にもかかわります。

微弱陣痛や難産になるリスクが

お産のとき、効果的な陣痛のつかない微弱陣痛や難産になる可能性が。

産後に体重が戻りにくい

赤ちゃんのお世話をしながら必要以上に増えた体重を元に戻すのは大変です。

妊娠線ができやすくなる

おなかや腰まわりなどに急激に脂肪がつき、妊娠線ができやすくなります。

腰痛が起こりやすくなる

体重増加も加わっておなかが大きくなると、腰に負担がかかりやすくなります。

必要なエネルギーと栄養の摂取を心がけて

体重の増加量と同時に意識したいのがエネルギーと栄養を過不足なくとること。1日3食を基本に、同じ食材ばかりに偏らず、いろいろな食材からバランスよく栄養がとれているか、食生活を見直してみるといいでしょう。必要なエネルギーと栄養をとりつつ、体重の増えすぎ、抑えすぎにならないよう気をつけましょう。

妊娠時期ごとのポイント

妊娠2〜4カ月

食べられるものを少しずつ

つわりで食べられない場合でも、おなかの赤ちゃんの成長には影響しません。必要カロリーもさほど増えないので、食べられる量を食べましょう。

妊娠5〜7カ月

栄養バランスを考えて適量を

つわりが終わって食欲が戻るころ。短期間で急激に太りすぎないようにしながら、自分の適正な体重増加量に合わせて、食事を考えましょう。

妊娠8〜10カ月

それまでよりカロリーが必要に

必要なカロリーが増えるため、栄養バランスに気をつけながら、しっかり食事を。ただし、急激な体重増加にならないように注意しましょう。

体重を上手に増やすコツ

つわりの終わりがみえてきたら、体重管理の始めどき。ママ自身と赤ちゃんの将来のために、適切に体重を増やしましょう。

毎日の食事を書き出してみよう

妊娠中は、ママの食事内容がおなかの赤ちゃんの健康につながります。つわりが治まって食べられるようになったら、食べたものを書き出してみましょう。炭水化物が多いなど食生活の偏りがわかり、体重管理にもつながります。

こまめに体重を測り、増え方をチェック

1週間の体重増加の目安は、200～300g。急激に増えると妊娠高血圧症候群などのリスクが高まります。理想は、出産に向けてゆるやかに体重が増加すること。こまめに体重を測定すると、急激な体重増加を防ぐことができるでしょう。

無理のない範囲で体を動かそう

妊娠中は体調をみながら過ごすことが大切。ですが、医師から「安静に」などの指示がない限りは、掃除や洗濯、買い物など適度に動くようにしましょう。動くとおなかがすいておいしく食べられます。

便秘対策を心がけよう

妊娠中はホルモンの影響で腸の動きが鈍くなったり、大きくなった子宮が腸を圧迫したりして、便秘になりがち。適度な水分補給と食物繊維の摂取を心がけましょう。あまりに便秘がひどいときは、医師に相談を。

ママの体重管理のためにパパができること

ママの体がふっくらと変化することは、おなかの赤ちゃんの成長のため、お産を乗りきるために必要です。外見の変化をからかうような言動は避けましょう。ママのちょうどいい体重増加のために、一緒に散歩をしたり、パパも食生活を見直したりしてみても。

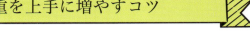

妊娠中の食生活のポイント

妊娠中はママの食事がおなかの赤ちゃんの成長にかかわる特別な時期。家族のためにも“食”についての意識を高めておきましょう。

さまざまな食材を取り入れて

野菜を食べているといっても、レタスばかり……では栄養に偏りが。緑黄色野菜、根菜類、海藻類、きのこ類など、さまざまな食材を食事に取り入れましょう。

1日3食を規則正しく

1日3食、きちんと食事をとりましょう。朝昼夜と決まった時間に食事をとることは規則正しい生活習慣にもつながります。夜遅くの食事は脂肪がつきやすくなるので注意して。

よくかんでゆっくり食べる

よくかんで味わいながら食べましょう。時間をかけて食べると、食べた量が少量でもおなかがいっぱいになったと脳が感知しやすくなり、食べすぎを防ぐことができます。

おやつは補食と考える

甘いものやお菓子、ジュースは簡単に糖分やカロリーオーバーにつながります。おやつにはヨーグルトやチーズ、ナッツ類、小魚などを選ぶと、栄養を補うことができます。

外食や調理食品は選び方を工夫して

外食をしたり、市販の弁当を取り入れたりするときは、麺やご飯、パンなどの主食のみにならないよう、選び方を工夫しましょう。サラダや野菜スープなどをプラスして。

塩分・糖分を控えめに

塩分のとりすぎは妊娠高血圧症候群、糖分のとりすぎは妊娠糖尿病のリスクが。味の濃いものが好きという自覚のある人は、調味料の量を減らし、薄味に慣れましょう。

1日に必要なエネルギーの目安

身体活動レベル※ III	II	I	エネルギー摂取基準（kcal/日）	
2200	1950	1650	18～29歳	女性
2300	2000	1750	30～49歳	女性
＋50			初期	妊婦
＋250			中期	妊婦
＋450			後期	妊婦
＋350			授乳婦	

まだおなかの赤ちゃんが小さい妊娠初期は、それほど必要エネルギー量は増えません。妊娠週数が進み、おなかが大きくなるに従って、赤ちゃんの体づくりのために必要なエネルギー量は増えていきます。

※身体活動レベルは、低い（Ⅰ）、ふつう（Ⅱ）、高い（Ⅲ）で分けられている。
Ⅰ：生活の大部分が座位で、静的な活動が中心の場合
Ⅱ：座位中心の仕事だが、職場内での移動や立位で軽いスポーツ等のいずれかを含む場合
Ⅲ：移動や立位の多い仕事への従事者、あるいは、スポーツ等余暇における活発な運動習慣を持っている場合

※厚生労働省「日本人の食事摂取基準」（2015年版）より

妊娠 16週〜19週

体全体がふっくらしてきて、胎動を感じ始めるママもいます

ママのからだ

体が丸みを帯びてきておなかも乳房も大きく

妊娠16週に入ると、ママの体は丸みを帯び、おなかもふっくらしてきて、妊婦さんらしい体つきに。おしりや乳房もより大きくなってきます。そろそろ妊娠線の対策を始めてもいいかもしれません。おなかがせり出して腰の痛みを感じる人も増えてくる時期です。

早い人では妊娠18週ぐらいから、おなかの赤ちゃんの動きを胎動として感じとれるようになります。ただ、胎動を感じ始める時期や感じ方には個人差があるので、すぐに感じられないからといって心配しないで。妊娠経過に問題がなければ、マタニティスポーツやウォーキングなどで適度に体を動かすのもおすすめです。

16週〜19週のママのからだ

- おなかがふっくらしてくる。
- 乳腺が発達し、乳房が大きくなる。
- 胎動を感じ始める人も。
- 子宮の大きさは大人の頭くらいに。

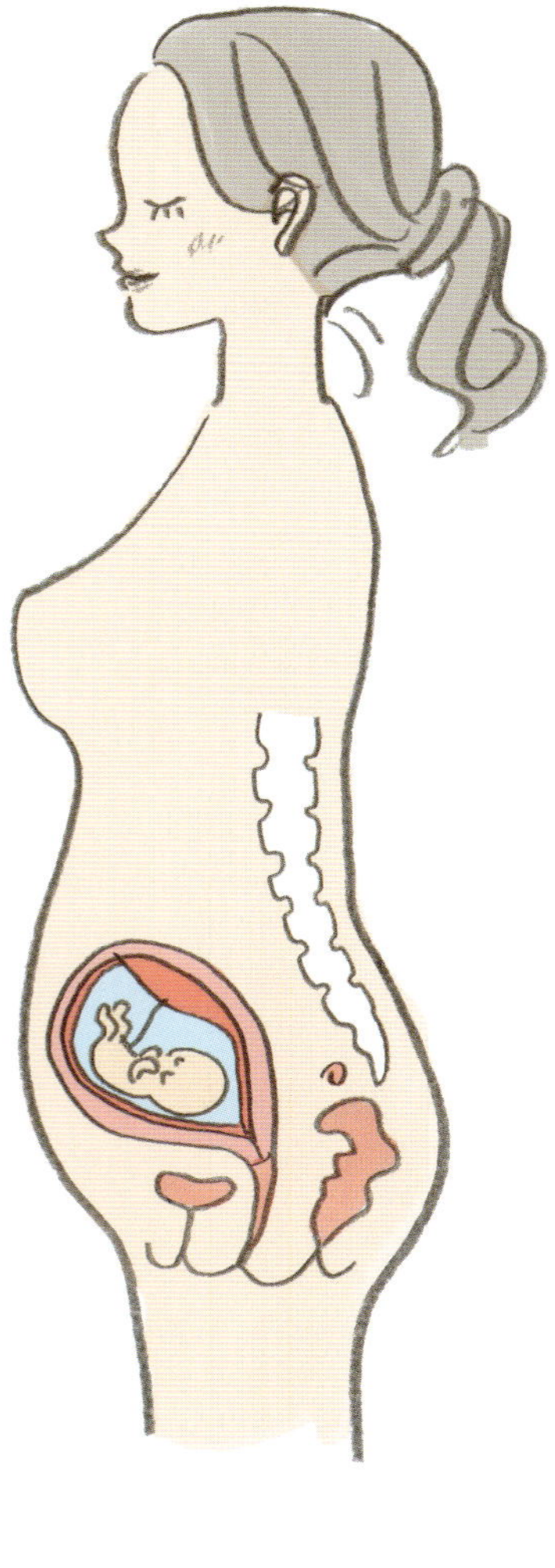

こんなことに注意！

- 出血がある場合は受診を
- 強い腹痛やおなかの張りが続く場合は受診を
- 急激な体重増加に気をつける

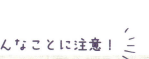

5カ月

【19週ごろの赤ちゃん】

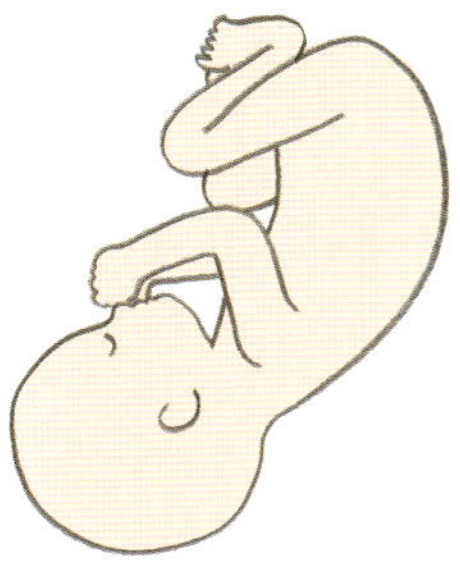

身長：約25cm　体重：約280g

16週～19週の赤ちゃん

- 皮下脂肪がつき始める。
- 皮膚に胎毛が生えてくる。
- まゆ毛やまつ毛が長くなる。
- 神経回路が発達してくる。
- 胎便がたまり始める。
- おなかの外の音をはっきり聞けるように。

赤ちゃんのからだ

皮下脂肪がついて元気に動き回っています

皮下脂肪がつき始め、より赤ちゃんらしくふっくらとしてきます。脚や腕ができあがり、関節がすべて動くようになりました。骨は丈夫になり、筋肉がついてくるので、体の動きもより大きく、活発になってきます。超音波検査の画面では、羊水の中で元気に動き、手足を動かして子宮の壁を蹴るような姿が確認できることもあります。ただ体格が大きくなってくるので、超音波検査で赤ちゃんの全身が映るのは18～19週ごろまでです。

赤ちゃんの皮膚には厚みが出てきて、全身には皮膚を保護するための胎毛が生えてきます。また、神経回路も少しずつ発達してきます。皮膚感覚とともに聴覚が発達して外の音が聞こえるので、ママやパパはおなかの上から赤ちゃんをなでて刺激を与えてあげながら、たくさん話しかけてあげましょう。

健診で産婦人科医がとくにチェックしていること

子宮頸管無力症の兆候がないかチェックします

ママの体重、血圧、尿（タンパクと糖）、浮腫の測定・検査結果をもとに問診をし、超音波検査で胎児心拍をチェックします。また、何の前触れもなく、自覚症状がないまま、子宮口が開いてしまう「子宮頸管《けいかん》無力症」（→P.131、134）の早期発見のため、内診や超音波検査で確認。そのままでは流・早産の恐れがあると診断されると、子宮頸管をしばる手術（子宮頸管縫縮術）が行われます。

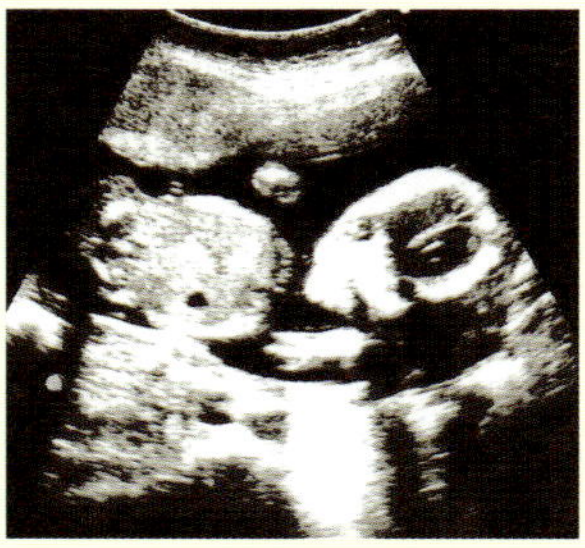

18週ごろ。超音波検査では心臓の力強い動きが確認できます。

母親学級・両親学級に参加しよう

妊娠中の気になることやお産の流れ、赤ちゃんのお世話について学べるチャンス。夫婦で出産、育児に向き合うきっかけにも。

母親学級

産院や自治体が主催し、悩みや疑問解消の手助けに

妊娠生活や出産、育児は未知のことばかり。不安や気になることが出てくるものです。そんな悩みや疑問を解消する場として活用したいのが母親学級です。ママを対象に、妊娠中の体の変化や過ごし方、お産の流れや新生児の赤ちゃんの特徴などを説明してもらえたり、お産に役立つ呼吸法や姿勢、人形を使っての赤ちゃんのお世話のしかたなどを実践したりして、妊娠、出産、育児の情報や知識を得ることができます。

産院で行われる場合と自治体が主催し、地域の保健所などで行われる場合とがあり、開催される回数や対象の妊娠月齢はさまざまでほとんどが無料。自分のスケジュールに合わせて参加を検討しましょう。

知識を得るだけでなくママ友づくりの機会にも

産院主催、自治体主催、どちらの母親学級も内容に大差はありませんが、それぞれのメリットがあります。産院主催では、産院の考え方や方針、院内の様子や産後の入院生活がわかり、自分のお産がイメージしやすくなります。また、お産の不安や疑問について具体的に答えてもらえます。一方、自治体主催の場合は、同じ時期に出産、育児をする、地域の妊婦さんが集まるので、ママ友をつくるきっかけに。里帰り出産しても、自治体主催の母親学級に参加していたおかげで、地域のママ友ができたというケースもあります。自治体の育児サービスや公共の支援内容が手に入りやすいのもメリットのひとつです。両方参加すると、妊娠生活や出産、育児に前向きになれるかもしれません。この機会をうまく活用しましょう。

母親学級のカリキュラム例

母親学級の一般的な内容。妊娠週数の早い時期から複数回行う場合もあれば、妊娠7～8カ月ごろに1回という場合も。定員が少なく、予約がいっぱいというケースもあるので、スケジュールは早めにチェックを。

1回目
- 自己紹介
- 妊娠のしくみや注意点
- 妊娠中の栄養について
- 胎教や妊婦体操について　など

2回目
- 妊娠中の異常について
- 入院＆お産の準備
- 新生児の衣類やグッズ
- 母乳マッサージ　など

3回目
- お産の流れについて
- 呼吸法やリラックス法の練習
- 分娩のときの姿勢の練習　など

4回目
- お産に向けての心がまえ
- 入院のタイミング
- 新生児の体の特徴とお世話の練習
- 産後の経過と育児について　など

両親学級

夫婦で新しい命を迎える準備ができる

母親学級がママに向けての講座であるのに対して、パパの参加を目的としているのが両親学級。出産にパパが立ち会いたいという希望がある場合、両親学級の参加を条件にしている産院もあります。妊娠中のママの体の変化やお産の流れなど、基本的な知識のほかに、臨月のママのおなかの重さを実感できる妊婦体験や、陣痛のときのマッサージ方法、沐浴やおむつ替えなどお世話の実習などが行われることが多いようです。両親学級はパパが妊娠、出産、育児について知り、親としての自覚を高めるいい機会になります。ママの苦労や気持ちの理解も深まるでしょう。パパにとってもパパ同士の交流の機会にもなり、パパ友ができるチャンスです。スケジュールを調整して、ぜひ夫婦で参加したいものです。

両親学級でやっていること

（さめじまボンディングクリニックの場合）

妊婦体験

臨月ごろの妊婦のおなかの重さを実感できる、妊婦ジャケットを着用体験。パパたちからは「重い！　腰にきます……」「かがむのが大変」といった声が。

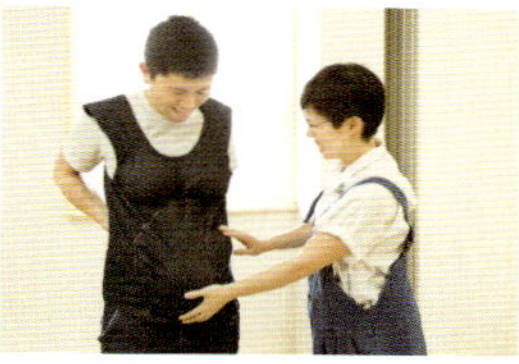

お産の流れのレクチャー

おなかの赤ちゃんが出てくる様子や、お産の進みと陣痛緩和のマッサージなどをスライドで見たり、実際に体を使ったりして学習します。

お世話の練習

産まれたての赤ちゃんの抱っこのコツやおむつの替え方などを、新生児の赤ちゃん模型を使って疑似体験。ママもパパも自然とほおがゆるみます。

施設の見学ツアー

お産が始まり産院に到着してから分娩までの流れを、実際に施設内を移動しながらシミュレーション。お産入院中に使う入院室や食堂などもチェック。

両親学級でパパができることは？

両親学級は、お産のプロである助産師さんから、妊娠・出産について教えてもらえるいい機会。妊娠中に気をつけたいことや、知っておきたいお産の流れや、ママへのサポートのしかたなどパパの役割を学び、ママと一緒に赤ちゃんを迎える準備をしましょう。

いつから？　どんな感じ？

胎動について知っておこう

胎動を感じると、おなかの赤ちゃんが実感でき、愛おしさが増してきます。今だけのコミュニケーションを楽しんで。

おなかの赤ちゃんからの「元気」のサイン

〝胎動〟はおなかの赤ちゃんの動き。多くの妊娠したママが、妊娠18～22週ごろに胎動を感じ始めます。おなかの赤ちゃんはそれまでも動いていますが、成長とともに体格が大きく、動きが力強くなり、赤ちゃんの手足がママの子宮に当たって動きを感じるようになるのです。ただ、感じやすさには個人差が大きく、ママの体型や姿勢、おなかの赤ちゃんの位置などでも違ってきます。はじめて妊娠したママは胎動がよくわからず、不安になることがあるかもしれませんが、健診で問題がなければ心配はありません。あせらず待ちましょう。

胎動を感じると、おなかの赤ちゃんがより身近に。存在を意識して、夫婦でおなかに触れたり話しかけたりすると、赤ちゃんとの対面が楽しみになってくるでしょう。

おなかの赤ちゃんの動きをキャッチしよう

どんなふうに感じるの？

胎動を感じ始めるころは、腸の動きと勘違いするママも多いよう。徐々に「ぐにぐに」「ぴくぴく」「ごにょっ」といった表現に合うような動きを感じるようになってきます。赤ちゃんの動きによって感じ方もいろいろです。週数が進むとより動きが強く感じられます。それまで胎動がしっかり感じられていたのに、極端に減った、まったく感じないというときはすぐに産院に連絡しましょう。

いつごろから感じるの？

ママが胎動を感じる時期は、早い人で妊娠18週ごろ。個人差はありますが20～22週ごろが多いようです。

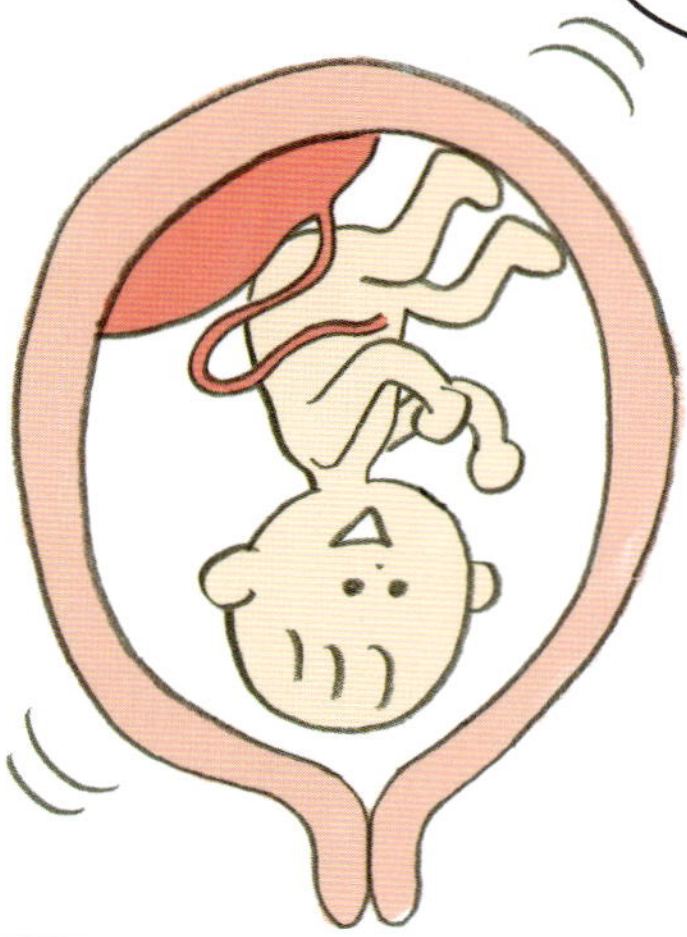

どんなときに感じやすいの？

胎動を頻繁に感じる人、あまり感じない人と感じ方には個人差がありますが、動き回っているよりも、リラックスして横になっているときのほうが感じやすいかもしれません。また、1日のうちでも日中は仕事や家事で気がそれがち。静かに過ごせる夜のほうが胎動を感じやすいようです。

さかごのときは…

さかごの場合、赤ちゃんの足がおなかの下側にあり、足を動かすため、下腹部に胎動を感じることが多いでしょう。膀胱を刺激され、トイレが近くなることも。

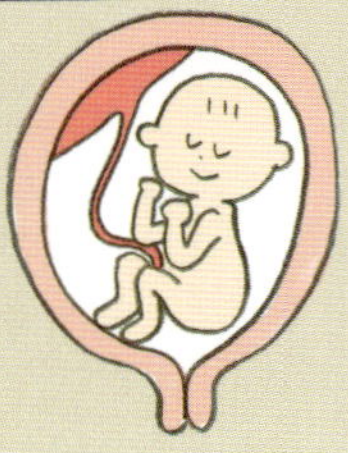

おなかの赤ちゃんとコミュニケーション

胎動をきっかけにして、夫婦でおなかの赤ちゃんと積極的にコミュニケーションをとり、絆づくりを始めましょう。

外の世界の様子を実況中継

「おはよう」「今日は天気がいいよ」「パパが会社に行くよ」など普段の様子を伝えると、おなかの赤ちゃんと一緒に生活しているという気持ちに。パパも話しかけてみて。

おなかに触れたり、なでたりしてみる

おなかの赤ちゃんを意識しながら、おなかに触れたり、なでたりすることも、コミュニケーションになります。パパにも触れてもらって、胎動を感じてもらいましょう。手の温かさが、おなかの中にいる赤ちゃんにも愛情として伝わることでしょう。

呼び名を考えて話しかける

考えている名前の候補のひとつや、妊娠中だけのニックネームなど、おなかの赤ちゃんの呼び名を考えてみましょう。話しかけたり、声かけがしやすくなり、おなかの赤ちゃんとのコミュニケーションもとりやすくなります。

絵本の読み聞かせをする

話しかけるのが恥ずかしいというママ、パパにおすすめなのが絵本の読み聞かせ。なるべくなら声に出して、感情を込めて読み聞かせしてみましょう。

好きな音楽を聴くなどリラックスタイムを

ママがリラックスした状態はおなかの赤ちゃんにも心地よさとして伝わるはず。好きな音楽を聴いたり、パパと仲よく会話したりする時間も大切です。

5カ月の戌の日に安産祈願

出産の無事を祈願する伝統的な風習「戌の日」

「戌《いぬ》の日」の安産祈願は日本の古くからの風習です。犬がたくさんの赤ちゃんを産み、安産であることに由来し、妊娠5カ月の戌の日に腹帯を巻いて祝い、神社やお寺にお参りします。必ずしも妊娠5カ月でなくてもよく、ママの体調に合わせて考えましょう。腹帯を持参するのか、神社やお寺で授与してもらえるのか、どちらのケースか事前に確認しておきましょう。

戌の日は12日おきにやってきます

戌の日は十二支の11番めにあたり、12日に1回めぐってきます。日にちや曜日は月ごとに変わるので、カレンダーで確認を。念のため、神社やお寺に問い合わせておくと安心です。

夫婦でよく話し合うことが大切

里帰りする？立ち会い出産する？

家族の理解と協力がカギとなる里帰り出産。夫婦の意向をすり合わせて決める立ち会い出産。どちらも早めの準備が大切です。

里帰り

家族と話し合いなるべく早めに決定を

お産前から産後しばらく里帰りして、実家の近くの産院で出産する里帰り出産。はじめてのママにとって、出産、育児の経験者である実母がすぐそばにいるのは安心です。家事などは実母にお願いし、出産後の体を休めながら育児に専念することができます。一方で、実母の干渉や育児法の違いでストレスを感じるケースも。また、パパと一緒に育児をスタートできないというデメリットがあります。

里帰りするかどうかは、家族とよく相談して、転院先も含め早めに決めましょう。里帰りすると決まったら、交通手段や育児グッズの手配など早めに準備を。妊娠34週までには里帰りをしましょう。

里帰りしない場合は

里帰りをしない場合、夫婦ふたりでやりくりするのか、実母に自宅に手伝いに来てもらうのかの選択肢が。少なくとも産後1カ月はママがしっかり体を休められるよう、サポート体制を万全にしておくことが重要です。

里帰り出産するママのためにパパができることは？

実家との距離にもよりますが、産後はできるだけ実家に行き、赤ちゃんのお世話やママとのコミュニケーションを。通うのが難しい場合でも、メールなどでママと赤ちゃんの様子を気にかける声かけをして、ママの気持ちに寄り添うことを忘れずに。

里帰りする人のやっておくことリスト

なるべく早い時期

- □ **里帰り先の産院の情報収集**
  分娩方法や実家からのアクセスなど、里帰り先の産院の情報を集めておきます。
- □ **早めに転院先を決めて予約**
  転院先を決定し、分娩予約を入れます。できれば一度足を運んでおくのがおすすめ。

妊娠6～8カ月ごろ

- □ **実家への交通手段をリサーチをする**
  なるべく移動時間の短い、体への負担が少ない交通手段を選びましょう。
- □ **産後の準備を済ませておく**
  産後に必要な育児グッズやママの衣類は実家に送っておきましょう。消耗品は産後に買えるので、必要最小限で大丈夫です。
- □ **里帰り中、パパにしてもらうことを説明する**
  出生届の提出や児童手当の申請など、産後、パパにしてもらうことは、事前にまとめて書き出しておきましょう。ゴミ出しや洗濯、掃除などの家事もひと通り説明を。

妊娠9カ月ごろ

- □ **里帰りをする**
  妊娠32～34週には里帰りをしましょう。GWやお盆、年末年始など混雑が予想される時期は避けるなどの工夫も必要です。

立ち会い

夫婦でお産を乗り越え、わが子の誕生を一緒に迎える

パパがお産に立ち会うケースは増えていますが、「なぜ立ち会ってほしいのか」、「なぜ立ち会いたいのか」を十分に話し合うことが大切。立ち会うと決めたら、パパも両親学級や健診に行き、お産の流れを知っておきましょう。立ち会わない、立ち会えない場合でも、ママを支える気持ちは忘れずに。

立ち会い出産 成功のポイント

立ち会うかどうかはふたりで決める
「周囲で立ち会っている人が多いから」などと雰囲気に流されて決めることのないように。

医療スタッフの邪魔にならないように
医療的にママを支えるのは先生や助産師さんの役割。パパは精神的にママに寄り添って。

パパはサポート役、伴走者役に徹する
お産するのはママ。お産のつらさや痛みに一緒に向き合い、分かち合う伴走者を目指して。

思い通りにならないことを念頭に
お産は思い通りにいくことのほうが少ないもの。予想と違っても受け入れる心構えを。

パパは自分本位の言動はNG
パパが「疲れた」「眠い」などと発言するのは禁物。お産でいちばん疲れるのは、間違いなくママです。

赤ちゃんの誕生後、ママへねぎらいの言葉を
赤ちゃんが産まれたら、まずはママへ「ありがとう」など、感謝やねぎらいの声かけを。

立ち会い出産のメリット&デメリット

メリット	デメリット
パパとお産のつらさや痛みを共有でき、絆が深まりやすい。	準備不足の場合、パパにとってストレスになることも。
夫婦で協力して赤ちゃんを迎え、産後の育児もスムーズに。	無理に立ち会うと、お互いに不満が残りがちに。

パパへ

立ち会い出産でパパにできることは？

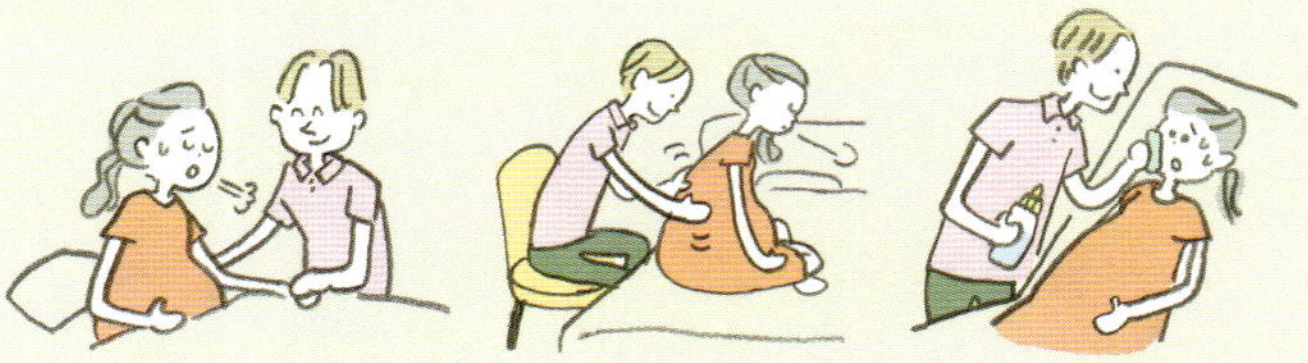

ママをリラックスさせる
パパが緊張していると、ママもリラックスできません。深呼吸して会話をしたり、手を握ったりしてスキンシップを。

痛みのある部分をマッサージ
お産の進行により痛くなる部分が腰から下へ変わっていきます。マッサージをしたり、押したりしてあげて（→P.107）。

汗をふいて水分補給
汗をふいてあげる、飲み物を飲ませてあげるなどのサポートを。「何をしてほしい？」という声かけも有効。

● 陣痛中まで立ち会う
陣痛から誕生までどのくらい時間がかかるのか知っておいて。長丁場を覚悟をして、自分のことは自分でやりましょう。

● 分娩室まで立ち会う
呼吸法や分娩室の様子などの予習を。分娩時には一緒に呼吸をしたり、いきむときにママに手や腕を貸すことも。

● 立ち会いしない場合
立ち会うつもりはない、立ち会うことができない場合でも、ママやおなかの赤ちゃんとのかかわりを積極的に持つ努力を。

5カ月

妊娠 20週〜23週

胎動がはっきりとわかるように。赤ちゃんの存在を実感

ママのからだ

おなかはますます大きく。重く感じるようになります

胎動をしっかりと感じることができるようになり、おなかの赤ちゃんの存在を感じて、愛おしさも増してきます。おなかや胸はますます大きくなりますが、このころになると、ママ自身も妊娠している状態に慣れてきて、心身ともに安定し、穏やかに過ごせるようになってくるでしょう。

子宮はさらに大きくなって大人の頭よりもひと回り大きくなります。そのため、膀胱が圧迫されてトイレが近くなったりすることもあります。背中や腰にも負担がかかり、痛みを引き起こす場合も。つまずきやすくもなるので気をつけて。無理をせず、疲れをためないようにできるだけリラックスして過ごしましょう。

20週〜23週のママのからだ

- ほとんどのママが胎動を感じるようになる。
- ますますおなかは大きく、乳腺も発達。
- 子宮は大人の頭よりひと回り大きく。
- 頻尿などのマイナートラブルに悩まされることも。

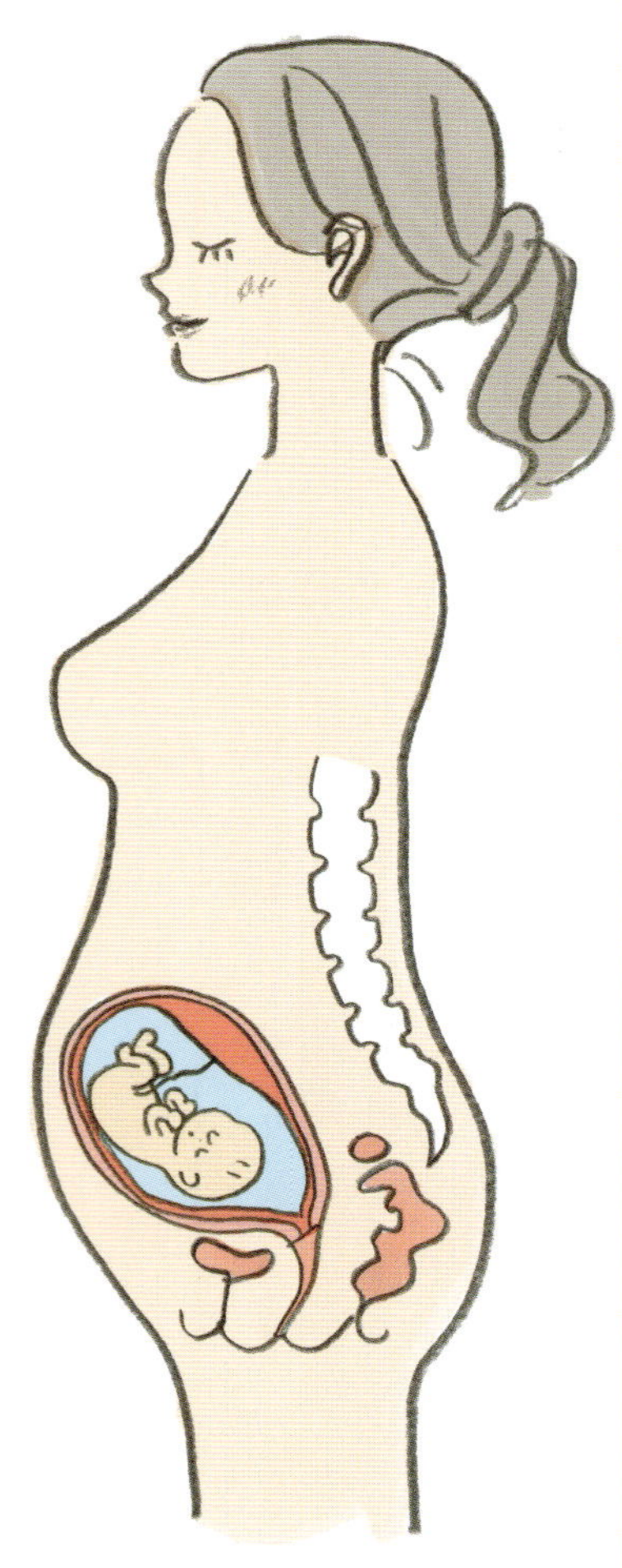

こんなことに注意！

- 出血がある場合は受診を
- 強い腹痛やおなかの張りが続く場合は受診を
- 動悸や息切れには注意

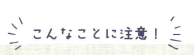

赤ちゃんのからだ

外性器の違いが確認でき、性別がわかるように

このころの赤ちゃんはどんどん大きく、動きもダイナミックに。手足も伸びて体形も整い、より新生児に近いバランスになってきます。強い光に反応したり、眼球を上下左右に動かしたりする様子が見られるようになります。

泌尿器や消化器などの器官も成熟してきて、体の細部が発育してきます。早ければ超音波検査で外性器の違いが確認できるようになるので、体位によっては性別がわかることも。この時期の性別判断が確実とはいえませんが、赤ちゃんとの生活がよりイメージしやすくなります。

赤ちゃんが大きくなってくるので、超音波の画像には全身が映らなくなり、部位のアップが多くなります。顔のアップを見ることができるチャンスです。顔立ちがはっきりしてくるので、かわいらしい表情がわかる可能性もあるでしょう。

【 23週ごろの赤ちゃん 】

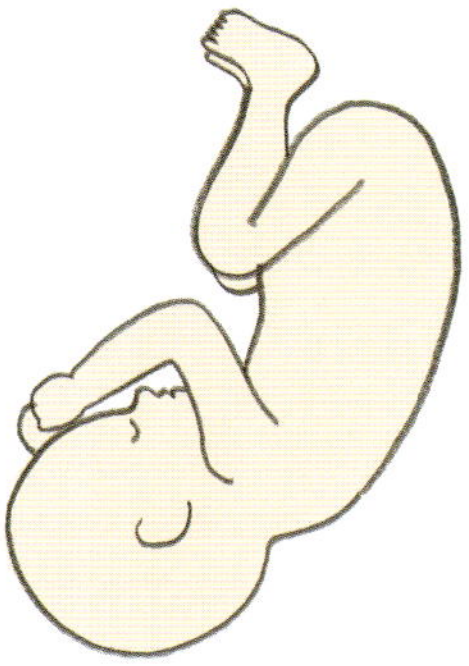

身長：約 30cm　体重：約 700g

20週～23週の赤ちゃん

- 手足が伸び、新生児に近いバランスに。
- まぶたが上下に分かれ、表情がわかることも。
- 内臓器官の機能が成熟。
- 性別がわかることも。

健診で産婦人科医がとくにチェックしていること

胎盤の位置や羊水量などチェック項目がさらに追加

妊娠20週以降の健診では、超音波検査による胎盤の位置も重要なチェック項目のひとつ。胎盤が子宮口を覆ったり、子宮口に近すぎたりしていると「前置胎盤」（↓P．141）の疑いがあると診断され、経過をみていくことになります。

また、おなかの赤ちゃんが元気かどうかの指標となる「羊水量」の測定や、おなかの赤ちゃんが頭を上にした姿勢「さかご」になっていないかどうかも確認します。

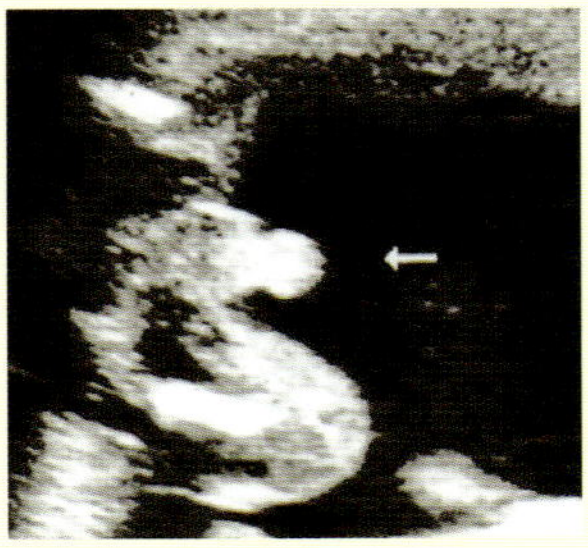

20週ごろ。男の子のシンボル"ペニスの突起"が股の間に見えます。

性別がわかるとイメージしやすく

赤ちゃんの名前を考えよう

名前はママとパパの思いが込められた、赤ちゃんへの贈り物。名づけのコツとポイントを紹介します。

夫婦で共通するこだわりや思いを込めて

赤ちゃんの性別がわかり始めると、名前のイメージがしやすくなるかもしれません。はっきりとわからなくても、「女の子だったら……」「男の子だったら……」と考えるのは楽しいものです。少しずつ名前について考え、ママ、パパ、それぞれの希望や込めたい願いを話し合いましょう。画数や姓名判断にこだわりたい、どうしても入れたい漢字がある、などもあるでしょう。夫婦、家族の意見をきちんとすり合わせる必要があります。

名前の候補を出すときは、名前に使える漢字か、どんな意味の漢字かなども確認を。読みやすく、人に説明しやすいかどうかも大切なポイントです。ママとパパの共通した願いが込められ、赤ちゃんが将来、気に入ってくれる名前にしたいですね。

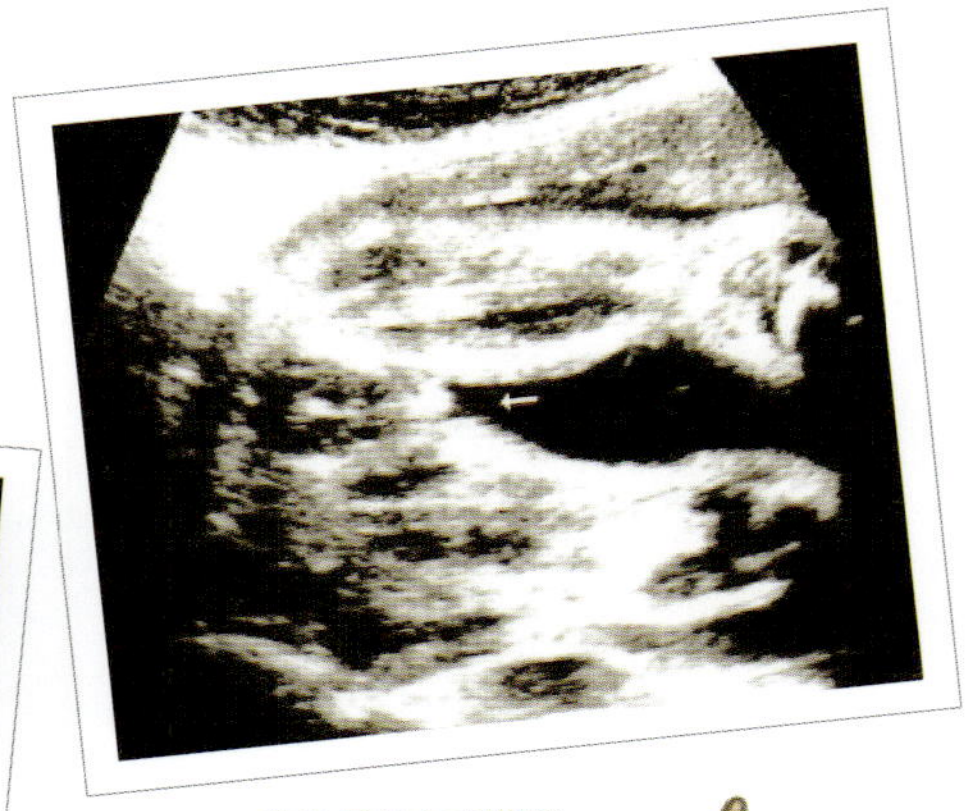

女の子は木の葉形をした外陰部が見えます。子宮が映って女の子とわかることも。

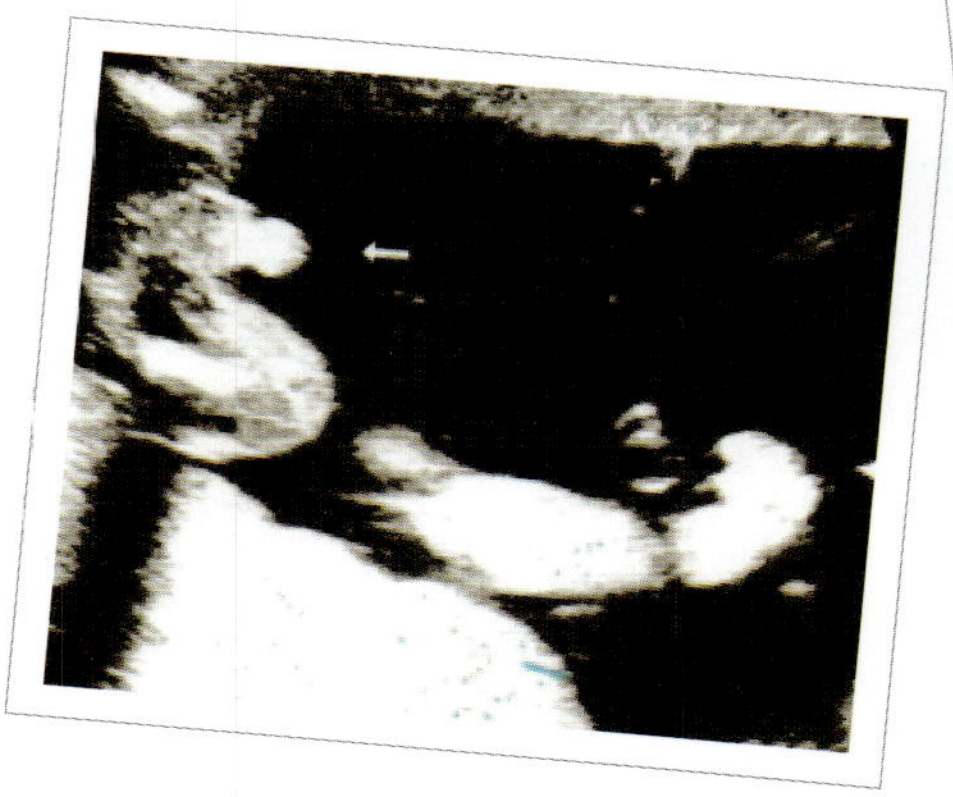

男の子は股の間にペニスが見えます。おしりの下からのぞき込むような位置から撮影。

国語辞典や漢和辞典を準備しましょう

使いたい漢字の意味や読み方、好きな読みのイメージや読みに合う漢字を国語辞典や漢和辞典で調べましょう。新たな発見やヒントが見つかることもあります。

名前の考え方

● 読み方、響きから

「ゆうな」「ひろと」など名前の響きや音から考えます。たとえば「ゆうな」の場合、「優菜」「友奈」や「由羽奈」などのように、音に合った漢字を探して、組み合わせます。

● 使いたい漢字から

気に入っている漢字、好きな漢字を挙げて、その漢字を含めた名前を考えます。漢字の読み方、名前の一字目、二字目のどこに使うかなどでアレンジしてみると、幅が広がります。

● イメージから

漢字の意味や響きが持つイメージから考える方法も。たとえば赤ちゃんが春生まれの場合、春を連想させる「芽」「桜」「咲」「菜」などの漢字や、「ひなた」「わかば」などのワードから名前を考えていきます。

名づけのQ&A

Q — ルールってあるの?

A — 名前はこうして決めなくてはいけない、ということはありませんが、名前に使える字は法律で定められています。使えない漢字が名前に入っていると、出生届が受理されません。事前に法務省のWEBサイトで確認しておきましょう。

法務省「子の名に使える漢字」
http://www.moj.go.jp/MINJI/minji86.html

Q — 使える字、使えない字は?

A — 名前に使える漢字は常用漢字や人名用漢字、ひらがな、カタカナ、符号4種(々、ゝ、ゞ、—)です。一方、使えない漢字は算用漢字、ローマ数字、アルファベット、記号。悪、殺など名前にふさわしくない漢字も使えません。

Q — いつまでに決める?

A — 赤ちゃんが産まれた当日を含めた、14日以内に出生届を提出します。そのとき、赤ちゃんの名前も申請するので、間に合うように考えておきましょう。

Q — 名前はあとで変えられる?

A — 基本的には一生つきあうものとして出生届の申請を。出生届を提出後、名前を変更する場合、「正当な理由である」と裁判所による許可が必要になります。

名前の候補をいくつか挙げて最終チェックを

候補の名前は、姓とのバランスや見た目はもちろん、声に出して響きもチェック。また、漢字の組み合わせによっては別の意味になる場合もあるので辞典で確認を。正しく読んでもらえるか、パソコンで正しく変換できるかなども確認し、難しい名前になっていないか確認しましょう。

ひとつに絞りきれないときは、赤ちゃんの顔を見てしっくりくる名前を選んであげるのもいいでしょう。

6カ月

利用したいときすぐ受けられるように

育児のサポートサービスをチェック！

産後、ママがひとりで何でも頑張るのは無理があります。家族以外に頼れるサポートの選択肢を多く準備しておくと安心。

妊娠中にリサーチや登録をしてサポート体制づくりを

産後、育児と家事はママとパパのふたりでスタートするものですが、はじめてのことで戸惑うこともあるでしょう。実家が離れているため、身近に頼れる人がいないというママ、パパもいるかもしれません。ママがひとりで育児や家事を抱え込まずに済むよう、育児の不安を相談したり、サポートをお願いしたりできる環境を準備しておくことが大切です。産後はまとまった時間をつくりづらいので、妊娠中に自宅近くにどんな育児支援の施設があるか、自治体で受けられるサポートサービスはあるか情報収集をし、登録をしておきましょう。

職場復帰予定の場合、早めの保活は必須。自治体の窓口に足を運んで情報収集をしたり、保育園を見学したりして、預け先の候補を確定しておくといいでしょう。

自分に合ったサポートサービスは？

自治体と民間、それぞれのサービスを調べよう

サポートサービスは自治体が行っているものと、民間が行っているものがあります。行政サービスは無料の場合も。利用金額をしっかり調べ、必要度と見合うサービスを選びましょう。

産後の生活をイメージして、どんなサポートが必要か考える

産後、パパや家族に頼めること、頼めないことを整理。頼めない部分をサポートしてくれるサービスを調べてみましょう。先輩ママに産後、どんなことが大変だったかを聞いてみると参考になるかもしれません。

利用した人のクチコミなども参考にして

サービスを利用した人のクチコミや利用方法もインターネットなどでチェック。産後、利用したいときにすぐサービスを受けられるよう、登録までしておくと安心です。

主なサポートサービス

産前産後の家事や育児に困ったときに
相談、活用できるサービスを紹介します。

母乳外来・母乳相談

産院や助産院などで行われる母乳育児サポート。母乳育児の相談や乳房トラブルのケアなどに対応してくれます。お産した産院で実施していないか確認を。

産後院・産後ケアセンター

ママの心と体の回復や赤ちゃんのお世話のサポートのため、短期間滞在できる宿泊ケアサービス。主に産院や助産院などで実施されています。

育児支援ヘルパー

行政が妊娠中や産後、家事の代行や赤ちゃんのお世話を手伝ってくれるヘルパーを派遣する制度。産前産後ヘルパーなど、自治体により呼び名が異なります。

ベビーシッター

民間会社のほか、個人のベビーシッターがいます。厚生労働省の「ベビーシッターなどを利用するときの留意点」などを参考に、情報収集を。

ファミリー・サポート・センター

「援助を受けたい人」と「援助をしたい人」がそれぞれ会員となり、自治体の仲介によってサポートを受けるシステム。自治体によって料金は異なります。

子育て相談窓口

各自治体の子育て支援センターなどで設けている電話相談のほか、全国の助産師会による電話相談があります。夜間や休日の赤ちゃんの病気やけがには「小児救急電話相談」も。

保育園・こども園

働く親が子どもを預ける保育園は国の規定により、「認可保育所」「認可外保育所」に分かれます。自治体が定めた独自の基準を満たした保育園も。こども園は親が働いている、いないにかかわらず利用できます。

家庭的保育事業（保育ママ）

自治体が認定した保育者が自宅などで保育をします。定員5名までの少人数で、家庭的な雰囲気の中、同じ保育者が保育をするのが特徴。自治体のホームページなどで確認を。

そのほかに…

幼稚園が独自に開始前や終了後、夏休みなどの長期休みに子どもを預かってくれる場合も。

子育て支援センター

地域の子育て支援の拠点となる施設。子育ての相談や親子で参加して、地域のママ同士が交流できるイベントや講座などを行っています。

児童館・児童センター

0～18歳未満の子どもの遊び場、交流の場として活動を行っている施設。利用する子どもの年齢に幅がありますが、乳幼児向けのイベントを行っている場合も。

NPOによる保育支援

ファミリー・サポート・センターに似たサービスを行っています。システムや内容は団体により異なり、病児・病後保育を行っている団体もあります。

こんなサービスの利用も

家事代行

民間企業による、掃除、洗濯、炊事などの家事を代行してもらうサービス。各家庭のリクエストに応じてもらいやすい。会社により料金設定が異なります。

宅配サービス

食材や日用品をネットで注文し、自宅まで届けてもらえる民間業者サービス。調理するだけの食材キットや、調理済みで温めるだけの惣菜などを扱う会社も。

妊娠 24週〜27週

おなかが前にせり出し、腰や下半身への負担を感じるママも

ママのからだ

おなかの張りを感じることも。無理せず過ごしましょう

おなかはますます前にせり出し、子宮の重みから腰や背中、下半身などへの負担が大きくなってきます。それに加えてホルモンの影響で骨盤の関節がゆるくなるため、腰痛が起こりやすくなります。また、血液量が増えるのに伴って、手足がむくみやすくなります。健診で血圧が高いと指摘されていなければ問題ありませんが、普段から血流をよくするよう心がけましょう。さらに、胎盤からのホルモンによってインスリンの働きが抑えられ、妊娠糖尿病になりやすい時期。尿検査で陽性が続けて出た場合は、詳しく検査します。おなかが張りやすくもなってきます。疲れをためないようにゆったり過ごしましょう。

24週〜27週のママのからだ

- おなかがせり出し、あお向け寝が苦しくなる。
- 骨盤の関節がゆるみ、腰痛が出てくる。
- 手足がむくみやすくなる。
- おなかの張りを感じやすくなる。
- 皮膚の急激な伸びで妊娠線ができるママも。

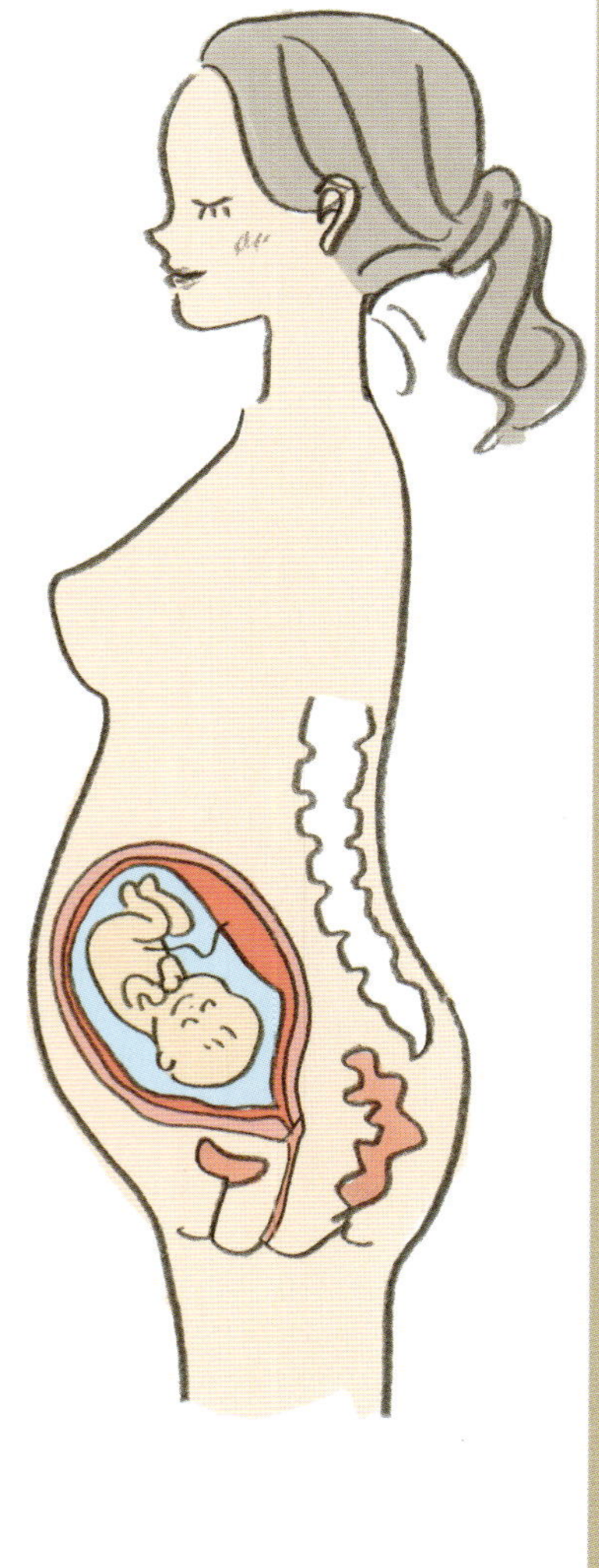

こんなことに注意！

- 出血、下腹部痛がある場合は受診を
- 1時間に何度もおなかが張る、休んでも張りが続く場合は受診を
- 動悸、息切れに注意

【 27週ごろの赤ちゃん 】

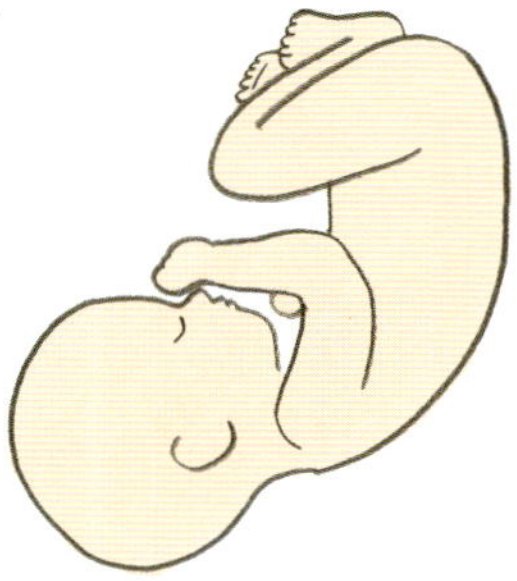

身長：約38cm　体重：約1200g

24週～27週の赤ちゃん

- 大脳皮質が発達し、体の動きをコントロールできるようになる。
- 肺呼吸の練習を始める。
- 視覚が発達して明暗がわかる。
- 味覚や嗅覚が発達。

赤ちゃんのからだ

大脳皮質が発達し、羊水の中を動き回っています

赤ちゃんの成長が目覚ましい時期。大脳皮質が発達するため、体の向きを変えたり、手足を伸ばしたり、羊水の中を自由に動き回るようになります。そのため、子宮の中でさかご（骨盤位）になったり、元に戻ったりしています。

鼻の穴が通り、肺呼吸の練習も始めます。これは生命を維持する最低限の機能が備わったということ。万が一、早産（妊娠22週以降37週未満に産まれること）になってしまっても、適切な治療を受ければ生存できる可能性が高くなります。また、赤ちゃんの五感はますます発達。聴覚が完成に近づき、味覚や嗅覚も発達して、羊水の味やにおいを感じています。とくに視覚では、目のレンズの部分が現れ、おなかの外の光に反応するなど、明暗を認識できるように。赤ちゃんの発達に合わせて、ママとパパはたくさんかかわってあげましょう。

健診で産婦人科医がとくにチェックしていること

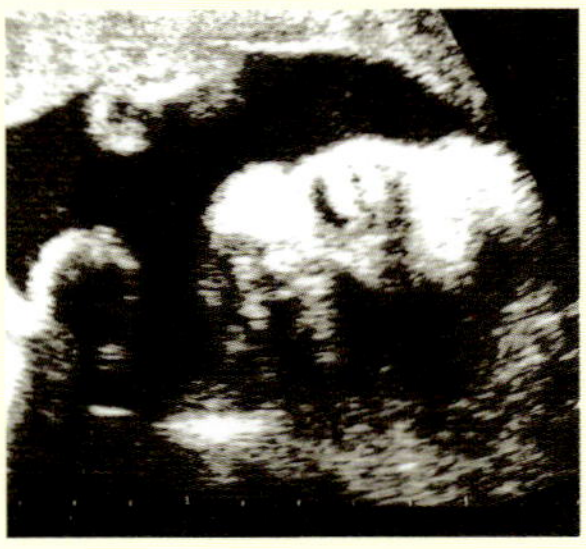

27週ごろ。肉づきがよくなり、ほおも一段とふっくらしています。

健診で妊娠高血圧症候群や妊娠糖尿病を早期発見

おなかが大きくなることでママの体への負担が増え、妊娠高血圧症候群や妊娠糖尿病になりやすく、早期発見のためにも、2週に1回の健診がとても大切です。塩分・糖分のとりすぎに注意し、気がかりがあれば医師に相談を。

これまでの健診で前置胎盤の疑いがあると診断されたママは、胎盤の位置の変化やおなかの張り具合にもよりますが、安静を保つために入院を指示されることもあります。

「いつもと違う」に敏感になりましょう

気になるおりものと早産予防

切迫早産・早産は、早い段階で診断されれば治療で防げることも多いトラブル。サインのひとつに、おりものの変化があります。

切迫早産・早産の いちばんの原因はママの感染症

早産の原因は母体側にあることが多く、中でも感染症との関係が大きいといわれています。感染症になると膣の中の悪玉菌が増え、それらを抑えるために白血球が増えます。それが子宮頸管の組織や卵膜も壊し、子宮口がやわらかくなって開いたり、破水が起きたり、また、発症のため子宮収縮が誘発されたりして早産に至ります。切迫早産は、その一歩手前の状態。継続するおなかの張りや痛み、出血、おりものの変化などがみられます。

まずは日ごろのおりものの 状態を知っておきましょう

早産予防において、おりものの変化はとても重要です。通常のおりものは、透明に近い白または乳白色で、かすかにすっぱいにおいがします。妊娠すると子宮頸管や膣からの分泌物が多くなるので、おりものの量が増えたり、いつもよりすっぱいにおいがしたり、粘りけが出たりすることも。ただし、異臭やひどいかゆみは感染症の可能性があるので受診してください。また、妊娠中の膣内は雑菌が繁殖しやすい状態。通気性のよい下着を使うなどして、いつも清潔に保ちましょう。

おりものの変化からわかるトラブル

膣カンジダ症

酒粕やカッテージチーズのような白いおりものでぼろぼろしている。外陰部にかゆみを伴うことも。

膣トリコモナス症

悪臭があり、泡状、黄色や黄緑色のおりものが出る。外陰部にかゆみや痛みが伴うことも。

切迫早産・早産につながる感染症

細菌性膣症

灰色がかった白色で、魚の腐ったようなにおいのおりものが出る。外陰部にかゆみを伴い、痛みを感じることも。

クラミジア感染症（→P.147）

濃い黄色や緑色のおりものが出ることがある。右の上腹部痛を伴う場合もあるが無症状のことも多い。

淋菌《りんきん》感染症（淋《りん》病）

黄色い膿状や粘状のおりものが出る。多くは自覚症状がないが、外陰部のかゆみや、頻尿、排尿時の痛みなどの症状があることも。

切迫早産・早産を防ぐためのポイント

切迫早産・早産を防ぐには日ごろからの
ママの心がけが大切です。

おりもののチェックを習慣に

おりものの変化は切迫早産・早産のサインのひとつ。日ごろから色やにおい、外陰部のかゆみなど、おりもののチェックを習慣にしましょう。

妊婦健診をきちんと受ける

早期発見・早期治療のためには、妊婦健診をしっかり受けることが大前提です。気になることがあれば、健診でないときでも、産院へ相談しましょう。

同じ姿勢が続くのを避ける

立ちっぱなしや座りっぱなしなど、同じ姿勢が続くと子宮への血流がとどこおり、張りやすくなることも。同じ姿勢のままにならないように注意しましょう。

常識の範囲で局部を清潔に

常識の範囲ですが、常に局部は清潔に保つように心がけましょう。排便時は前から後ろへ向けてふくこと。清潔にしようと強く洗う必要はありません。

セックスではコンドームを

妊娠中は免疫力が低下しているため、セックスによって雑菌に感染し、切迫早産・早産が引き起こされることもあります。必ずコンドームの使用を。

ストレスをためない

過労やストレスで抵抗力が落ちると腟内のバランスが崩れ、細菌が増えて炎症を引き起こすことがあります。子宮収縮にもつながるので注意して。

体重管理をしっかりする

急激な体重増加は、妊娠高血圧症候群を引き起こす原因のひとつ。子宮内の環境が悪くなり、子宮収縮が起こりやすくなってしまいます。

体を冷やさない

冷えは血液循環を悪くし、子宮収縮の原因になることも。靴下をはく、常温～温かいものを飲むなど、体の内外から温めるようにしましょう。

重いものは持たない

妊娠前と同じ調子で重いものを持つと、おなかに負担がかかってしまうことにも。おなかが張りやすい人はとくに、パパや周囲の人を頼るようにしましょう。

人込みを避ける

人が多いところは感染症がうつる可能性が高くなります。不要不急な外出を避け、手洗い・うがいやマスクの着用を心がけて。パパも一緒に対策を。

おなかが大きくなることで起こりやすい

マイナートラブルの原因と対策

妊娠が進むとそれまで悩まされなかった不調が出てくることも。つらいときは医師や助産師に相談し、上手に乗りきりましょう。

便秘・痔

食事、適度な運動、水分補給が便秘・痔の予防に

妊娠中はホルモンの影響や腸が圧迫されることで便秘傾向に。解消には食物繊維などを意識して、きちんと3食とり、水分をとることです。また適度な運動も効果があります。それでも解消されない場合は医師に相談し、薬を処方してもらいましょう。

便秘が進むと、切れ痔《じ》やいぼ痔を発症する場合が。出血や痛みを感じたら、やはり医師に相談して薬を処方してもらいましょう。

頭痛

睡眠不足や疲労にも注意。ストレッチなどで軽減を

妊娠初期はつわりの症状のひとつとして、中期以降は疲れや睡眠不足、ストレスなどから頭痛が出る場合が。休息をとり、ストレッチなどで軽減を。つらいときは医師に相談し、薬を処方してもらいましょう。

肩こり

乳房が大きくなることで引き起こされる場合も

乳房が大きくなり、肩に負担がかかって、肩こりになるママも。入浴して温め、肩を回したりして、血流をよくしましょう。

腰痛

正しい姿勢を心がけ、腹帯や下着などでおなかを支えて

おなかが大きくなるにつれ、背中を反らしがちになり、腰に負担がかかります。そのため、腰痛に悩まされる人が多くなります。正しい姿勢（→P.86）を意識して、腹帯やマタニティガードルでおなかを支えるのもおすすめ。

足のつけ根の痛み・恥骨痛

お産間近に頻出するトラブル。おなかを支える工夫を

妊娠中はホルモンの作用で関節がゆるんでいます。また徐々に赤ちゃんが下がってくるため、恥骨や足のつけ根に痛みを感じ

ることがあります。腹帯やマタニティガードルなどでおなかを支えることで痛みが軽減する場合も。産後はどちらも治まります。

足のつり

下半身の血行をよくし、カルシウムの摂取を意識して

おなかが大きくなると下半身への負担が増え、足がつることも。運動不足や血行不良、筋肉を動かすのに役立つカルシウム不足が影響している可能性が。予防はストレッチや入浴で血行をよくすること。カルシウムも積極的にとりましょう。

静脈瘤

血行不良が原因で起こるこぶのようなふくらみ

静脈瘤は大きくなった子宮が下半身を圧迫して、血流が悪くなって起こります。予防には足浴をして温めたり、弾性ストッキングをはいたり、足を高くして寝たりするのがおすすめ。産後は自然に治まります。

手足のむくみ

適度な塩分摂取と血行をよくして対策を

冷えや運動不足、子宮による血管の圧迫などが要因ですが、塩分のとりすぎでさらに症状が強く出ることが。マッサージや適度な運動で血行促進をし、むくみがちな場合は塩分を控えた食事にしましょう。

頻尿・尿もれ

我慢をせず、こまめにトイレに行くように

大きくなっていく子宮に膀胱が圧迫され、トイレが近くなったり、ふとしたときに尿もれしてしまうケースも。尿意を我慢すると膀胱炎を引き起こすので、こまめにトイレに行きましょう。

7カ月

ホルモンの影響で変化が

肌や髪の毛のトラブル

妊娠中は肌や髪の毛、体毛に変化が起こる場合があります。産後は落ち着くことがほとんどですから、心配しすぎないで。

シミ・そばかす

帽子や日焼け止めなどで紫外線対策を万全に

妊娠して、シミやそばかすが気になるという人もいます。妊娠を機に女性ホルモンの分泌が増え、大量のメラニン色素をつくるため、その過程で紫外線などの刺激が加わると色素沈着が起き、シミやそばかすとなって現れてくるのです。妊娠中はとくに帽子や日傘、日焼け止めクリームなどで紫外線対策をすることが大切です。妊娠中は肌が敏感になりやすいので、肌にやさしい日焼け止めクリームを選ぶようにするといいでしょう。

かさつき・かゆみ・湿疹

こまめに保湿をして つらい場合は皮膚科の受診を

妊娠中の肌のかさつきやかゆみ、湿疹はホルモンバランスの変化などの影響で出ると考えられます。肌が乾燥すると症状が出やすくなるので、石けんでこすり洗いをしないようにして、こまめな保湿を心がけましょう。肌に刺激の少ない下着や衣類を選ぶのもおすすめ。それでもかゆみが強い場合は産婦人科や皮膚科で相談し、薬を処方してもらいましょう。

妊娠前からアトピー性皮膚炎に悩まされている場合は、妊娠を機に悪化する人、好転する人、変わらない人とに分かれるようです。症状がつらい場合は皮膚科を受診しましょう。

皮膚の黒ずみ

女性ホルモンが関係。産後、徐々に戻ります

妊娠中は女性ホルモンの影響で色素沈着が起こりやすい傾向にあります。とくに乳首や乳輪、わきの下、外陰部、足のつけ根など、メラニン色素が多く、黒ずみやすい部分が目立つようになります。産後、ホルモンのバランスが安定すると、黒ずみも落ち着いてきます。妊娠中だけのことと思って心配しすぎないようにしましょう。

正中線《せいちゅうせん》

すべての人が持っている線。産後は気にならなくなります

正中線は、おへそを上下に挟んで伸びる細胞分裂の合わせ目で、通常見えません。それが妊娠によるホルモンバランスの影響でメラニン色素の分泌が盛んになるため、正中線が茶色く目立つようになることがあるのです。妊娠線と勘違いする人もいますが、別のものです。産後は見えなくなることが多いので、気にしすぎないで。

ママの体の変化のためにパパにできることは？

妊娠中は、体型などの見た目はもちろん、肌質や髪質なども今までと違ってくることがあります。妊娠経過やおなかの赤ちゃんに問題がないとわかっていても、変化に戸惑いブルーになっているママも。パパはそんなママの気持ちを思いやりを持って受け止めましょう。

抜け毛・髪のパサつき

妊娠中に多く見られる変化。産後しばらく続くことも

抜け毛が増えたり、髪がパサついたりする変化は、妊娠中によく見られます。これはホルモンの影響や、おなかの赤ちゃんに栄養を送らなければならないために起こるもの。栄養が不足しないよう、毎日しっかり食事をとるように心がけましょう。産後、しばらくは抜け毛やパサつきが気になることもありますが、ホルモンのバランスが元に戻り、月経が再開するころには落ち着いていることが多いので、あまり心配しないようにしましょう。

フケが増える

頭皮のトラブルが原因。強い刺激は避けましょう

妊娠中は頭のかゆみがあったり、フケが増えることも。頭皮の皮脂腺が詰まり、雑菌が繁殖しやすくなって起こる場合や、頭皮が乾燥するために起こる場合などがあります。どちらの場合でも、強くごしごしと洗うのは禁物。妊娠中の皮膚は敏感になっているので、指の腹でやさしく洗うようにしましょう。シャンプーやトリートメントを刺激の少ないものに変えてみるのもひとつの方法です。また、しっかりと液剤を流すことも大切です。

そのほかにも…

体に大きな変化が起こる妊娠期間。体型などの見た目だけでなく、体質なども今までにない変化が起こることもあります。妊娠線（→P．57）や、産毛や体毛が濃くなる、体臭や口臭がきつくなるといった変化が見られる場合も。それまでになかった変化に驚くこともあるでしょうが、多くの場合は産後に解消されます。あまり深刻に受け止めず、少しでも予防や軽減できるケアをしましょう。

7カ月

妊娠 28週〜31週

妊娠後期に入り、さらにおなかが大きくなって、張りやすく

ママのからだ 生理的なおなかの張りが増えてきます

子宮が大きくなり、腸や膀胱が押され、便秘や頻尿などに悩まされる人が多くなります。また、下半身の静脈が圧迫されるため、足がむくんだり、静脈瘤ができたりする場合もあります。おなかがせり出して、反った姿勢になり、背中の痛みや腰痛も起こりやすく。血液量が増え、心臓に負担がかかり、動悸や息切れに悩まされる人も。普段の生活の中で、負担がかからないよう工夫をして乗りきりましょう。

この時期からは生理的なおなかの張りが増えてきます。張ったときは無理をせず、横になって休みましょう。安静にしても張りが治まらない場合や、出血、痛みを伴う場合はすぐに産院に連絡を。

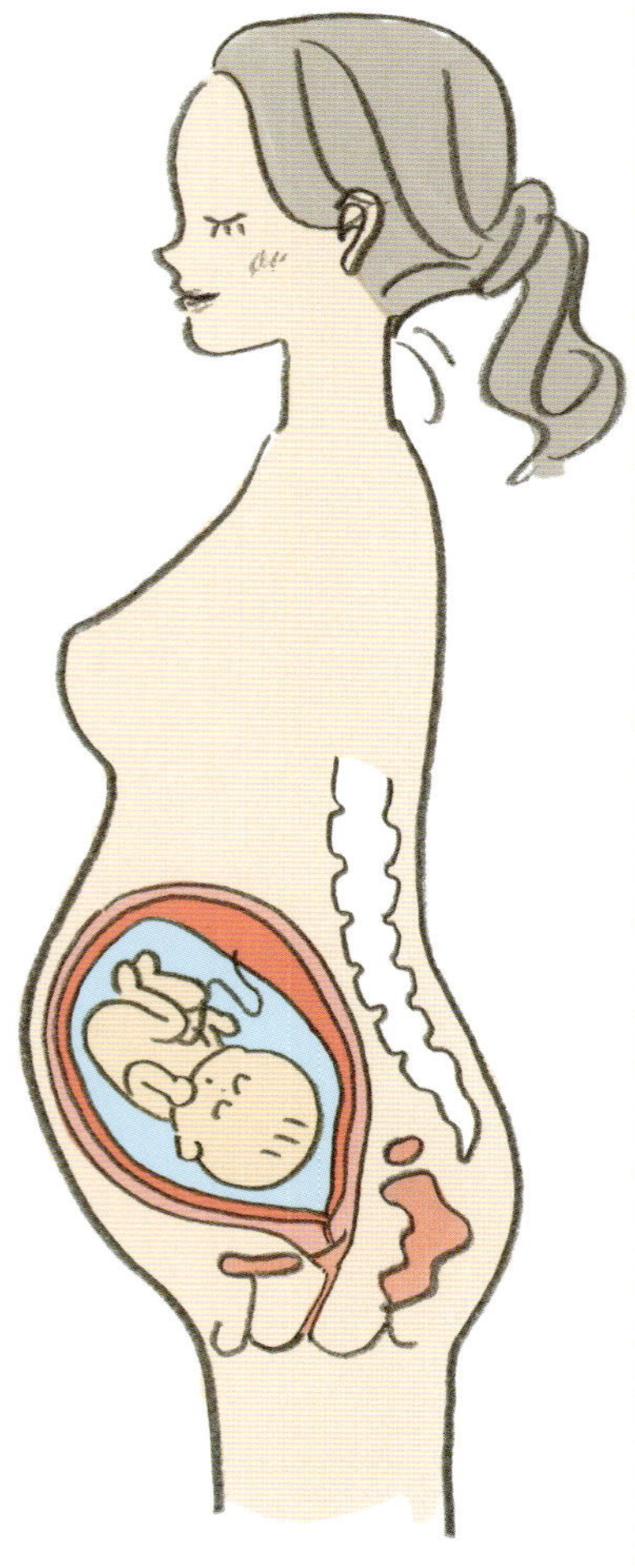

28週〜31週のママのからだ

- 便秘や頻尿に悩まされることも。
- 足のむくみや静脈瘤が起こりやすくなる。
- おなかがせり出し、腰痛が起こりやすくなる。
- おなかが張りやすくなってくる。
- 息切れや動悸を感じやすくなる。

こんなことに注意！

- 休んでもおなかの張りが治まらないときには受診を
- 出血や下腹部に痛みがあるときには受診を
- 胎動がいつもより少なくないか
- 頭痛や、手足のしびれが続くときは受診を

【 31週ごろの赤ちゃん 】

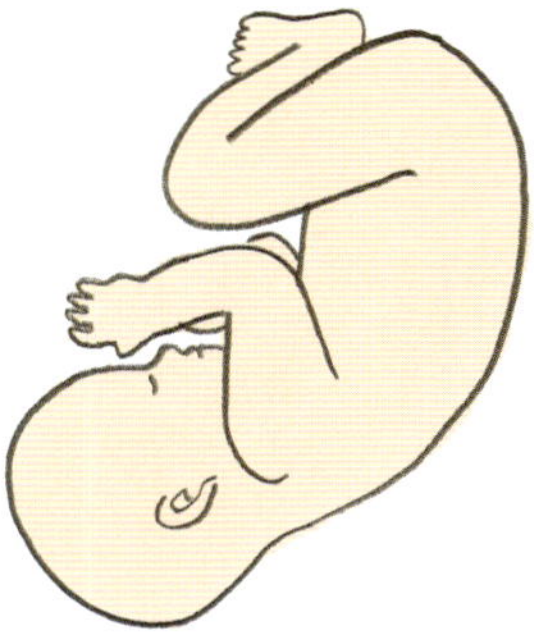

身長：約 43cm　体重：約 1800g

28週～31週の赤ちゃん

- 記憶や学習能力、感情が芽生え始める。
- 横隔膜を上下させ呼吸に似た動きを始める。
- 聴覚がほぼ完成する。
- 体が大きくなり、徐々にママの骨盤の中に頭を入れる姿勢に。

赤ちゃんのからだ

記憶する能力が芽生え始め、呼吸の練習もしています

赤ちゃんは日々成長し、誕生の準備をしています。心臓や腎臓などの内臓器官は成熟し、大脳はしわができ始め、記憶や学習する能力、感情が芽生え始めてきます。また、羊水を飲むたびに横隔膜を上下させる「呼吸様《こきゅうよう》運動」が見られるように。聴覚もほぼ完成する時期なので、おなかの赤ちゃんへ語りかけるチャンスです。ママだけでなくパパも積極的に赤ちゃんに話しかけましょう。

外見は顔や体に皮下脂肪がついて、よりふっくらと赤ちゃんらしく。まばたきやほほえみなどの表情も超音波画像で見られます。子宮の中が狭くなってきて、足を抱えて丸くなり、徐々に頭をママの骨盤の中に入れる体勢に落ち着いてきます。この時期にさかごだとしても、自然と頭を下にした状態に戻ることも多いので、心配しすぎることはありません。

健診で産婦人科医がとくにチェックしていること

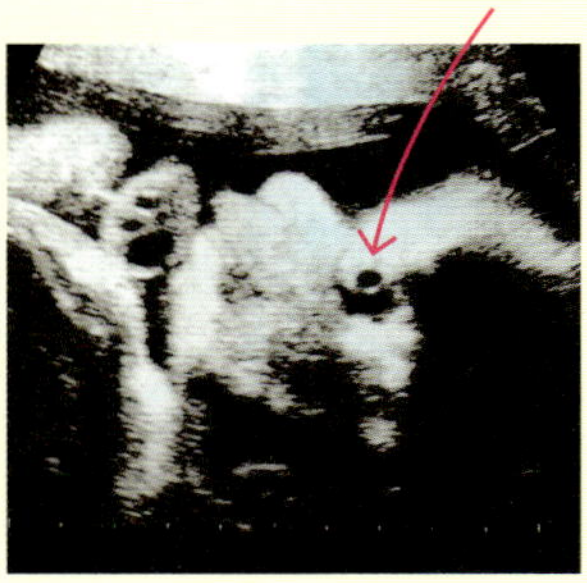

赤ちゃんの横顔。赤ちゃんの目がわかります。

早産や妊娠高血圧症候群の予兆がないか確認

この時期の妊婦健診は2週間ごと。おなかの赤ちゃんの成長具合や姿勢、心臓や内臓の状態、胎盤の位置を超音波検査でチェックします。また、赤ちゃんの成長に伴って、ママの体の負担も増えてくるため、血圧や血糖値を調べ、妊娠高血圧症候群や妊娠糖尿病の予兆がないかも確認。子宮頸管の長さが短かかったり、腟内に炎症があると早産につながる可能性もあるため、内診をして確認します。

腰痛や転倒の予防・対策

大きなおなかでの生活の注意点

おなかが大きくなってくると、何気ない動作で腰を痛めることが。正しい姿勢や負担の少ない動き方を心がけましょう。

無理せず、転倒やおなかの張りにも注意

妊娠中はホルモンの影響で関節がゆるくなるため、腰痛が起こりやすい状態です。さらに、おなかが大きくなるにつれ、体の重心が前に移るため、バランスをとろうと反った姿勢になり、腰に負担がかかります。ストレッチをしたり、おなかを支えるようなサポート下着をつけたりして、緩和できる場合もありますが、日ごろから正しい姿勢を意識することが腰痛の予防、軽減につながります。

　また、大きなおなかでは足元が見えづらくなったり、バランスを崩しやすくなったりして、転倒の恐れも。ちょっとした動作に時間がかかることもありますから、ゆとりを持って動きましょう。おなかが張り気味のときは、重い荷物を持つことや、立ち座りの多い動作は控えて。

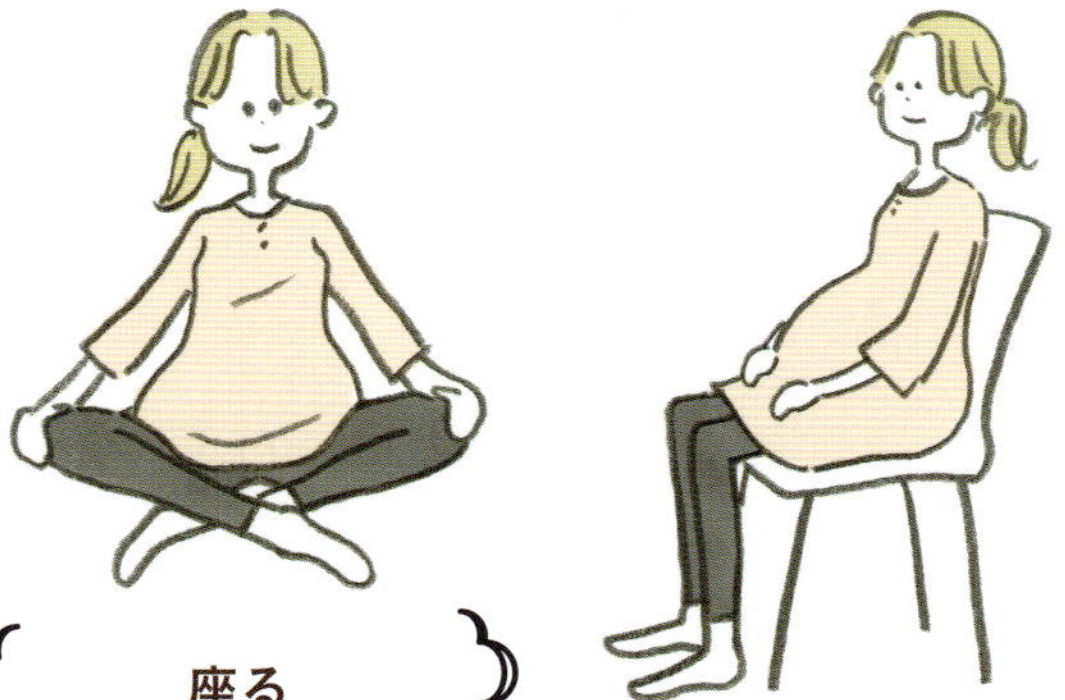

座る

床に座るときは、あぐらが最適。股関節の柔軟性が高まり、エクササイズにも。あぐらの姿勢から片足を立てたり、足を伸ばしたりしてもOK。椅子に座るときは、背筋を伸ばして深く腰かけて。

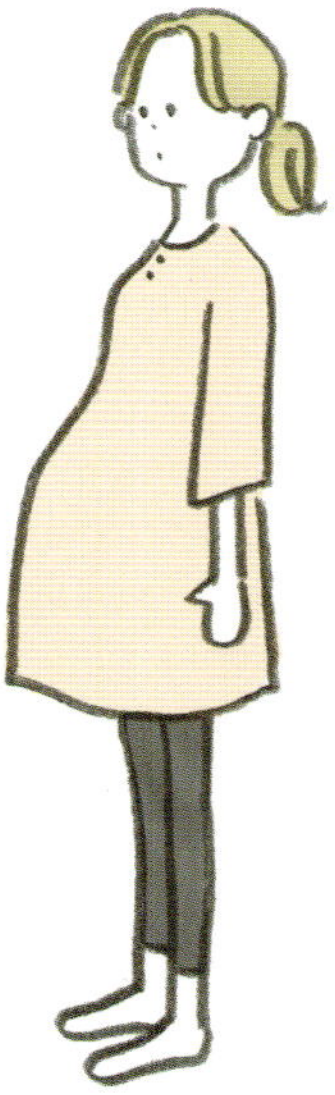

正しい姿勢

頭の真ん中から見えない糸で上に引っ張られているイメージで、背筋を伸ばし、まっすぐに立ちます。肩の力をぬいて、胸は張らずに、左右の足の親指に重心をかけましょう。

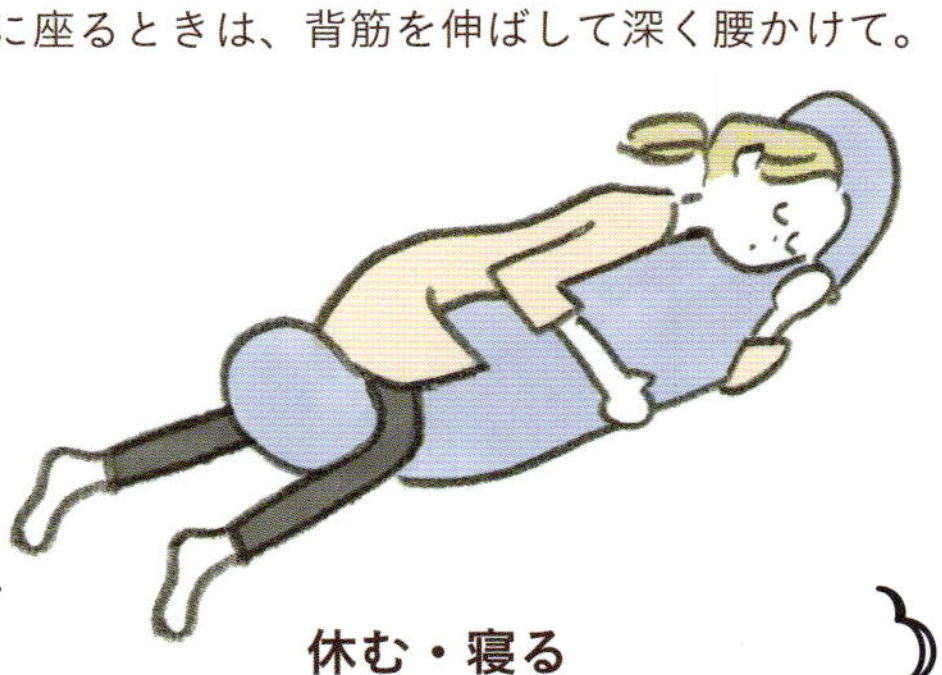

休む・寝る

体の左側を下にして、横向きに寝て、上になった足を軽く曲げる「シムスの体位」で、足の間にクッションを挟んだり、抱き枕に抱きつくようにするとラク。起き上がるときは、手をついて上半身を支えてから、ゆっくりと。

おなかの大きなママのために パパができること

重いものは積極的に持つ

買い物で重いものを持って歩いたり、布団を上げ下げしたりする動作はおなかに力が入るため、張りやすくなります。とくにおなかが張りやすいときは、パパが重いものを積極的に持って。

歩くペースを少しゆっくりめに

大きなおなかでは、それまでできた動作にも時間がかかることが。また、動悸や息切れを感じたり、足のつけ根や腰に違和感を感じたりするママも。パパは今までより歩くペースを少し抑えてみて。

一緒にストレッチやマッサージ

妊娠してからの体の変化で、腰痛や肩こりなどに悩まされるママも少なくありません。ストレッチやマッサージをしあって、お互いに体をほぐしましょう。スキンシップ効果も大！

足元が見づらいときはサポートを

大きなおなかで足元が見づらくなります。ちょっとした段差につまずく場合も。また足のつめを切る動作もやりづらく。ママが不自由を感じていることをサポートしてあげましょう。

階段を上がるとき後ろに立つ

大きくなった子宮や胎盤、羊水、そして赤ちゃんの重さをママは抱えている状態です。バランスを崩して、思わぬ転倒につながらないよう、階段を上がるときにママの後ろに立ち、そっと支えて。

滑りやすいところの家事をする

足元が滑りやすい場所で重いものを持ったり、力を入れる動作はバランスを崩して転倒の恐れが。お風呂掃除や、雪の多いときのゴミ出しなどの家事は、パパができると安心です。

赤ちゃんが過ごす部屋やスペースは、妊娠中に準備しておくと安心。退院や里帰り後もスムーズにお世話ができます。

今の間取りを活かしながら

赤ちゃんを迎える部屋・スペースづくり

安全でお世話しやすい環境づくりを心がけて

多くの場合、赤ちゃんが過ごす部屋は、リビングと寝室になります。どこに赤ちゃんのスペースをつくるかを考えたとき、安全面が気になる場所や家具があることに気づくはず。妊娠中に、赤ちゃんが安全で快適に過ごせ、お世話がしやすい環境をつくっておきましょう。

まず、赤ちゃんを布団に寝かせるか、ベビーベッドで寝かせるかを考えます。夜、大人が寝るときと同じ高さのほうが、お世話がしやすく、赤ちゃんの変化にも気づきやすいでしょう。間取りによっては、キャスターつきのベビーベッドを移動して使うのもひとつの手。赤ちゃんのスペースは、大人の目の届く場所かどうか、その周辺や頭上には落下や窒息につながる危険物はないかをしっかり確認しましょう。

スペースづくりのポイント

赤ちゃんが過ごす
場所は安全第一

転落の恐れがないかチェック

体の未熟な赤ちゃんは、ちょっとした高さでも、転落した場合に、深刻なダメージにつながる恐れが。赤ちゃんを数時間寝かせておけるベビーラックなどを利用するときは十分に注意して。ベッドや布団を置く場所に段差がないかも確認しましょう。

寝る布団は分けて

添い寝をするからと大人と同じ布団に赤ちゃんを寝かせるのは避けましょう。赤ちゃんにママの体やかけ布団が覆いかぶさってしまう危険があります。思わぬ事故につながらないようにするためにも、赤ちゃんと大人の寝る布団は別々に。

余分なものを置かない

赤ちゃんを布団に寝かせる場合、床に余計なものがあると掃除がしづらく、ほこりがたまります。また、ぬいぐるみやタオルなどが顔の周りにあると窒息事故につながる恐れが。赤ちゃんスペースの床やベビーベッドには余計なものは置かないように。

落下してくるものはないかを確認

照明器具や家具、時計、カレンダー、額など赤ちゃんの頭や体に落ちてきたり、倒れてきたりするものがないか確認を。地震など万が一のことも想定しておきましょう。

パパ

赤ちゃんのスペースづくりで、パパができること

無理なスケジュールで片づけを進めない

ママはだんだんとおなかが大きくなって体の負担も増えてきています。ママと一緒に部屋の片づけや模様替えをするときは、スケジュールに余裕を持たせ、無理なく進めましょう。

いらないものの処理や処分を

赤ちゃんスペースを確保するのをきっかけに、いらないものの処分をしておきましょう。そのとき、重いものを運んだり、家具の配置を変えたりする作業はパパが率先して行って。

お世話のしやすさも大切

目が届きやすい場所

赤ちゃんが寝ていることの多い時期は、窒息などの危険が。万が一の異変にすぐ気がつけるよう、常にママやパパの目が届く場所に赤ちゃんを寝かせるようにしましょう。

すぐかけつけられる場所

赤ちゃんが泣いたときにすぐそばに行けるかどうかも大切です。赤ちゃんのお世話をする際の動線を考えて、家具の配置換えをしましょう。

赤ちゃんが快適かを考える

温度と湿度は調整しやすく

季節によって、赤ちゃんが快適な温度は異なります。エアコンや加湿器などを活用して、湿度も調整を。またエアコンの風が直接当たらないようにして。

夏

室温は26〜28℃、湿度は50〜60%が目安。

冬

室温は20〜23℃、湿度は50〜60%が目安。

赤ちゃんが過ごす場所は風通しのいい場所に

風通しがよく、換気しやすいと室温を適度に保ち、清潔さもキープできます。ただし、赤ちゃんの寝る場所は直射日光や外気が当たらないように窓際からは離して。

清潔を保ちやすい工夫を

ほこりや細かなゴミ、ペットの毛などを赤ちゃんが吸い込んだりしないよう清潔を心がけて。掃除しやすい家具の配置も大切です。気になる場合は空気清浄機の利用も手。

入院の準備・育児用品ガイド

必要最低限のものを用意して

育児用品は便利なものがたくさんありますが、赤ちゃんと自分にとって必要なものを見極めて、無駄なくそろえましょう。

万が一に備えて早めの準備を

予定日近くにお産入院に必要なものや育児用品の準備をすると、買い忘れが出てくる場合があります。思いがけず入院したり、出産が早まったりすることもあるため、早めに準備しておくと安心です。里帰りする場合は自宅で自分たちが用意するのか、実家の両親にお願いするのかによっても準備するものが違ってきます。

育児用品は住まいや車の有無、使いたい期間などによって必要度が異なります。まずは気になるもの、産後に買い足すのではなく間に合わないものを書き出し、育児用品店などで実際の商品を確認してみましょう。最終的に、産前に用意しておいたほうがよい必要最低限のものに絞って、買い物を始めるのがおすすめです。購入だけでなく、レンタルや、お下がりでもらえるものはないかなども検討を。

入院グッズ

お産のときに必要なものをバッグなどにまとめておきましょう。
産院で用意してもらえるものもあるので、事前に確認を。
入院に付き添う家族も何が入っているか把握しておくと安心です。
パパが立ち会う場合、パパの荷物も必要です。
ママの荷物と一緒に用意しておきましょう。

いつも持ち歩く小さいバッグ

- □ 健康保険証
- □ 母子健康手帳
- □ 診察券
- □ 印鑑
- □ 筆記用具
- □ 入院誓約書などの書類
- □ スマートフォン・携帯電話
- □ お財布

入院用の大きいバッグ

- □ 授乳しやすいパジャマ
- □ スリッパ
- □ ボックスティッシュ
- □ コップ
- □ メガネ（コンタクトの場合）
- □ デジタルカメラ・ビデオカメラ
- □ 産褥パッド
- □ 産褥ショーツ
- □ タオル
- □ 授乳用ブラジャー
- □ 母乳パッド
- □ 洗面・入浴用具
- □ カーディガン・靴下
- □ ウエストニッパー
- □ ガーゼハンカチ

陣痛乗りきりに役立つもの

- □ ペットボトル用ストローつきキャップ
- □ テニスボール
- □ うちわ　など

育児用品

購入する場合は、インターネットや実際の店舗を回ったりして、価格を比較してみましょう。
すべて買うのではなく、リース会社や友だちから借りたり、
お下がりをゆずってもらったり、お祝いをリクエストしたりなどの方法も。

お下がり・お祝い

安くそろえたければ、身近な人からゆずってもらえないか聞いてみましょう。また、両親や友人などに育児用品をお祝いとしてリクエストするのも賢いそろえ方です。

レンタル

ベビーベッドやベビーチェア＆ラックなど場所をとるものはリース会社でレンタルするのもひとつの方法。また、友だちや親戚から借りられるものがないかを聞いてみても。

買う

育児用品店は、ほとんどの育児用品を一度にそろえることができるのがメリット。消耗品はドラッグストアや量販店でも取り扱いが。お店の特典や特徴で使い分けましょう。

紙おむつ・布おむつ

紙おむつは便利な半面、ゴミが多くなります。一方布おむつは洗たくの手間がありますが、経済的。どちらを選ぶか、または併用するかで用意するものが変わります。産前は必要最低限を用意すればOK。

紙おむつ関連グッズ

- □ 紙おむつ（新生児用） 1パック
- □ おしりふき 1パック
- □ 紙おむつ処理器 1個
- □ おむつ替えシート 1枚

布おむつ関連グッズ

- □ 布おむつ 40枚
- □ おむつライナー 1パック
- □ おむつカバー 5枚
- □ バケツ 必要に応じて
- □ 肌着・おむつ用洗剤 1個

肌着・ウエア

肌着は通気性や吸水性を重視して。基本は短肌着ですが、季節に応じてコンビ肌着や長肌着をプラス。ウエアは前開きでスナップの留め方でドレスにもカバーオールにもなるツーウェイオールが便利。

- □ 短肌着 最低2～3枚
- □ コンビ肌着 最低2～3枚
- □ 長肌着 必要そうなら1枚

- □ ツーウェイオール 4～6枚
- □ カバーオール 産後必要そうなら1枚

- □ そのほかに退院時やお宮参りなどで着るセレモニードレス、防寒のおくるみやアフガン、ミトンやスタイなどは必要に応じて。

授乳・ミルクグッズ

搾乳器や乳頭ケアクリームは産後でもOK。粉ミルクや哺乳びん、母乳パッドは産院でもらえる場合もあるので確認を。授乳時に腕の負担を軽減する授乳クッションは母乳育児、ミルク育児どちらにも便利。

母乳関連グッズ

- □ 授乳クッション　1個
- □ 乳頭ケアクリーム　産後必要なら1本
- □ 母乳パッド　1パック
- □ 搾乳器　産後必要なら1個

ミルク関連グッズ

- □ 粉ミルク　1缶
- □ 哺乳びん＆乳首　小1本
- □ 消毒・殺菌グッズ　1セット

沐浴グッズ

新生児期は大人と同じお風呂ではなく、ベビーバスで沐浴を。空気を入れて使うビニール製やシンクで使えるコンパクトなタイプも。ベビーソープは固形もありますが、泡で出てくるタイプが主流。肌への刺激が少ないベビー専用のものがおすすめです。

- □ ベビーバス　1個

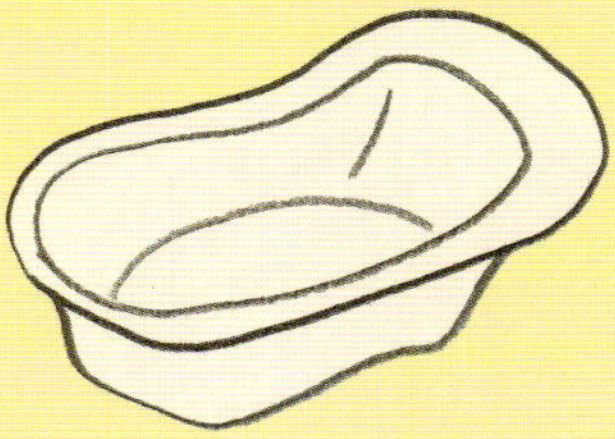

- □ ベビーソープ　1個
- □ 沐浴布　1枚
- □ 湯温計　1個
- □ ガーゼ　10枚

ねんねグッズ

ベビー布団は一年を通して必要なアイテムがセットになっているのが主流。単品で用意する場合、敷き布団は必ずかためのベビー用を選んで。ベビーベッドでも布団は必要です。赤ちゃんを短時間寝かせられるベビーラックやバウンサーは産後でもOK。

- □ かけ布団・敷布団＆シーツ・枕（必要に応じて綿毛布）1組

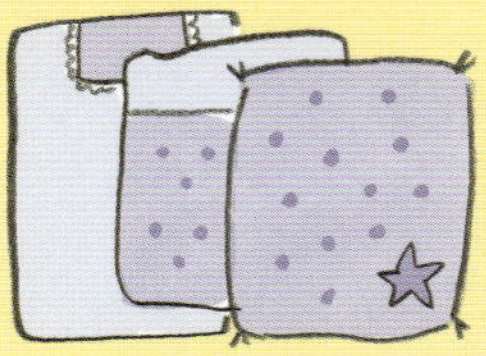

- □ ベビーベッド　1台

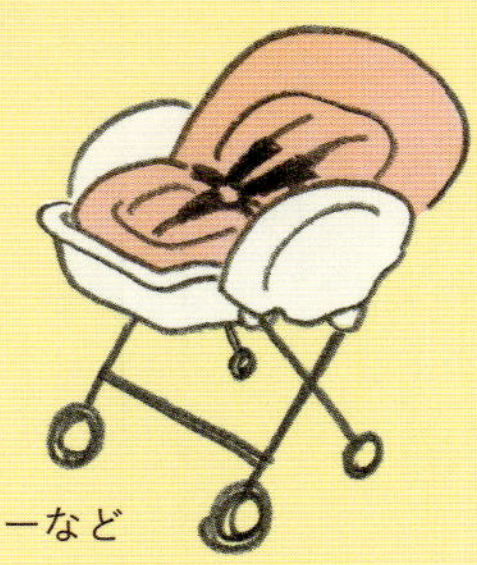

- □ ベビーチェア＆ラック・バウンサーなど　産後必要に応じて

お出かけグッズ

車で外出する場合、チャイルドシートは必須。6歳未満までの装着が義務です。乳児用や長く使える幼児兼用タイプがあります。ベビーカーは生後すぐから使える多機能なA型、コンパクトなB型が定番。抱っこひもは抱っこをサポートするアイテムです。

- □ チャイルドシート　1台

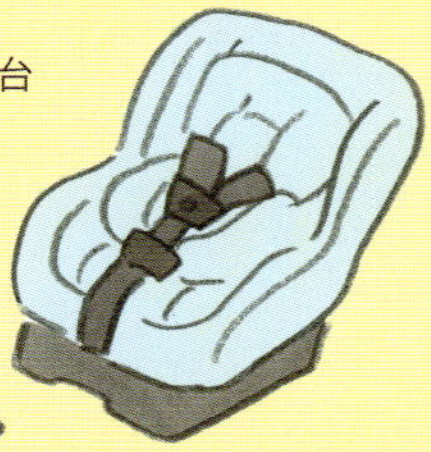

- □ ベビーカー　1台
- □ 抱っこひも・スリング　いずれか1個

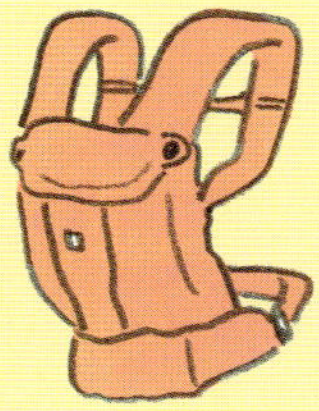

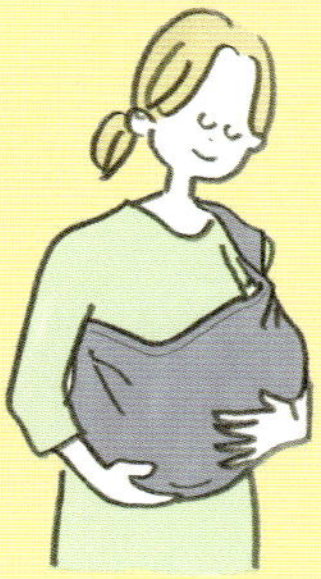

衛生グッズ

鼻吸い器や体温計は、赤ちゃんの体調管理のためにあると便利。また、赤ちゃんのつめは薄いのでベビー用のつめ切りが必要。ベビー用綿棒は鼻や耳、おへそのケアに使用します。肌を乾燥やおむつかぶれから守るために、ベビーローションなどで保湿を。

- □ ベビー用つめ切り　1個
- □ ベビー用綿棒　1パック
- □ ベビーローション・クリーム　1本
- □ 鼻吸い器　必要に応じて
- □ ベビー用体温計　1個

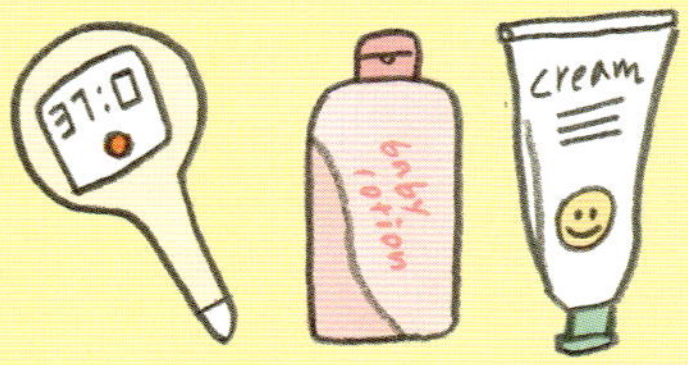

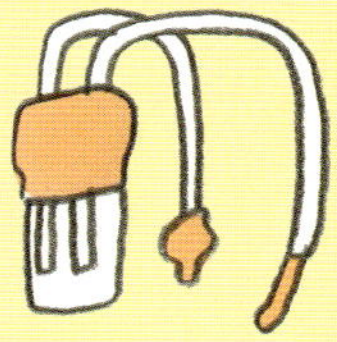

育児用品の準備でパパができること

産後、育児用品の買い物ができるように

産後も買い続けないとならない消耗品もあります。パパがひとりでも買い物をしなければならない場合も。育児用品を購入できる近隣のお店を確認しておくと安心です。

一緒に育児用品店に行って、グッズを確認

チャイルドシートやベビーカー、抱っこひもなどはパパが使うことも多いグッズ。店頭でママと一緒に使い勝手を確認しておきましょう。どんな商品があるのか、知ることもできます。

あせらずに受け止めて

さかごと診断されたら

健診でさかごといわれると気になるもの。出産までに頭を下にした位置に落ち着くことがほとんどなので、心配しすぎないで。

おなかの中で頭を子宮口（下）に向けていない姿勢

通常、おなかの赤ちゃんは頭を子宮口（下）に向けていて、この状態を「頭位《とうい》」といいます。それに対し、おしりや足を子宮口に向けた状態をさかご（骨盤位）といいます。また、赤ちゃんが横向き（横位《おうい》）や斜め（斜位《しゃい》）の場合も。子宮内で自由に動き回っていた赤ちゃんも、成長とともに子宮の中が狭くなり、徐々に頭位の姿勢をとり始めます。とはいえ、赤ちゃんもずっと同じ姿勢ではなく、健診のときに偶然、さかごだったというだけで、出産までに頭位に落ち着くことがほとんどです。さかごが赤ちゃんの成長に直接、影響することはありません。ママがリラックスしているほうが、子宮もやわらかくなり、赤ちゃんが動きやすいかもしれません。あせらず、体勢が戻るのを待ちましょう。

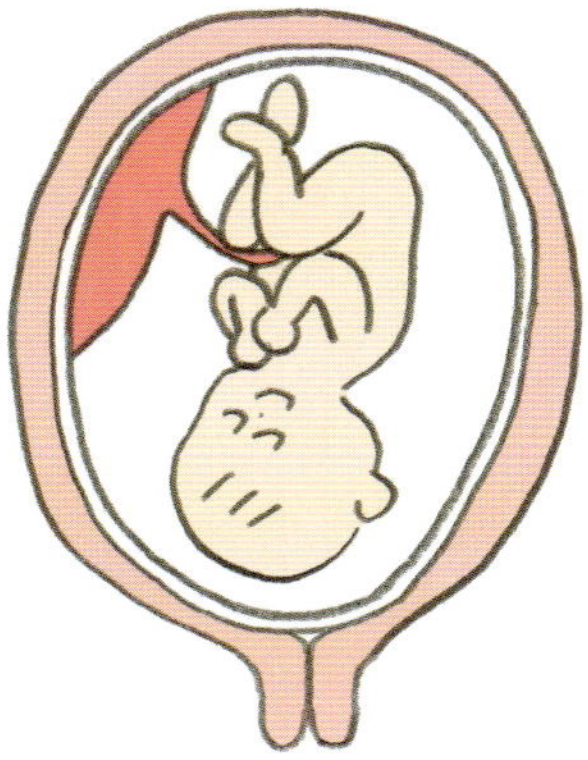

頭位

頭を下にした状態。分娩時、赤ちゃんの体でいちばん大きい頭から娩出されます。

横位

赤ちゃんの体が横向きの姿勢。さかごとは区別されます。この姿勢になるのはまれで、直らない場合、分娩は必ず帝王切開になります。

単殿位《たんでんい》

おしりが下に向いているケースで、さかごに最も多い姿勢。両ひざを伸ばしている単殿位と、ひざを曲げてあぐらをかいている複殿位《ふくでんい》があります。

全足位《ぜんそくい》

赤ちゃんの両足が子宮口（下）に向いている状態。破水後にへその緒が体よりも先に出たり、羊水が流れ出やすい心配があります。直らなければ帝王切開になります。

全膝位《ぜんしつい》

赤ちゃんのひざが子宮口（下）に向いている状態ですが、ごくまれ。両ひざをそろえているか、片足を上げているケースが。お産のトラブルが起こりやすいので帝王切開に。

さかごを直すために工夫できることも

妊娠28週ごろにさかごと言われても、心配しすぎることはありませんが、さかごを直す方法を産院から指導される場合があります。「胸膝位《きょうしつい》」といって、胸を床につけ、両ひざを立てて、おしりを高く上げる姿勢を保ったあと、赤ちゃんの背中がある側を上にして、横向きに寝る姿勢の指導や、お灸や鍼をしてくれるところも。ただし、いずれも医師の指導のもと行い、自己判断で行うのはやめましょう。

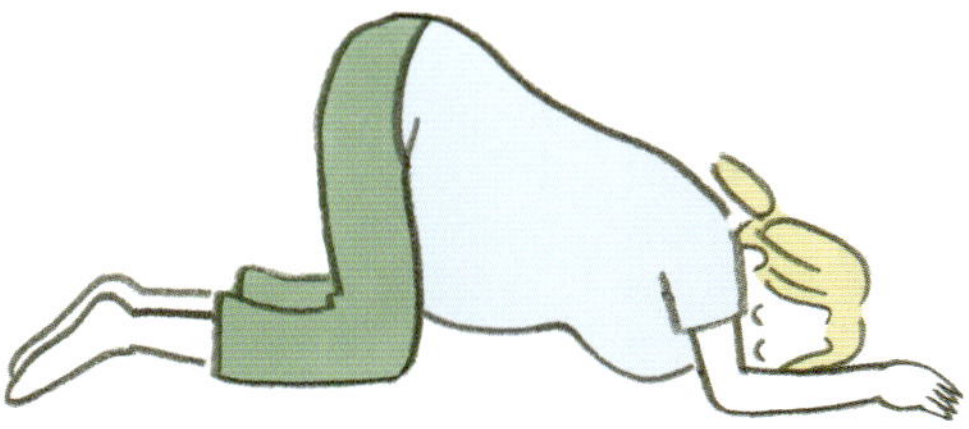

さかごのときの対処

妊娠28週～34週ごろ

妊娠28週ごろからさかごかどうか確認し始め、産院によってはさかごを直す姿勢の指導や鍼灸を試みてくれる場合も。健診時にさかごでも、自然に元に戻っていることがほとんどです。

妊娠34週～36週ごろ

赤ちゃんが大きくなり、子宮の中が狭くなってくる時期。妊娠34週ごろから徐々に全身を回転させるのが難しくなってきます。この時期にさかごの場合、帝王切開を検討して、手術予定日を決定することもあります。

妊娠36週以降

赤ちゃんの姿勢が固定されていきます。熟練した経験と技術を持った医師が、おなかの上から赤ちゃんを回転させる「外回転術」を行う産院も。直らない場合は、多くのケースで、妊娠38週ごろに帝王切開の手術日を設定します。

8カ月

さかごが直らない場合は帝王切開の出産に

さかごのまま経腟分娩をすると、赤ちゃんの体よりも先にへその緒が出てしまう臍《さい》帯脱出《たいだつしゅつ》や、それに伴う赤ちゃんの低酸素状態などの恐れがあります。そのため、予定日近くなってもさかごの場合、多くは帝王切開が選択されます。赤ちゃんの体勢によっては、経腟分娩ができるケースもありますが、医師とよく相談して決めましょう。

破水に注意して！

さかごで前期破水が起こると、一気に羊水が流れ出て、へその緒が先に出てしまう臍帯脱出の危険が。こうなると赤ちゃんに酸素が届かなくなるため、非常に危険です。「破水かな？」と思ったらすぐに産院に連絡を。

妊娠

32週〜35週

赤ちゃんのからだは、ほぼ完成！
マイナートラブルが起こりがちに

ママのからだ

子宮が周囲の内臓を圧迫 胃もたれなどの不快症状も

大きくなった子宮が、みぞおち付近まで上がってきます。そのため、胃が圧迫され胃もたれやむかつきなどの症状が出てくる人も。血液量も多く、心臓に負担がかかって、動悸や息切れを感じることも少なくありません。そのほかに、頻尿や尿もれなどもそれまでより多くなってきます。さらに、下半身への負担が増すため、腰痛や足のつけ根の痛み、むくみがひどくなるケースも。疲れやすくなりますが、無理のない範囲でストレッチやウォーキングなどで体を動かすと、血行が促され、筋肉もほぐれるので、不快症状の軽減につながります。あまりに症状がつらいときは、医師や助産師に相談してみましょう。

32週〜35週のママのからだ

- 子宮がみぞおち付近まで上がり、胃もたれや食欲不振になることがある。
- 動悸や息切れを感じやすい。
- 下半身への負担が増し、足のつけ根の痛みやむくみが起こりがちになる。
- おなかが頻繁に張るようになる。

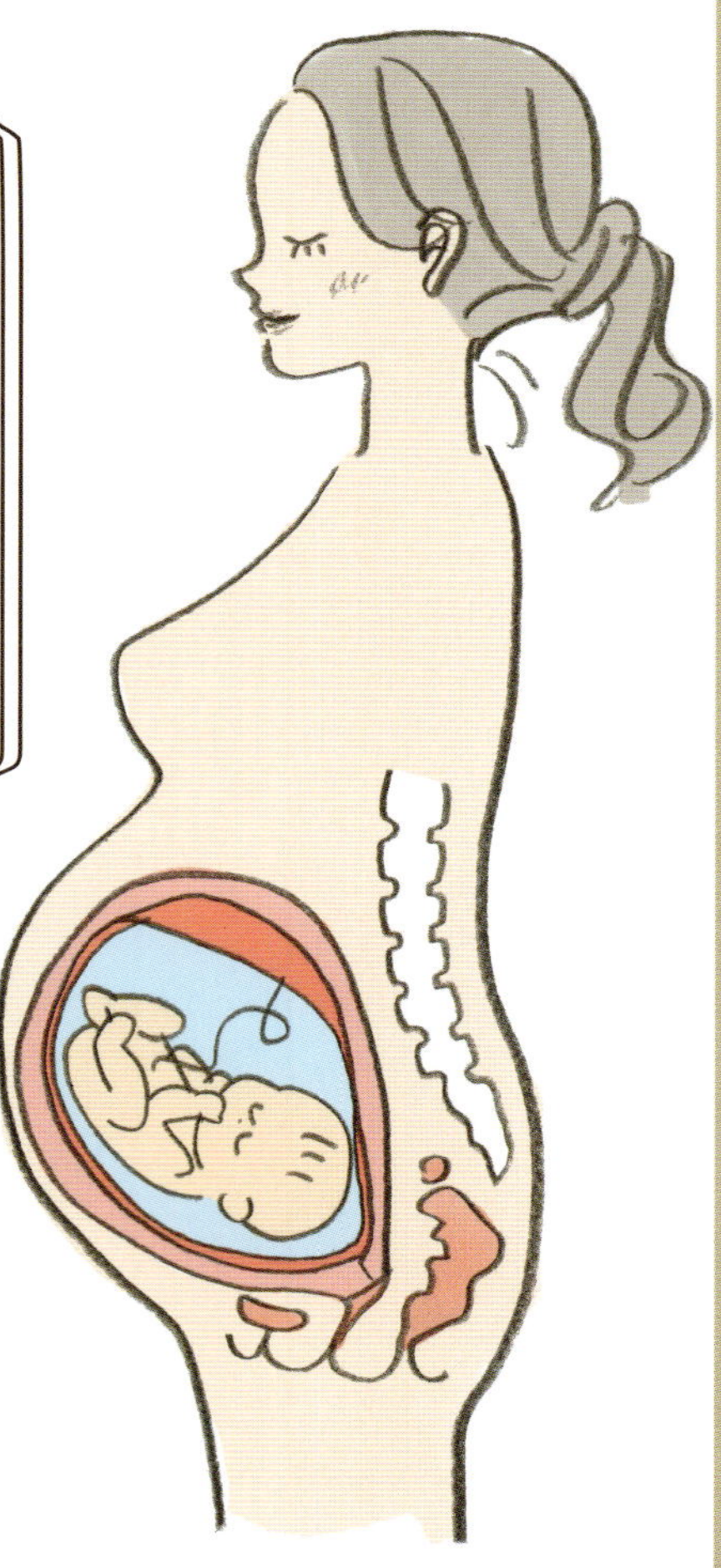

こんなことに注意！

- おなかの張りが周期的だったり、休んでも治まらない場合は受診を
- 出血や下腹部に痛みがある場合は受診を
- 胎動がいつもより少なくないか
- 水のようなおりものが持続的に出ていないか

【35週ごろの赤ちゃん】

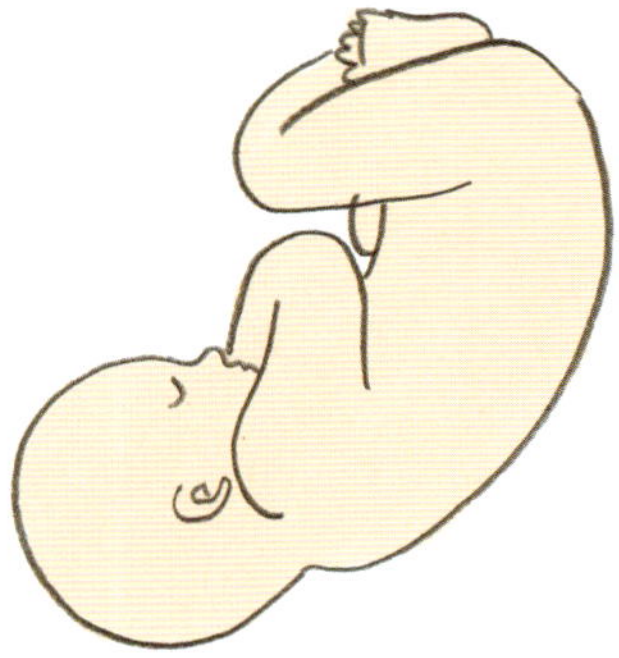

身長：約47cm　体重：約2500g

妊娠32週〜35週の赤ちゃん

- 皮下脂肪が増え、ふっくらした体つきに。
- 妊娠34週ごろには肺の機能がほぼ成熟。
- 髪の毛やつめが伸び、新生児のような外見に。
- 表情が増え、手足の動きも力強くなる。

赤ちゃんのからだ

皮下脂肪がつき、ふっくら。外見はほぼ新生児と同じ

全身に皮下脂肪がつき、体つきはふっくら。子宮の中で動くスペースもどんどん狭くなってきます。髪の毛やつめが伸びてきて、見た目は生後すぐの赤ちゃんに近づきます。全身の産毛が消え、体を保護する役割のバターのような「胎脂《たいし》」で覆われます。このころの赤ちゃんは羊水を飲んで、おしっことして排出することを繰り返しますが、これは産まれてからおっぱいを飲んで排泄するための準備。呼吸器官の機能もほぼ完成し、生まれてきても生きていけますが、免疫力や体温調節など未熟な部分もあるため、もう少し子宮の中で成長する必要があります。

表情も豊かになり、笑ったりするような顔が見られることも。手足の動きも力強くなり、胎動を痛いくらいに感じることもあるでしょう。おなかの上から触ると、反応することもあるかもしれません。

健診で産婦人科医がとくにチェックしていること

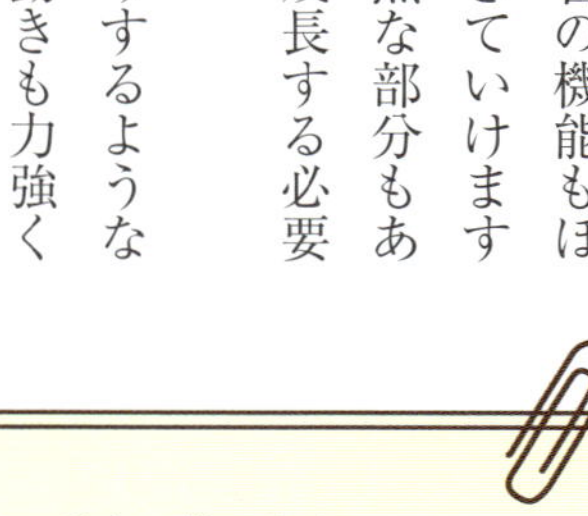

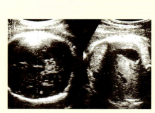

妊娠32週の赤ちゃん。左は頭部の左右でいちばん長い部分、右はおなかの左右でいちばん長い部分を測っています。

赤ちゃんの成長具合や早産の兆候がないかをチェック

妊婦健診は2週間ごとに行われます。それまでの健診と同様に、おなかの赤ちゃんの成長具合や姿勢、心臓や内臓の状態、胎盤の位置や羊水の量をチェックします。妊娠高血圧症候群や妊娠糖尿病の予兆がないかも確認。子宮頸管の長さやおなかの張り具合なども確認して、早産の兆候がないかも調べます。また、35週以降、37週までにB群溶連《ようれん》菌（→P．147）の感染がないか検査する場合もあります。

妊娠中からの準備でよりスムーズに

母乳を出すためのお手入れ

母乳育児をスムーズに軌道にのせるためには、妊娠中からのケアが大切です。産後、不安にならないためにも知っておきましょう。

妊娠中に授乳に向けて準備をスタート

母乳には赤ちゃんにとって必要な栄養素や免疫物質が含まれています。また、母乳を飲ませることでママと赤ちゃんとの絆やコミュニケーションが深まります。母乳にはたくさんのメリットがありますから、飲ませてあげたいもの。ただし、こだわりすぎず、スタッフと相談しながらママと赤ちゃんにとって最適な方法を選びましょう。

赤ちゃんが吸いやすい乳頭にするために、妊娠中からおっぱいのお手入れをしておくことが大切。乳頭の形によっては、赤ちゃんが吸いづらいために、母乳が出にくくなるケースもあるため、自己判断せず、産院や母乳外来などで助産師に相談し、指導を受けてから始めましょう。乳頭の刺激でおなかが張りやすくなるので、ケアのしすぎには注意を。

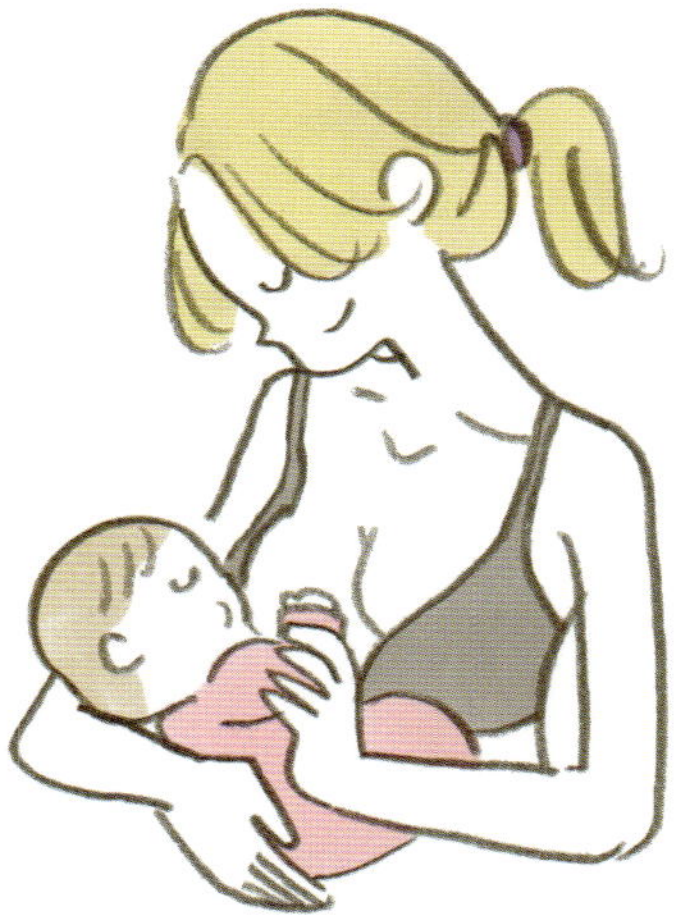

母乳のよいところ

産後3～5日ごろまでに出る初乳には、免疫物質のグロブリンが含まれ、赤ちゃんを病気から守ってくれます。必要な栄養素がとれるだけでなく、ママの子宮の回復を早める作用もあります。また、手間がかからず経済的な面も。

【おっぱいの構造】

ママの血液が乳腺小葉で母乳となり、乳管を通って乳管洞にたまります。赤ちゃんが吸うことで乳管洞が押され、母乳が出てきます。

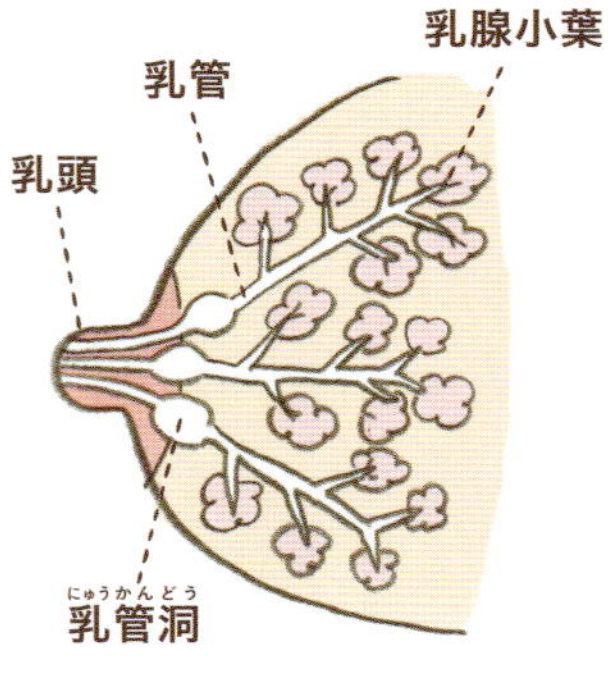

母乳にこだわりすぎず、ミルクとの併用も

ママの体調や、赤ちゃんの哺乳力によっては、母乳がうまく出ない場合も。赤ちゃんが欲しがったら母乳を飲ませることを続けるのが基本ですが、ママが大変な場合はミルクを併用してみましょう。ミルクにも赤ちゃんに必要な栄養は十分含まれています。

液体ミルクの活用も

深夜や外出時にミルクをつくるのは手間なもの。温める必要がなく、常温のまま、哺乳びんに注いで飲ませることのできる液体タイプのミルクもあります。

おっぱいのお手入れ方法

乳頭を刺激することで、おなかが張ってくることがあります。
妊娠20週くらいから始められますが、おなかが張りやすかったり、
出血があったり、張り止めの薬が処方されている場合は、
症状がなくなるまではやめておきましょう。
不安な場合は医師や助産師に相談の上、行ってください。

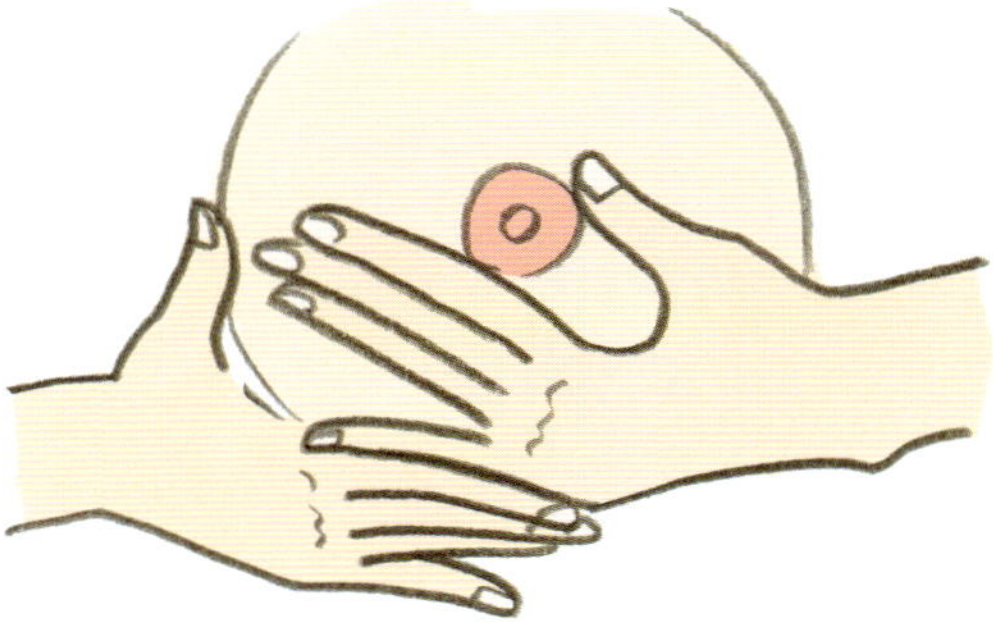

1 指の腹を押し当てる

片方の手で乳房を支え、乳輪の境界線にもう片方の親指、人差し指、中指の腹を当て、基底部（おっぱいのもと）に向けて垂直にゆっくり押し当てます。指の腹を合わせるようにしながら、乳輪を10秒程度つまむようにゆっくり力を入れます。その後、力を抜きます。

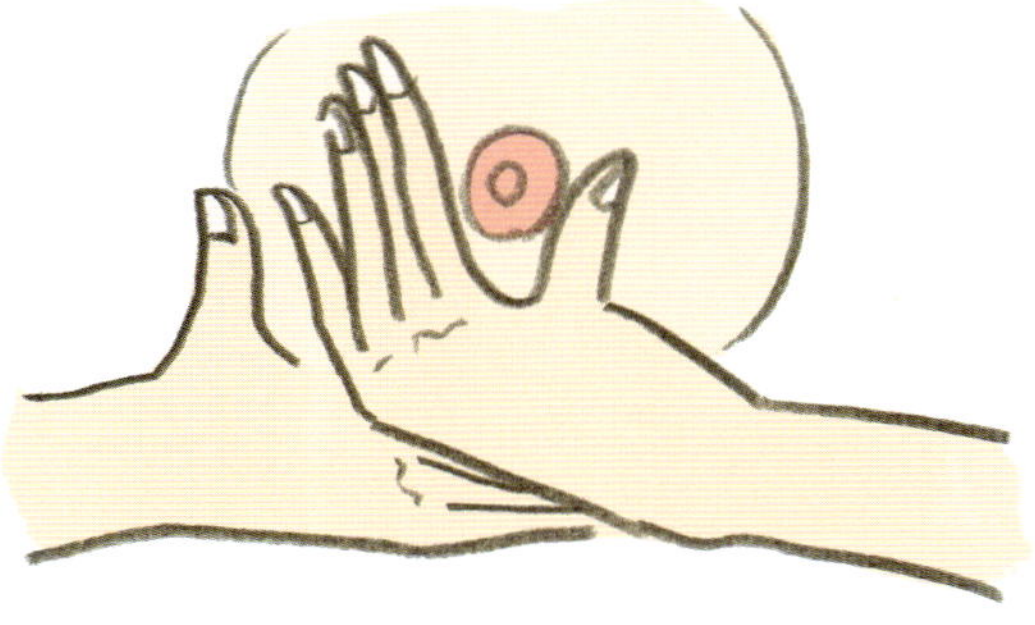

2 乳輪全体をほぐすイメージで

指を回転させながらずらして、つまむ場所を変えながら1と同じことを繰り返します。360度、乳輪全体をもみほぐしていくイメージです。乳頭の形によってはお手入れ方法を助産師に確認して行ったほうがいい場合もあります。

母乳育児のためにできること

バランスのよい食生活を

妊娠中に限らず、健康的な体のためには、バランスのよい食事（→P.160）が大切です。母乳はママの食べるものからつくられるもの。おいしい母乳を赤ちゃんに届けるためにも、食生活を見直してみましょう。

下着で乳房を締めつけすぎない

乳腺の発達や血流を妨げないよう、胸を締めつけるような下着の着用は避け、授乳にも使える、マタニティ専用のブラジャーをつけましょう。自宅では下着をつけずに過ごすのもおすすめ。自然のゆれがマッサージの効果も。

相談先を探しておく

産後、母乳育児の不安や、乳房や乳頭にトラブルがあった場合に適切なアドバイスとケアをしてくれる相談先があると安心です。出産した産院や、自宅近くの母乳相談を行っている助産院や助産師を探しておきましょう。

上半身の血流をよくしよう

肩や背中がこわばっていると、血流がとどこおりがちになり、母乳のもととなる血液が運ばれません。妊娠中はそうでなくても、肩や背中にこりを感じがち。ストレッチやマッサージ（→P.158）をして、上半身の血行を促す工夫を。

妊娠 36週〜40週

赤ちゃんとの対面はもうすぐ！ お産の準備ができています

ママのからだ

子宮と赤ちゃんが下がり、膀胱や恥骨への圧迫が強まる

出産に備え、子宮底部（子宮の上縁）が赤ちゃんとともに下がってきます。胃への圧迫が減り、食事がとりやすくなるでしょう。とはいえ、急激な体重増加には気をつけ、バランスのいい食事を心がけて。一方で、膀胱への圧迫が増し、さらに頻尿や尿もれが起こりやすく。また、恥骨や足のつけ根が痛くなったり、おしりや太ももにしびれを感じたりする場合も。不快症状による寝苦しさで眠りが浅くなる人もいます。少しでも休めるときに横になりましょう。

妊娠37週からは正期産になり、いつお産が始まっても大丈夫です。おしるしや陣痛、破水など、お産の始まるサインを意識しながら過ごしましょう。

妊娠36週〜40週の ママのからだ

- 子宮の上縁が下がり、胃への圧迫がとれてすっきり。
- 膀胱が圧迫され、頻尿や尿もれが増加する。
- 恥骨や足のつけ根に痛みを感じる場合も。
- 不規則なおなかの張りや痛み（前駆陣痛）が時々起こるようになる。
- 出産前の緊張や胎動などで眠りが浅くなる。

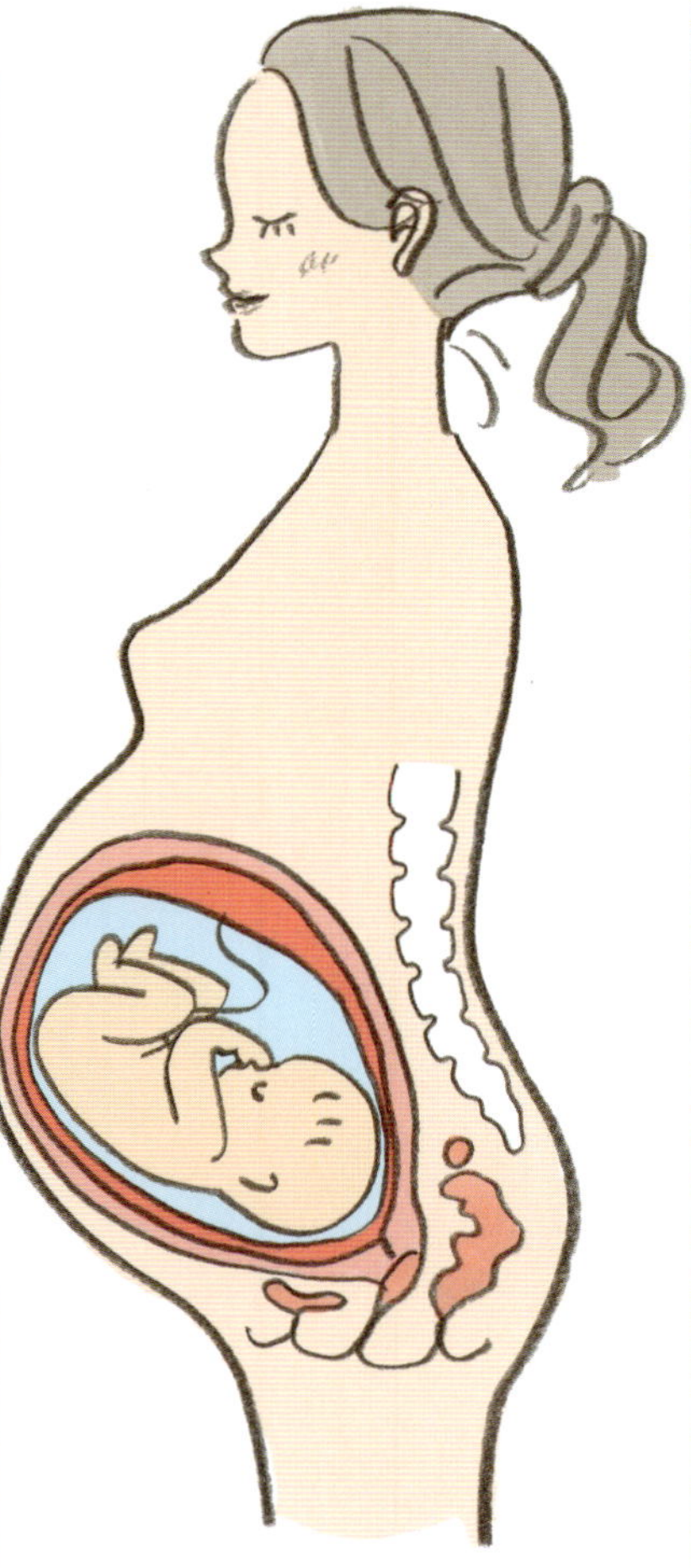

こんなことに注意！

- 胎動がいつもより少なくないか
- 大量の出血や下腹部に強い痛みがある場合は受診を
- 水のようなおりものが持続的に出ていないか
- 周期的なおなかの張りがないか

【 39週ごろの赤ちゃん 】

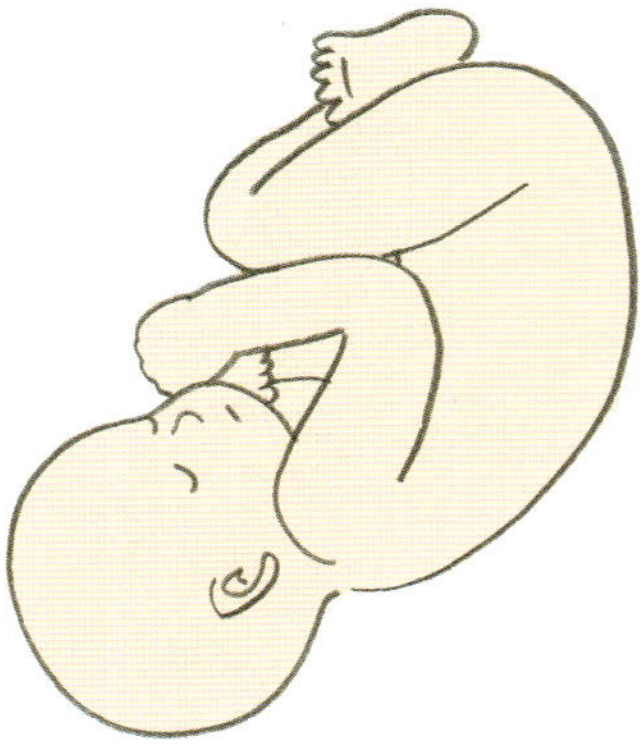

身長：約50cm　体重：約3100g

赤ちゃんのからだ

お産に向けて体勢を整え誕生のときを待っています

お産に向けて、あごを引いてママの骨盤に入ります。内臓の機能も十分に成熟して、外界に適応できるようになっています。髪の毛が伸び、肌はピンク色になってすっかり赤ちゃんらしい姿に。眠ったり起きたりを繰り返し、生まれたあとの生活リズムの練習をしています。あとは誕生のときを待つのみ。対面はもうすぐです！

妊娠36週〜40週の赤ちゃん

- 肝臓や腎臓など、すべての臓器の機能が成熟。
- 皮下脂肪が十分につき、肌はピンク色になる。
- 産道を通りやすいように、あごを引き、ママの骨盤の中に入っていく。

予定日を過ぎたら？

出産予定日となる妊娠40週0日は、あくまでも目安で、予定日を過ぎてお産が始まる場合も。ただし42週を過ぎると胎盤機能が低下するため、41週に陣痛誘発を検討します。40週を過ぎてからは健診の回数を増やし、赤ちゃんの元気度や胎盤機能をこまめにチェック。異変が見られたらすぐにお産になります。

10カ月

健診で産婦人科医がとくにチェックしていること

出産時にトラブルになりそうな兆候がないか確認

妊娠36週からは健診が1週間ごとに。赤ちゃんの状態や胎盤や羊水に異常はないか、妊娠高血圧症候群などの予兆はないか、それまでと同様にチェックします。お産の始まりを予測するため、子宮のやわらかさを調べたり、おなかの赤ちゃんの元気度を調べるノンストレステスト（NST）も行います。赤ちゃんが大きめな場合、ママの骨盤を通れるか確認するため、レントゲン撮影を行うことも。

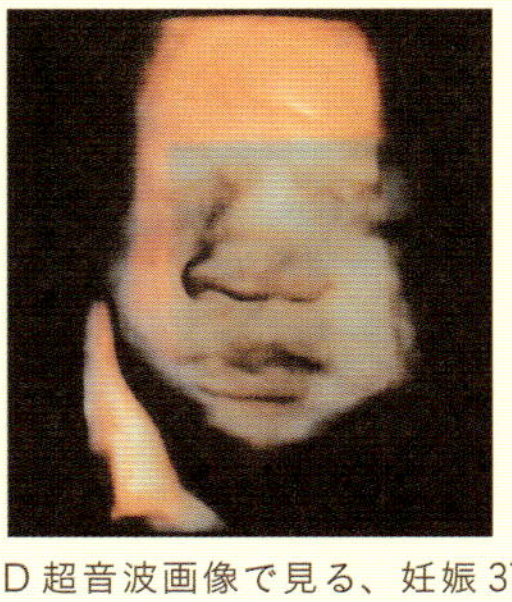

3D超音波画像で見る、妊娠37週の寝ている赤ちゃんの顔。

あわてずに落ち着いて準備を

お産が始まるサイン

お産が始まるときの兆候は人それぞれ。いざというときあわてないよう、どんなサインがあるか知っておきましょう。

陣痛

赤ちゃんを子宮の外に押し出そうとする収縮で、はじめは不規則ですが、徐々に痛みが強くなり、規則的に。初産の場合は 10 分間隔で産院に連絡するのが一般的です。

→ 10 分間隔になったら産院に連絡。

前期破水

(→ P.141)

お産の前に赤ちゃんを包む卵膜が破れ、羊水が流れ出す状態。破水をすると感染が起こりやすくなるため、入浴は避け、すぐ産院へ。通常、破水すると 1 日以内にお産に。

→ すぐ産院に連絡。

おしるし

子宮口が開き始めたことで出る、血液の混ざった粘液状の分泌物。量や色は個人差があります。おしるしがあってもすぐにお産が始まるわけではありません。

→ すぐ入院にはならない。

入院までの段取り

← 前期破水
シャワーや入浴は避け、生理用ナプキンを当てておきます。破水かわからない場合も、産院に連絡を。

← 陣痛
痛みの間隔が 10 分になったら産院に連絡を。

産院に連絡
痛みの度合い状況はママ本人がいちばんわかります。産院への連絡はママが自分でしましょう。

←

家族に連絡・入院の用意
産院に来るように指示されたら、つき添ってもらう家族にも連絡をして、入院の荷物を持って向かいます。

←

産院に到着・診察
赤ちゃんの元気度や、子宮口の開き具合を調べ、入院が判断されます。場合によっては一時帰宅も。

←

入院
診察の結果、入院が決まったら、陣痛の間、過ごす部屋へ。入院着に着替えます。

前《ぜん》駆《く》陣痛《じんつう》は陣痛とは別です

臨月に入ると起こりがちな、不規則な痛みを前駆陣痛といいます。周期的になっても、しばらくして消えてしまいます。

こんなときはすぐに連絡を

おしるしとは違う大量の出血があり、おなかの痛みを伴う場合や、直近の健診でさかごといわれている場合、破水した場合は、すぐに産院に連絡して向かいましょう。

ママが臨月に入って、パパができること

産院までの移動手段を考えておく

いつでもママと連絡がとれるようにしておき、産院までの移動手段を考えておきましょう。タクシーを呼ぶ場合はあらかじめ、陣痛タクシーの登録をしておくと安心。

仕事の調整をして禁酒する

臨月に入ったら、車の運転をする予定がなくても、アルコールは控えて。可能であれば、出張など入らないように調整を。出産に立ち会う場合は、とくに注意しましょう。

PART 2

いよいよ本番

赤ちゃんに対面できる日がいよいよやってきます。待ち遠しくもあり、はじめてのお産は不安でいっぱいです。でも、ママとパパとふたりで力を合わせて乗りきれば大丈夫！　赤ちゃん誕生までの流れをシミュレーションし、その日までにできることを備えておけば、必要以上に怖がることはありません。

いよいよお産

赤ちゃん誕生までの流れ

陣痛〜誕生までの大まかな流れを知っておくと安心です。ママと赤ちゃんの状況やパパに協力してもらうことを確認しましょう。

分娩第1期
（子宮口が全開大になるまで）

	極期《きょくき》	進行期	準備期
時間・時期	初産で 10〜15時間、経産婦で 4〜6時間		
子宮口と陣痛	子宮口8〜9cm 陣痛は2〜3分間隔で、痛みは40〜50秒続く。	子宮口4〜7cm 子宮口が4〜5cmになったらスピードが加速することも。 陣痛は3〜7分間隔で、痛みは約30秒続く。	子宮口1〜3cm 陣痛は8〜10分間隔で、痛みは10〜20秒続く。
赤ちゃんの様子	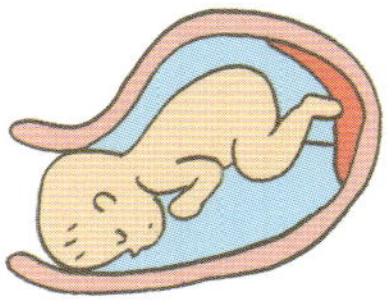 骨盤の中に入った赤ちゃんは、縦長の出口に合わせて、ママの背中側を向くように回旋しながらおりてくる。第2回旋。	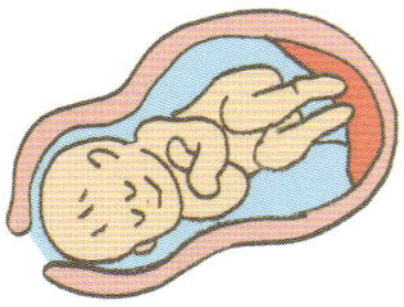 骨盤の入り口は横長なので、横向きになるように体の向きを変えておりてくる。	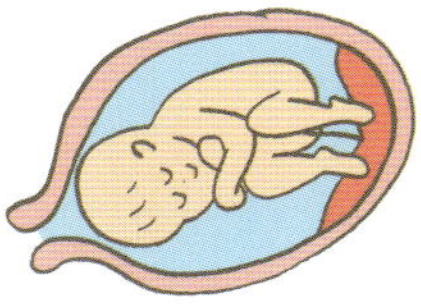 体を小さく丸めるようにして骨盤の中に入る。第1回旋。
ママのからだ	✶いきみたいけれど、いきんではいけない、いちばんつらい時期。全身に力が入りますが、しっかり「フーッ」と呼吸をしていきみを逃して。 ✶破水が起こる。 ✶分娩台へ。	✶陣痛と腰痛がやってくる間隔が短くなってくる。 ✶陣痛中は、少しでもラクになる姿勢を探したり、会陰を押してもらうなどして痛みを逃して。 ✶陣痛のない間欠期は、リラックスして体力を温存する。	✶月経痛を強くしたような痛みが、10分間隔になったら産院に連絡を。 ✶破水をしたら産院に連絡を。24時間以内に陣痛がなければ陣痛促進剤を使うことも。
パパの出番！	パパのいちばんの活躍どころ。陣痛持続時間が長くなり、ママはとてもつらい時期。「あと○秒で痛みが引くよ！」などの声かけをしてみて。	会陰押さえ（→P.107）やマッサージをしてママの痛みをやわらげるサポートを。さらに、乱れがちなママの呼吸を一緒に整えたり、お水を飲ませたり、食べものの調達などにも気を配って。	パパが一緒にいられる場合は、産院に電話をしたり、車の手配をしたり、荷物を運ぶなどテキパキと動こう。

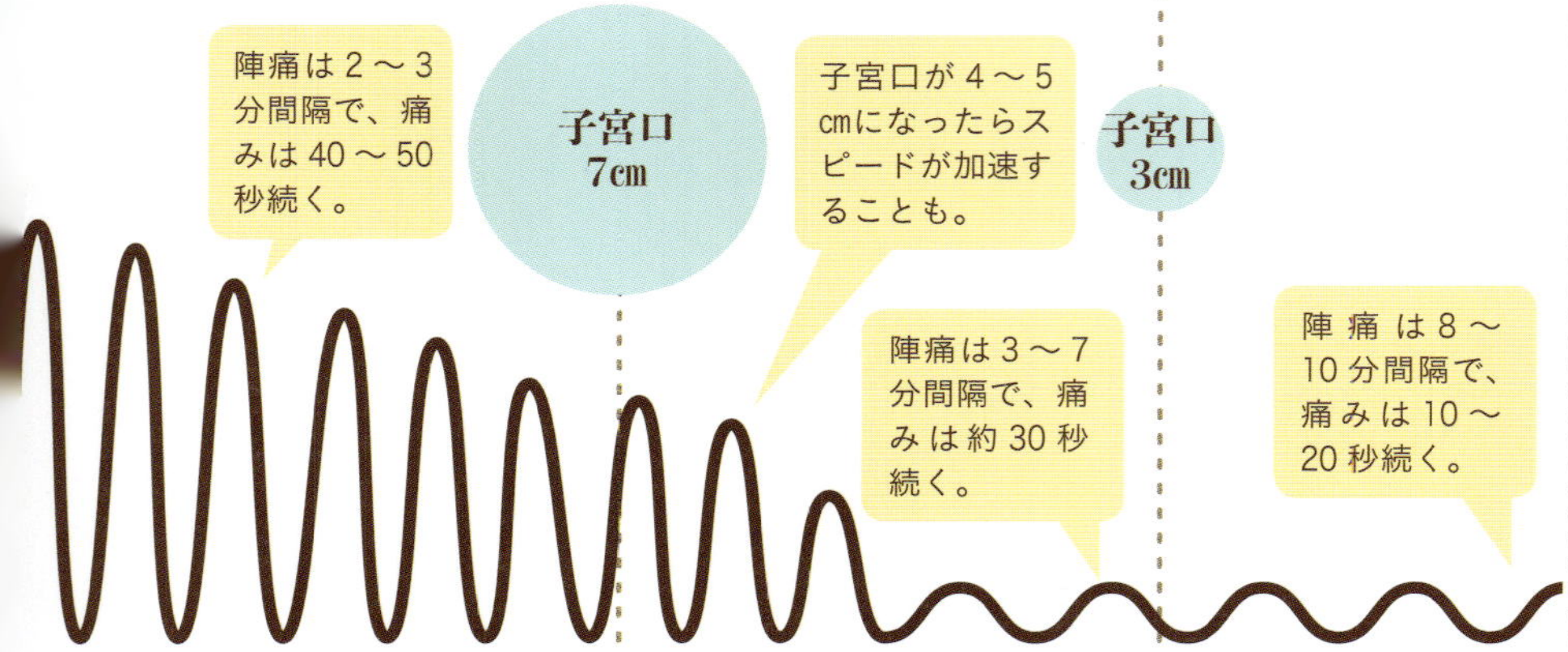

分娩第３期（胎盤が出るまで）	分娩第２期（赤ちゃんが産まれるまで）
初産で15〜30分、経産婦で10〜20分	初産で１〜2時間、経産婦で30分〜1時間
後産期《あとざん》	娩出期

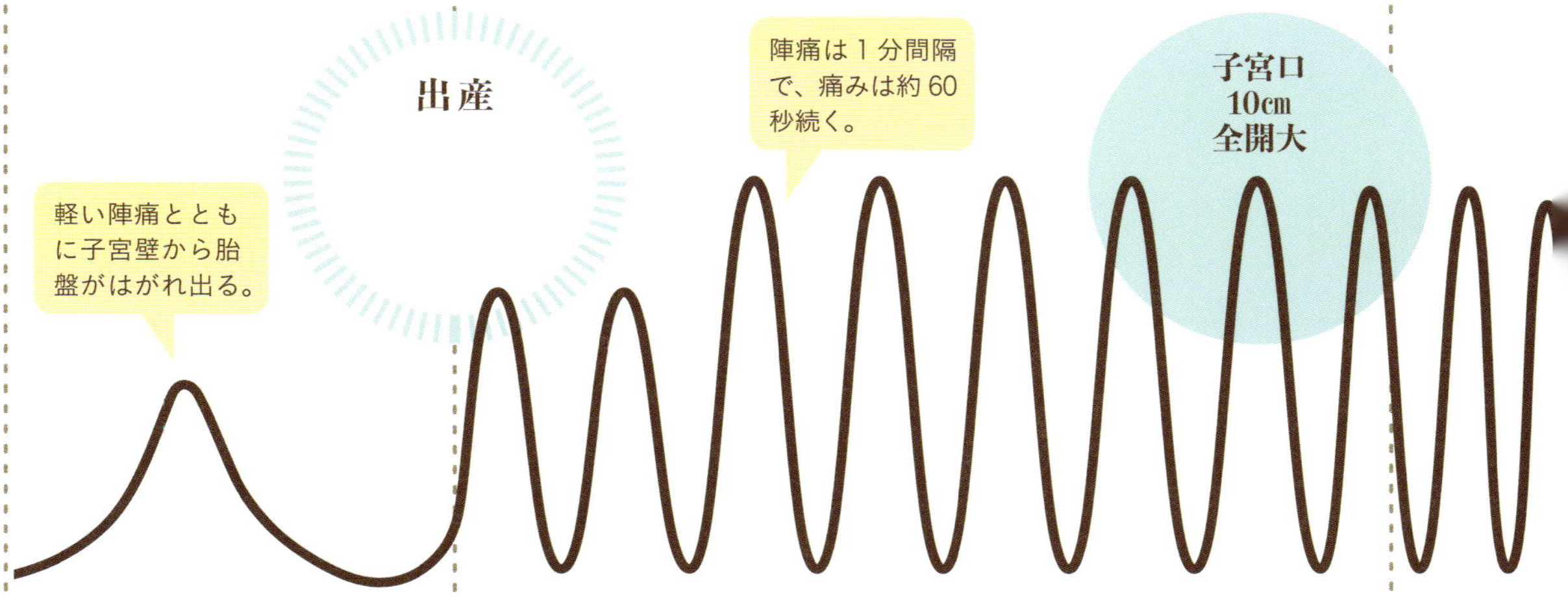

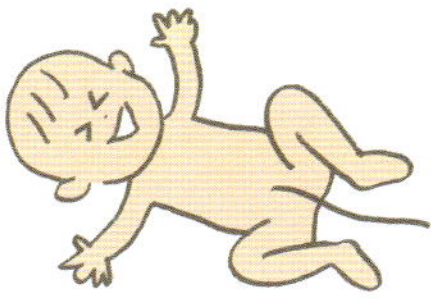

へその緒を切ったら、体をきれいにふいてもらい、体温を測るなどの健康状態を確認する。

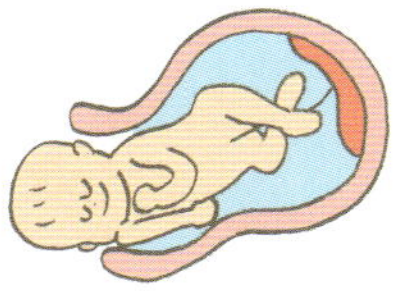

再び横向きに体を回しながら片方の肩を出す。両肩が出たら体がするっと出る。第４回旋。

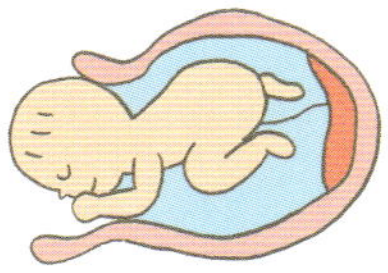

縦長の膣口から、あごを上げて首を反らすようにして顔を出す。第３回旋。

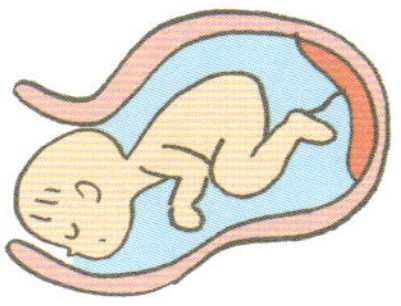

赤ちゃんの頭が骨盤を抜けると、胸からあごを離して、あごを上げる体勢をとる。

分娩第３期

* 胎盤を娩出するために、後陣痛が起こる。
* 会陰切開をした場合は、縫合をする。
* 裂傷の有無の確認や外陰部の消毒、血圧や脈拍の測定をする。
* 子宮収縮薬を投与し２時間ほど経過をみる。

パパがへその緒をカットすることができる場合もあるので、事前に産院に確認を。赤ちゃんを出産してくれたママにねぎらいの言葉をかけるのを忘れずに。

分娩第２期

* いきみ始めてもよい時期。あごを引き、おなかを見るようにして、いきむ。
* 陣痛の波に合わせて、間欠期にはしっかりと呼吸をして赤ちゃんに酸素を送る。
* 陣痛が強くなったピークでいきむ。体を反らさないように！
* 赤ちゃんの頭が出たら、力を抜いて「ハッ、ハッ、ハッ」と短い呼吸に変える。

事前に産院から、誕生の瞬間をカメラなどにおさめる了承を得ている場合は、準備しておく。

陣痛室に入ったら

痛みをうまく逃しながら陣痛を乗りきるコツ

陣痛＝痛い、というイメージが強すぎて、お産が怖いママも多いよう。痛みをやわらげる方法をマスターして出産に臨みましょう。

順調にお産を進めるためには

出産は赤ちゃんとママの共同作業です。ママがいくら痛みに耐えても、上手にいきめたとしても、赤ちゃんの動きや大きさ、タイミングによって進み方が変わります。

まず大切なのは「陣痛やいきみなど、ママが赤ちゃんを押し出す力」です。この力が弱いと赤ちゃんはいつになっても産道をおりてこられません。また、「赤ちゃんが通り抜けしやすい産道かどうか」も、赤ちゃんの動きに影響を及ぼします。産道や会陰がかたいままだったり、また産道に脂肪がつきすぎている場合は、産道の途中で赤ちゃんがとどこおってしまうことも。また、「赤ちゃんの大きさとうまく回旋できるかどうか」も順調なお産の条件になります。

陣痛は徐々に強くなるのが理想的です。陣痛の波を利用しつつ、赤ちゃんと呼吸を合わせるつもりで、お産を進めましょう。

上手に痛みをやわらげながらいきむときを待つ

陣痛が強くなってくると、徐々にいきみたくなります。しかし、早い段階でいきんでしまうと、赤ちゃんが苦しくなったり、子宮口が裂けることがあるので、子宮口が全開大になるまでは「いきみ逃し」が必要になります。痛いときに心がけたいのは、呼吸を止めないこと。おなかの赤ちゃんに十分な酸素が届かなくなってしまうので、なるべく体をこわばらせず、「フー」と長い息を吐くことを心がけましょう。

また、じっとしていると痛みに向き合ってしまうことになるので、姿勢をいろいろ変えるのもおすすめです。うつ伏せになって体を丸めたり、あぐらをかいたり、足を開いてみたりして、少しでも痛みがラクに感じられる体勢を見つけてみましょう。痛みの場所はお産の進行によって変化します。

陣痛中、あると便利なグッズ

食べやすいゼリー飲料で簡単に栄養補給を

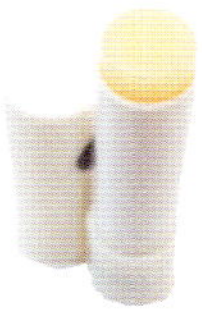

呼吸による唇の乾燥を防ぐリップクリーム

おなかや腰を温める使い捨てカイロ

香りの力でリラックスするアロマオイル

会陰《えいん》押さえ用のテニスボール

そのほかにも、ストロー付きのコップや制汗シート、うちわ、好きな音楽を聴くためのポータブルプレイヤーなども、あると助かるグッズです。また、多くの妊婦さんが陣痛の間隔が把握できる「陣痛アプリ」を活用するそう。陣痛が始まる前に、入力はパパに頼んでおくとよいでしょう。

陣痛を乗りきるためにパパも一緒にできること

マッサージをする

さすったり、押してあげることによって、痛みの緩和＋精神的な疲労をやわらげる効果が期待できます。「強さはどう？」「どこが気持ちいい？」と声をかけながら、ママの痛みに寄り添ってあげましょう。

肩・腕

痛みをこらえるために意外と力が入ってしまう箇所。肩こりをほぐす、というよりは血流を促すようなマッサージを。

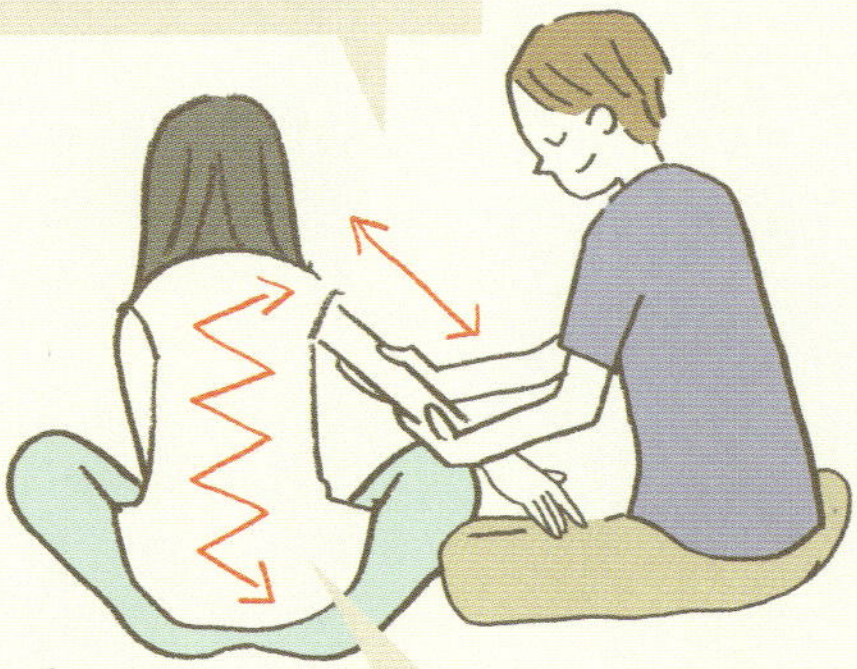

太もも

おしりからひざに向けて血流を促すようにほぐします。大きな筋肉をゆるめてあげることで体全体がリラックスできます。

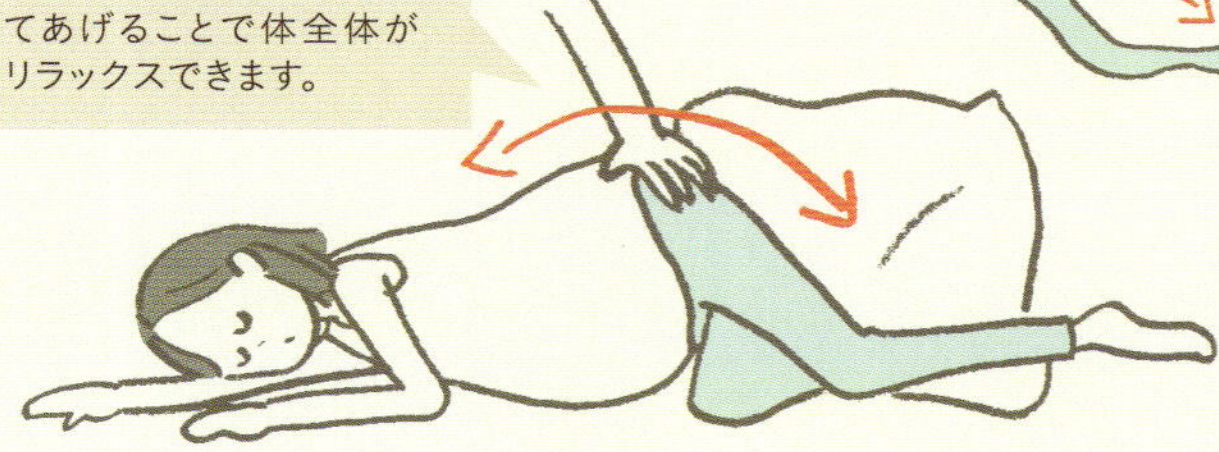

腰・背中

背中全体を上～下、下～上と大きな範囲でさすって緊張をほぐします。押してほしい部分があるかどうかも確認してみて。

会陰《えいん》押さえ

げんこつ部分で、会陰部分～肛門あたりを強く押します。呼吸とリンクさせるのがコツで、ママが息を吸うときに押し、吐くときに押す力をゆるめます。強めに押さないと痛みをやわらげることができないと念頭に置いて。

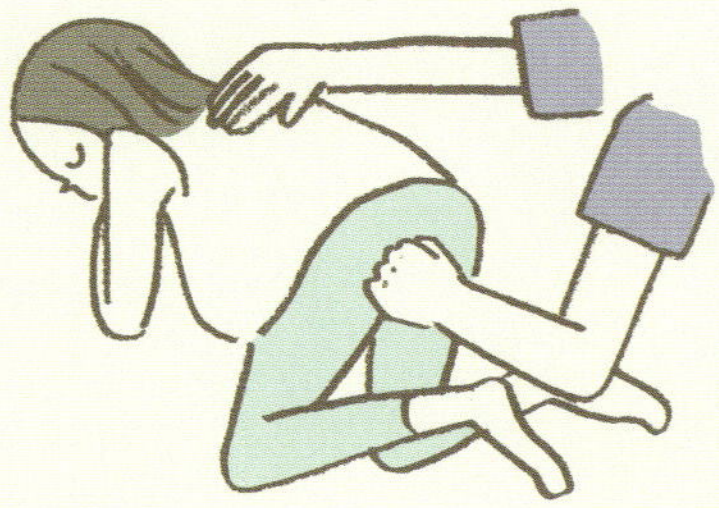

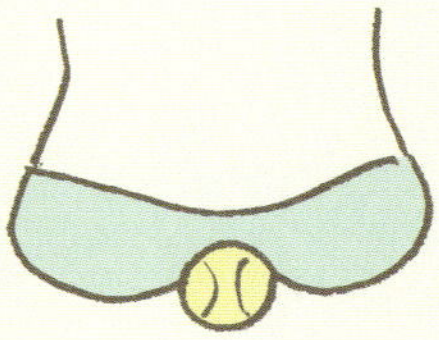

テニスボールを使って会陰部分を強く圧迫しても、痛みをやわらげることができます。

一緒に呼吸をカウントする

1回の陣痛で何回呼吸をしているか、パパが数えてみましょう。もし6回呼吸をしていれば、次の陣痛のときは、逆に6からカウントして。陣痛の終わりがわかると、痛みを乗り越えやすくなります。

いよいよ本番

いざというとき、あわてない

必要に応じて行われる処置

お産の進行状況によって、医療処置を行うことがあります。気になるものがあれば、事前に相談をしておきましょう。

陣痛中に行われる医療処置

導尿

膀胱は産道の近くにあり、尿がたまると産道を圧迫してお産の妨げになることがあります。また、陣痛が激しくなると、尿意を感じにくくなったり、トイレに歩いて行けないことも。そのようなケースに備え、あらかじめ尿管に管を通す処置「導尿」を行うことがあります。

使用される細い管は、やわらかいシリコン製で、挿入時に多少の違和感はありますが、痛みはほとんどありません。産後、尿意の感覚が鈍くなり、自力で排泄できないときも導尿を行うことがあります。

剃毛《ていもう》

会陰切開（→P.113）をする際に、陰毛についた細菌が傷口から入ることを防ぐために、会陰の周囲の毛を剃ったりカットしたりすることがあります。

ただし、最近では剃毛によって皮膚や毛穴に傷がつき、感染症を誘発する場合があるため、剃毛をしない病院も増えています。

帝王切開の場合は、メスを入れる位置に毛がある場合は、剃毛を行います。

浣腸

産道の近くにある直腸に便がたまっていると、産道を圧迫してお産の妨げになることから、便秘をしている場合は浣腸をすることがあります。

また浣腸をすることによって、子宮の収縮が促進されてお産が進みやすくなる効果もあるようです。

ただし、分娩前に自然に排便できている場合は浣腸をしないことが多いので、不安がある場合は、事前に病院に確認しておくとよいでしょう。

血管確保

緊急帝王切開や異常出血によって輸血が必要になる場合に備えて、あらかじめ静脈の血管を確保しておくことがあります。微弱陣痛が続いた場合に陣痛促進剤を投与するときも、血管の確保ができているとスムーズに行うことができます。

とくに問題がない場合は、ブドウ糖や生理食塩水などを注入しておき、必要がないと判断されれば外されます。

子宮口を開く

子宮口はお産が近づくとやわらかくなり、陣痛とともに徐々に開いてきます。しかし、理由があって計画分娩や誘発分娩をする場合、子宮口がかたく閉じている状態で陣痛促進剤を使ってもうまくいきません。そのような場合に、物理的に子宮口を広げる処置を行うことがあります。

海藻を原料とする「ラミナリア」は、腟から挿入する棒状の器具で、体内組織の水分を含むと、ゆっくりと2～3倍の大きさにふくらみ、子宮口をじわじわと広げていきます。

同様の効果が得られる化学繊維で作られた「ラミセル」という器具もあります。

また、子宮口が少しやわらかくなっていれば、「バルーン」、「メトロ」と呼ばれる水風船のような器具を子宮から挿入する場合もあります。バルーンがしぼんだ状態で挿入し、滅菌水を注入して風船をふくらませ、子宮口を広げます。

分娩監視装置をつける

分娩監視装置は、赤ちゃんの心拍数や胎動、陣痛の強さや間隔を把握するための装置です。胎児心拍数曲線と陣痛曲線を2本のグラフに記録することで、お産の進み具合や赤ちゃんの健康状態がわかります。

母体の陣痛を調べるためのセンサーは子宮底付近に、赤ちゃんの心拍を観察するためのセンサーはおなかに置き、それぞれベルトで固定します。

感知したデータは、モニターに表示されて記録紙にプリントアウトできるため、赤ちゃんに異変が起きたときは、すぐに知ることができます。病院によっては、お産の間、ずっとつけるわけではなく、一定間隔を置いて装着し、モニタリングする場合もあります。

ただし、陣痛促進剤を投与した場合や、和痛分娩（→P．115）で麻酔を入れてからは、継続して観察をする必要があるため、取り外すことはありません。

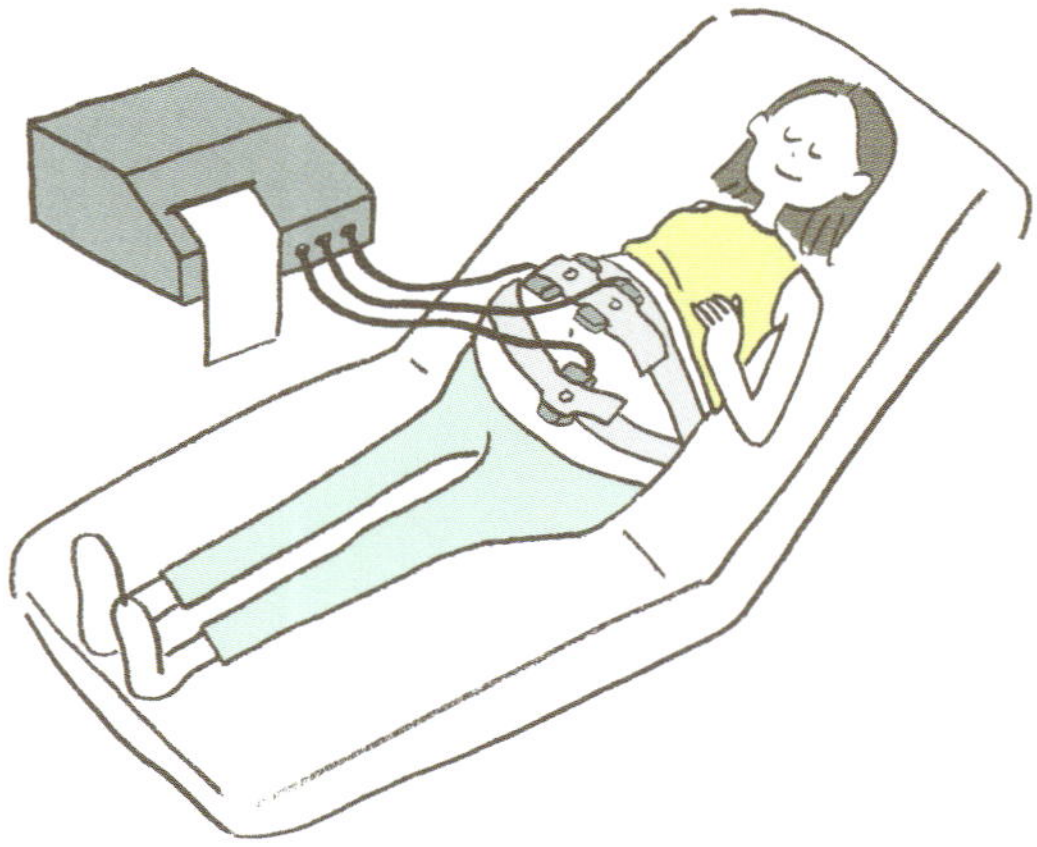

微弱陣痛になったら

出産は体力勝負。弱い陣痛でも長引くと、体力を消耗するため、陣痛は徐々に大きくしてクライマックスに向かう必要があります。

子宮収縮が弱く、子宮口がなかなか開かない微弱陣痛の場合は、体を温めたり軽い刺激を与えたりして、自分でもお産を進める働きかけが必要です。

体を温める

陣痛でこわばりがちな体をリラックスさせるため、足を温めます。フットバスやカイロなどを利用して。

フットバス

立つ・しゃがむ・歩く

おなかの赤ちゃんがおりてきやすくなるように、重力を利用しましょう。横になっている時間を少なくし、産院の廊下や階段などを歩いてみて。またがったり、寄りかかることのできるアクティブチェアなどがあれば活用してみましょう。

アクティブチェア

分娩室に入ったら

いよいよ出産！ いきみ方のコツ

ゴールは目前！ 誕生の瞬間を目に焼きつけて

個人差はありますが、初産では陣痛が始まってから約12時間程度で子宮口が全開すると、いよいよおなかの赤ちゃんが産道をおりてきます。陣痛の波に合わせて、ママがいきむことで、おなかの赤ちゃんを後押しするイメージを持ちましょう。今までいきみたくてもいきめなかったぶん、思いっきりいきんでください。

分娩台に乗っていきむときは、両足を大きく開き、おしりと腰は座面にぴったりと密着させます。目は閉じずにおなかの赤ちゃんのほうをしっかりと見て、あごを引き、おなかに力を入れられる体勢を保ちます。

どのタイミングでいきめばいいのかわからなくても、基本的には助産師さんの指示に従い、「いきんで！」と言われたときにいきめば大丈夫です。

子宮口が全開大になったら、いよいよ、いきみの開始。おなかの赤ちゃんとタイミングを合わせてしっかりいきみます。

分娩台でのいきみ方のポイント

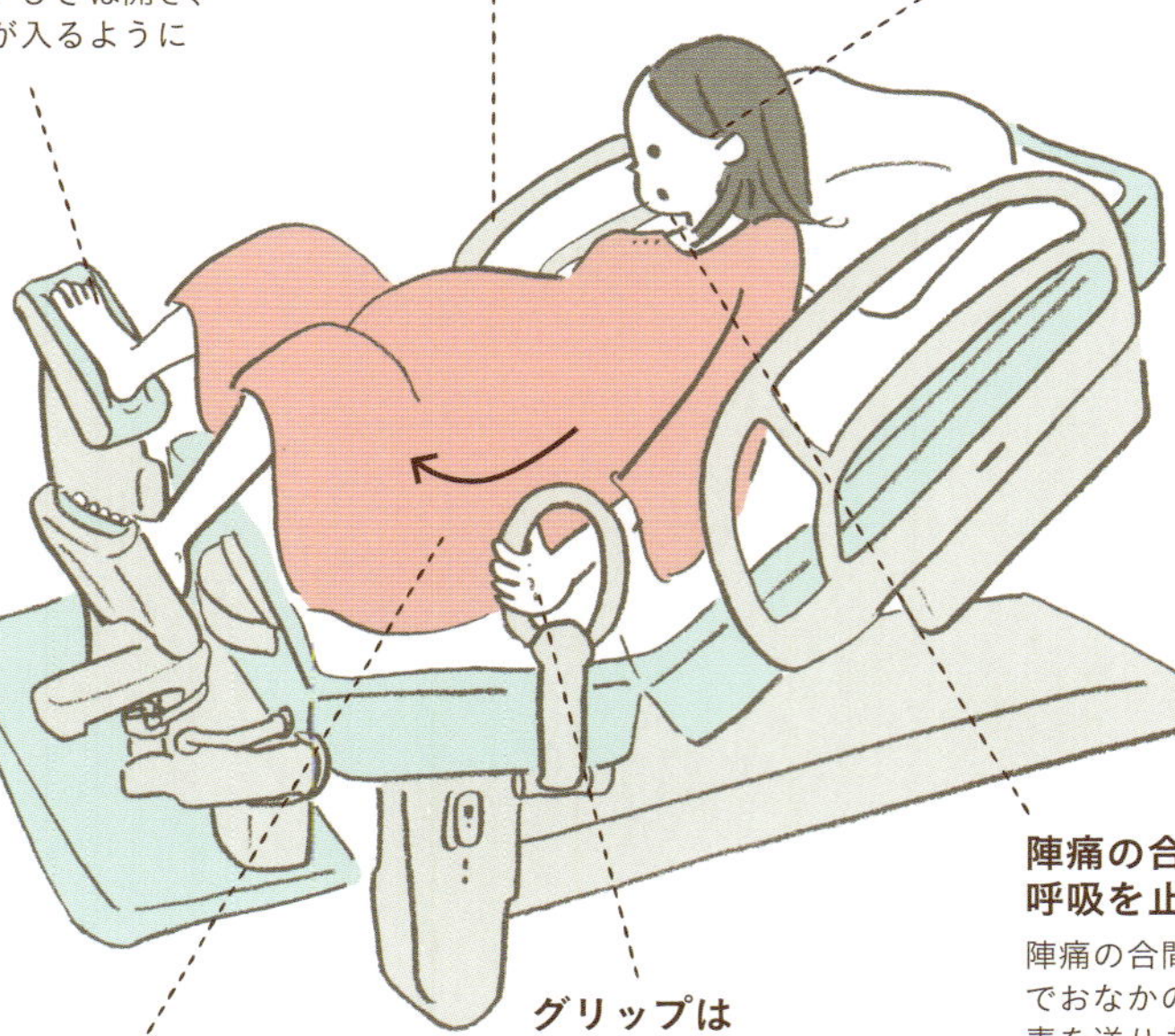

足とひざをしっかり開く
足を台に踏ん張るかたちで乗せ、ひざは開き、腹部に力が入るようにします。

腰を反らさない
のけぞってしまうと、いきむ力が入りにくくなるので、背中と腰、おしりは分娩台につけて。

目は閉じない
目を閉じてしまうと、痛みだけと向き合いがちになるので、おなかの赤ちゃんのほうをしっかりと見ます。

陣痛の合間は呼吸を止めない
陣痛の合間は、深い呼吸でおなかの赤ちゃんに酸素を送ります。

グリップは握りすぎない
痛みのあまりグリップを強く握ると、いきむ力が分散してしまうので、なるべく軽めに握って。いきむときは手前に引くように握ると、体が丸まりいきみやすくなります。

いきむときの力の向き
赤ちゃんの頭を出口のほうに押し出すように、下に向かっていきみます。

「いきんで！」と言われたら

いきみ方は、2回深呼吸をして、3回目に息を吸ったら、息を止めて下腹部に力を込めて「ウ～ン」と長くいきみます。姿勢は、大きく足を広げて、かかとで踏ん張り、腰をしっかりと分娩台につけたままを保ちましょう。

陣痛の波が引き、助産師さんの合図が出たら力を抜いて脱力します。陣痛の合間の1分程度の休息時間は、大きく深い呼吸をして、赤ちゃんに酸素を届けます。

「いきまなくて大丈夫」と言われたら

会陰から頭が出てきたら、助産師さんから「もういきまなくて大丈夫！」と声がかかります。そうしたら、力を抜き、「ハッ、ハッ、ハッ」と短い呼吸に変えて。すると産道から、スルッという感覚を伴い、赤ちゃんが誕生します。

赤ちゃんはどうやって出てくるの？

頭蓋骨をコンパクトに

赤ちゃんの頭蓋骨は一枚ではなく数枚が合わさった状態で成り立っています。狭い産道を通るとき、赤ちゃんは頭蓋骨の隙間をなくして、少し重ねてサイズダウンをして子宮口を通過します。成長していく過程で頭蓋骨は広がっていきます。

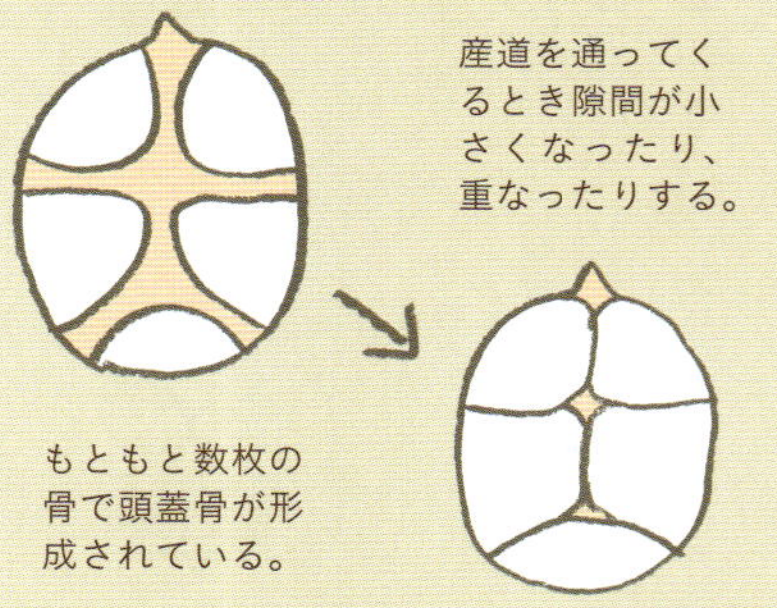

産道を通ってくるとき隙間が小さくなったり、重なったりする。
もともと数枚の骨で頭蓋骨が形成されている。

片方の肩を出す

会陰部から頭が出ると次は肩。赤ちゃんは片方の肩を頭部分に近づけて体部分を小さくして産道をすり抜けます。おなかの赤ちゃんが大きく育ちすぎてしまうと脂肪がつき、頭まわりより肩まわりが大きくなってしまい、産道を通れないことも。そういう場合は予定帝王切開（→P.118）をすすめられることもあります。

パパへ

分娩室でパパができることは？

陣痛の間隔を記録して、不安をやわらげてあげよう

陣痛中のママは痛みと向き合うことで精一杯。パパは汗をふいたり、さすったり、水を飲ませてあげるなど、気を配りましょう。

また、陣痛がいつまで続くのかわからない不安を少しでもやわらげるために、パパは陣痛時間を計測して、痛みがあとどれだけ続くのかを把握するとよいでしょう。「あと○秒で痛みが引くよ。もう少し!!」と痛みの終わりを伝えるとママも頑張る気持ちになれるはず。

陣痛時間の測り方は、ママが痛みを感じ始めたらカウントを始め、次の痛みを感じるまでの時間を測ります。

分娩初期は痛みが10～20秒くらい続いたあと、10分程度は痛みが引きます。出産間際には痛みが60秒ほど続いたあと、約1分痛みが引く、といった感じの周期に変化していきます。

メモをとってもよいですが、最近では簡単に陣痛時間を計測できる無料のスマホアプリもあります。事前にダウンロードをして使い方をチェックして、冷静に対処できるように心がけましょう。

どんな処置が必要？

赤ちゃんが出てこられないとき

お産が停滞した場合、医療的な処置が必要になることも。無事に誕生させるための手段ですので、あわてずに対処しましょう。

赤ちゃんが産道をおりてこられないとき

子宮口が全開大になっているのに、おなかの赤ちゃんがおりてこられない場合、さまざまな原因が考えられます。

赤ちゃんの頭や体が大きくて骨盤を通過することができないケースや、へその緒が赤ちゃんに絡まってしまったケース、また赤ちゃんは回旋しながら産道をおりてきますが、その回旋がうまくできずに、引っかかってしまうケースなどです。

へその緒が絡まることは珍しいことではなく、絡まりながらもそのまま産まれてくることはできるのですが、へその緒が赤ちゃんの体と子宮の間に挟まれたりして血流が圧迫されると、赤ちゃんが苦しくなってしまいます。これ以上長引くと影響があると判断された場合は、すみやかに処置を施し、誕生まで医療的な手助けを行います。

吸引分娩と鉗子《かんし》分娩

赤ちゃんが産道を途中まではおりてきてはいるものの、なかなか出てこられず、お産が停滞してしまっているケースや、赤ちゃんに酸素が行き渡りにくい状況になっていると判断された場合は、腟側から器具を使って赤ちゃんの頭を引っ張る処置を行うことがあります。

シリコン製や金属製の丸いカップを赤ちゃんの頭に当てて、内側を真空にさせて引っ張る「吸引分娩」と、金属製の2枚のヘラで頭を挟み、引き出す「鉗子分娩」の、2つの方法があります。どちらの方法をとるかは状況によって医師が判断します。

どちらの場合も引っ張り出す前に会陰切開を行って出口を広げ、極力赤ちゃんがスムーズに出てこられる処置も行います。

赤ちゃんの頭蓋骨はやわらかく、引っ張ることで頭が細長い形で出てきたり、こぶができたり、また鉗子で挟むことによって傷がついたりすることがありますが、生後しばらくすれば治りますので、心配はいりません。

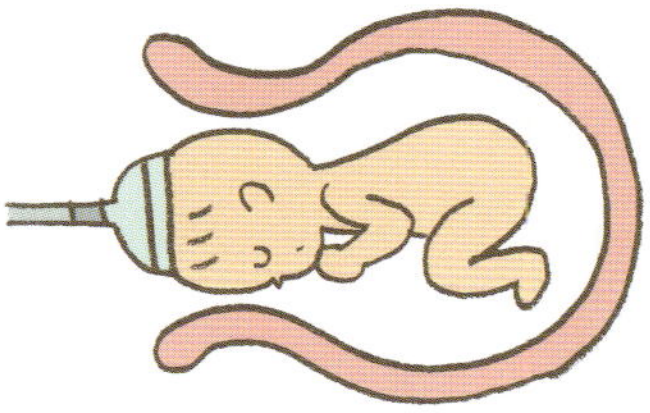

吸引分娩

カップ型の吸引器を、赤ちゃんの頭に密着させて引っ張ります。

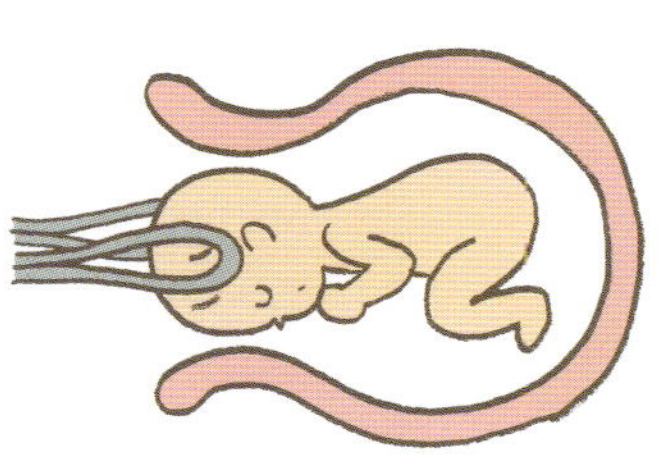

鉗子分娩

赤ちゃんの頭の左右に鉗子を入れて挟み、引っ張り出します。

会陰切開が必要となるケース

膣口から肛門までの間を会陰といい、お産が進み子宮口が全開大になるころは、やわらかく伸びた状態になります。

通常、赤ちゃんの状態に問題がなければ、助産師さんが会陰部分を押さえながら、ゆっくりと赤ちゃんの頭が出るように誘導していきます。

しかし、人によっては会陰部分がうまく伸びなかったり、赤ちゃんの心拍数が低下しているなどの問題が生じた場合は、赤ちゃんをすみやかに外に出すために、会陰部分を切開する処置を施すことがあります。

初産の場合はとくに、会陰切開を行うことを決めている施設もかつては多くありましたが、最近では切らずに進めるスタイルが増えてきているようです。

会陰切開のメリットとデメリット

会陰部分が十分に伸びないうちに、いきんでしまうと、会陰裂傷が深くなり、場合によっては肛門や直腸まで裂けてしまうことがあります。すると、会陰切開をした場合に比べて傷の回復に時間がかかり、産後の生活が大変になってしまうことも。

事前に会陰切開をすると、出口が広がるため、出産時間が短くなり赤ちゃんにかかるストレスが減るというメリットがあります。

反対に、会陰切開による傷の痛みや縫合不全などで治療が長引くケースもある、などのデメリットもあります。

いずれにせよ、赤ちゃんの心拍が弱くなるなどの緊急事態時は、急いで取り出さなければなりませんので、会陰切開が必要になることを理解しておきましょう。

切開する場所と方法

切る場所は、膣口の真下から斜めに切る「正中側《せいちゅうそく》切開」、膣口から肛門に向けてまっすぐに切る「正中《せいちゅう》切開」、膣の側方から斜め下に切る「側《そく》切開」があります。どのラインにするか、左右どちら側を切るかは医師が状況に応じて判断します。

切開は、局所麻酔をしてから、医療用のハサミで3～5㎝切ります。このとき、会陰の内側と赤ちゃんの頭の間に手を入れて、ガードしながらハサミを使うため、赤ちゃんの頭を傷つける心配はありません。陣痛が起きている間の処置になるので、麻酔の注射や切開をしたことにも気づかないママもいます。

無事に赤ちゃんが産まれ、胎盤を出したら、縫合をします。麻酔が効いているので、痛みはさほど感じないことが多いようです。とける糸を使う場合はそのままで、とけない糸の場合は4日目くらいに抜糸を行います。

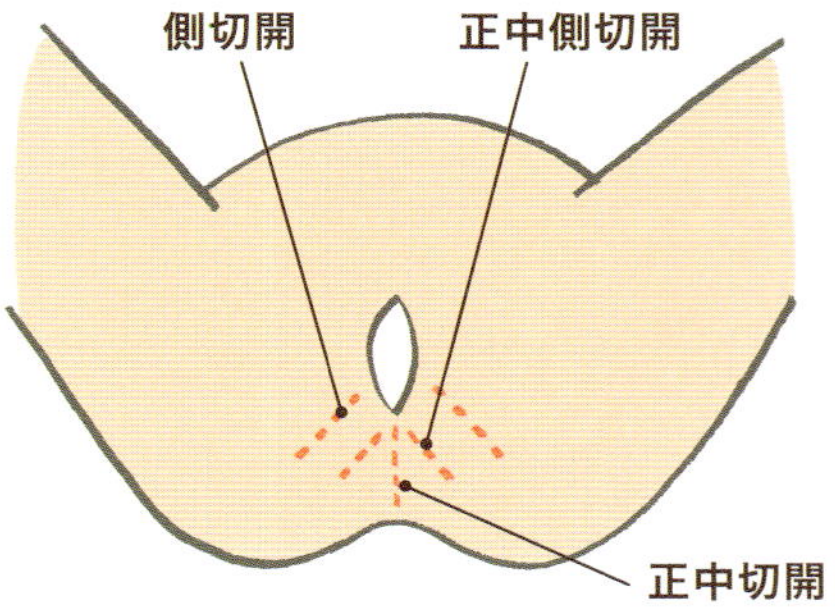

会陰裂傷予防効果も

どの箇所を切るかはケースに応じます。初産では経産婦に比べると会陰切開をする場合が多くなります。

医療の力を借りて

陣痛をコントロールする

安全なお産に導くために、人工的に陣痛を起こしたり、陣痛をやわらげたりする薬を投与する場合があります。

陣痛促進剤を使ってお産の進行を助ける

お産は弱い陣痛から始まり、徐々に強い陣痛へと勢いづき、初産では平均10～15時間で赤ちゃんが誕生するのが理想です。

しかし、陣痛が弱く、なかなか赤ちゃんがおりてこられないケースや、徐々に陣痛が弱まってしまう微弱陣痛があります。お産が長引くと、ママもおなかの赤ちゃんも体力を消耗してしまうので、お産を進めるために陣痛促進剤を使うことがあります。

また、出産予定日を過ぎてもまったく陣痛が起こらずに胎盤機能が低下するリスクがあるときや、重度の妊娠高血圧症候群（→P．138）や、前期破水（→P．141）して赤ちゃんへの子宮内感染が予想されるケースなど、早めに分娩をしたほうがいい場合にも、陣痛促進剤を投与することがあります。

反対に陣痛促進剤を使えないケースもあります。前回の出産が帝王切開だった場合や、子宮を手術で切開したことがあるときは、強い陣痛で子宮に負担がかかり破裂する恐れがあるため使用は控えます。また、前置胎盤（→P．141）、児頭骨盤不均衡（→P．118）、横位（→P．94）、経腟分娩で赤ちゃんに感染症を起こす可能性があるときなども陣痛促進剤は使用できません。

安全な設備のもと、慎重に薬を投与をする

陣痛促進剤は、定められたガイドラインに沿って、分娩監視装置をつけて赤ちゃんの心拍や胎動を観察しながら、慎重に投与量を調整します。しかし、促進剤を投与してもなかなか陣痛が起こらない場合や、急激に強い陣痛に襲われる場合などがあり、効き目に個人差が出ます。いざというときに帝王切開ができる施設でないと、陣痛促進剤の投与はできません。

お産を進めるために人工破《は》膜《まく》を行うことも

子宮口が3㎝以上開いているのにもかかわらず、陣痛が強くならない場合などに、分娩誘発の補助的な処置として人工破膜を行うことがあります。

赤ちゃんを包んでいる卵膜を、医療器具

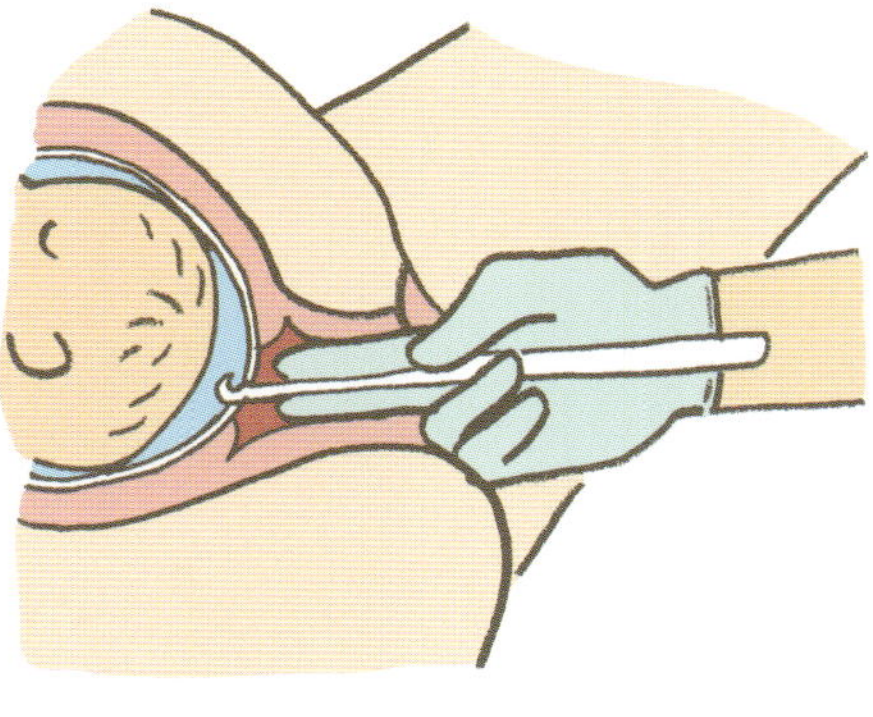

人工破膜

医療器具で卵膜を破り、人為的に破水をさせます。

を使って破り、人為的に破水させる処置を「人工破膜」といい、破水による刺激を与えることにより、お産を進める目的で行います。処置をしたあとは、促進剤を投与したときと同様に分娩監視装置によって赤ちゃんの心拍数や子宮の収縮の様子を監視します。

和痛《わつう》分娩（無痛分娩）とは そのメリット・デメリット

和痛分娩は麻酔で痛みをやわらげながら出産する方法で、無痛分娩とも呼ばれます。しかし痛みがまったくないわけではないため、ここでは和痛分娩として解説します。

妊娠高血圧症候群や体力的な問題など医学的理由があって、医師から和痛分娩を提案される場合と、痛みへの恐怖やパニックになりやすいなどママの希望で和痛分娩を選択する場合があります。ただし、麻酔が必要なことや、医療スタッフや施設の状況によって和痛分娩を行っていないところもありますので、希望する場合はあらかじめ産院に確認をしましょう。

和痛分娩は、背中の背骨の中にある硬膜《こうまく》外腔《がいくう》にカテーテルを挿入し、麻酔薬を少しずつ注入して痛みをやわらげます。腰から足先までの感覚が鈍くなり痛みを感じにくくなります。局所麻酔のため、意識ははっきりとあり、いきむことや赤ちゃんが産道を通る様子を感じることができます。また高い鎮痛効果があることから母体の体力の消耗を防ぐメリットがあります。

ただし、麻酔の影響から微弱陣痛になってお産がなかなか進まなくなったり、また上手にいきめなくなってしまうトラブルもまれにあります。緊急時には通常分娩に切り替えたり、帝王切開になる場合もありますので、事前に説明を受け、リスクも把握する必要があります。

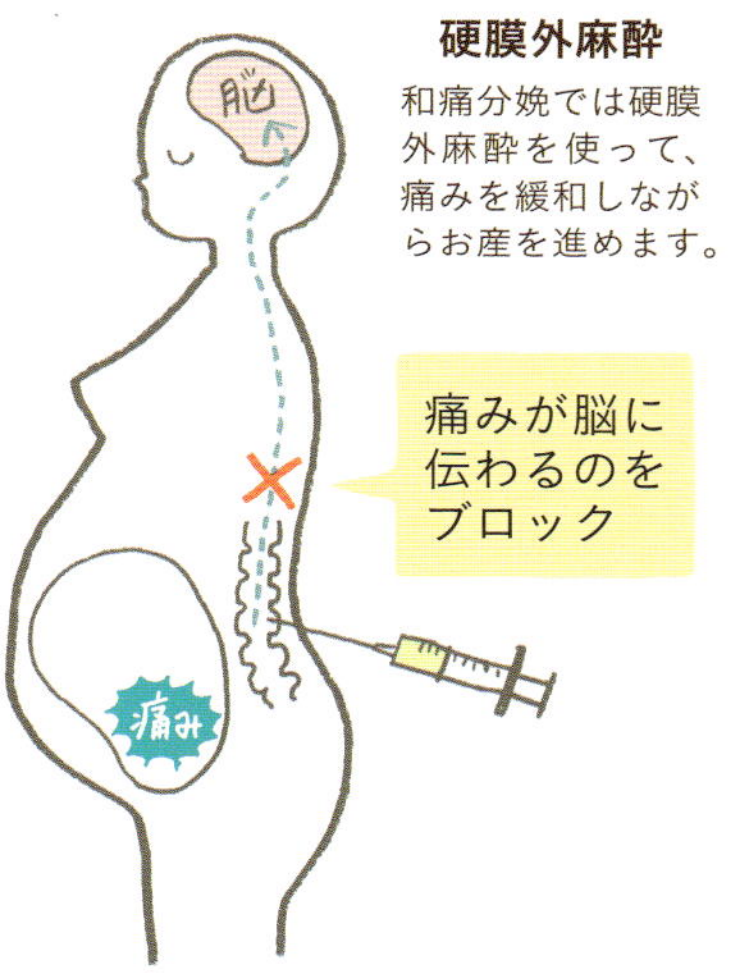

硬膜外麻酔
和痛分娩では硬膜外麻酔を使って、痛みを緩和しながらお産を進めます。

和痛分娩の流れ

計画分娩で行われることが多くなります。

計画分娩の場合
分娩日を決めて前日に入院をする。
→ 分娩日当日、硬膜外麻酔の準備をする。
→ 陣痛促進剤で人工的に陣痛を起こす。

自然に陣痛が起こってからの場合
普通分娩と変わらず、陣痛が起こってから入院をする。
→ 硬膜外麻酔の準備をする。

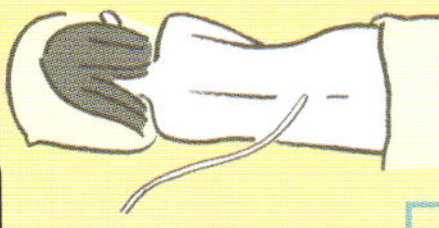

→ 子宮口が4〜5㎝程度に開いたら、カテーテルより麻酔薬を注入する。
→ 子宮口が全開大になったら、普通のお産と同様にいきむ。
→ 赤ちゃんの誕生。

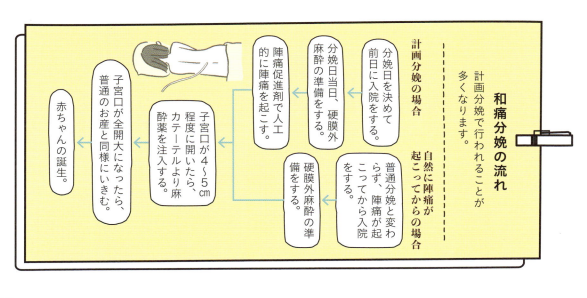

帝王切開によるお産

母子の命を最優先に考える

帝王切開は赤ちゃんとママの安全を第一に考えて行う手術です。予期せぬトラブルで急遽手術になることも心得ておきましょう。

母子の安全のために帝王切開になることも

何らかの理由で赤ちゃんが経腟分娩では出てこられない事態になった場合に、腹部を切開して子宮から直接赤ちゃんを取り出す手術を帝王切開といいます。

妊娠中から経腟分娩が難しいと判断された場合は、あらかじめ手術日を決めて行う「予定帝王切開」が行われます。また、お産の最中にトラブルが発生し、急遽《きゅうきょ》「緊急帝王切開」に切り替えることもあります。帝王切開手術は母子ともに命を最優先して行われる手術ですので、事前に一連の流れを把握しておくようにしましょう。

帝王切開手術に使う麻酔は安全なの？

あらかじめ帝王切開が予定されているケースは、腰椎麻酔や硬膜外麻酔など下半

帝王切開＝お産そのものです

30年前は帝王切開で産むお産の割合は全体の5％ほどでしたが、現在は35％近くに増えています。これは、高年出産が多くなり、産道がかたくなったり、子宮が疲れやすくなって微弱陣痛になってしまう人が増えたこともありますが、昔ほど経腟分娩にこだわらなくなっていることが挙げられます。さかごや双子、前回帝王切開の場合でも、以前は経腟分娩で産む割合が多かったのですが、赤ちゃんへのリスクを最小限にすることを考えて、帝王切開を選択するようになってきています。

正直いうと「帝王切開はママにとっては何のメリットもないお産」といっても過言ではありません。赤ちゃんを最優先に考えたお産で、ママは赤ちゃんのために大きな犠牲を払っているのです。

ですから、周囲から「帝王切開は痛みが少なくてラクをしたお産だ」というような誤解を受け、「ちゃんと産んであげられなかった」と自分を責めるような気持ちになってしまう必要はまったくありません。帝王切開だって術後がとても痛いですし、赤ちゃんを第一に考えた立派なお産なのですから。

身だけを麻痺させる局所麻酔で行われます。上半身は麻酔がかかっていないため、意識はしっかりありますので、産声を聞いたり、産まれたばかりの赤ちゃんと対面することも可能です。

しかし、急激に事態が悪化して、一刻の猶予を争うケースでは、麻酔ガスなどで全身麻酔を行います。このとき、胎盤を通して麻酔が赤ちゃんに届き、眠った状態で産まれて産声をすぐにあげないことがあります。しかし適切な処置を施せば、赤ちゃんの健康には支障はありません。

帝王切開のリスク

帝王切開は子宮にメスを入れることから、経腟分娩に比べると生涯に産める赤ちゃんの数が制限されます。また、子宮壁の傷が治らないうちに次の妊娠をすると子宮破裂の恐れもあることから、最低でも1年以上は期間を空けるようにしましょう。

また、臓器の癒着や、傷痕がケロイド状になってしまう体質の人などもいるため、あらかじめリスクは知っておく必要があります。

一般的な予定帝王切開の流れ

前日

入院

- 手術前の検査を行う。
- 説明を受けて同意書にサインをする。
- 夕食後は絶食。

手術当日

手術前準備

- 血液検査や心電図チェックを行う。
- 赤ちゃんの状態を確認する。
- 必要であれば剃毛や導尿をする。
- 浣腸などで排便を促す。
- 手術着に着替える。
- 血管を確保するため点滴をする。
- 手術室へ移動。
- 麻酔をかける。

手術

- おへその下を横または縦に切開する。
- 腹壁、子宮を切開して赤ちゃんを取り出す。

赤ちゃんの誕生

- へその緒、胎盤などを子宮から取り出す。
- 子宮、腹壁を縫合する。
- 赤ちゃんとの対面。

翌日

- 歩く練習をする。
- 授乳などの赤ちゃんのお世話を始める（経過次第で、手術当日から可能）。
- 水分からとり始め、流動食、おかゆと段階を踏んで食事をとる。

縦切開

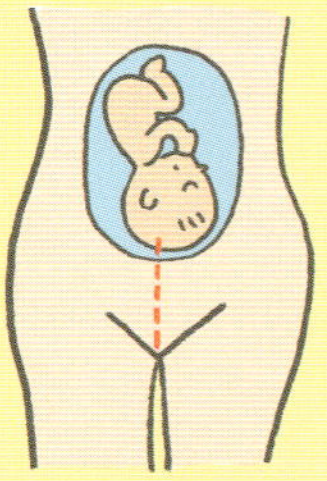

赤ちゃんを取り出しやすく、比較的短時間で手術可能。緊急度の高いケースに。

横切開

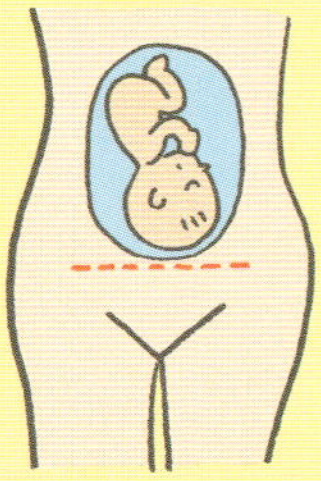

傷痕が目立ちにくいため、最近では横切開が主流に。

いよいよ本番

予定帝王切開になる場合

妊娠中の診察で、さかご（↓P．94）や前置胎盤（↓P．１４１）などで経腟分娩でのリスクが高いと判断された場合は、妊娠37～38週あたりにあらかじめ手術日を決め、予定帝王切開を行います。そのほかにも以下のようなケースも、帝王切開になる場合があります。

児頭骨盤《じとうこつばん》不均衡

明らかにママの骨盤が狭い狭骨盤の場合や、赤ちゃんの頭が骨盤に比べて大きくて、スムーズに骨盤を通過できないと判断された場合には、予定帝王切開となります。はっきりと診断がつかない場合は、注意深く状況を見ながら経腟分娩を行い、途中から帝王切開分娩に切り替えることもあります。

多胎

双胎の場合は、赤ちゃんの体重や体の向きによっては、経腟分娩を行うこともできます。しかし、二人ともにさかご状態だったり、一人目の赤ちゃんの足がママの子宮の入り口側にあり難産が予想される場合などは、予定帝王切開になります。

また、お産中、とくに第二子以降が胎児機能不全を起こすことが多く、後遺症が残る事例もあったことから、最近では、赤ちゃんの負担を考えて帝王切開にすることがほとんどです。なお、品胎（三つ子）以上の場合は、すべて帝王切開になります。

子宮筋腫

小さな筋腫であればほとんどは経腟分娩ができます。しかし、筋腫が大きかったり、産道付近にできている場合には、赤ちゃんの通り道を妨げる恐れが。医師の判断で予定帝王切開をすすめられることもあります。

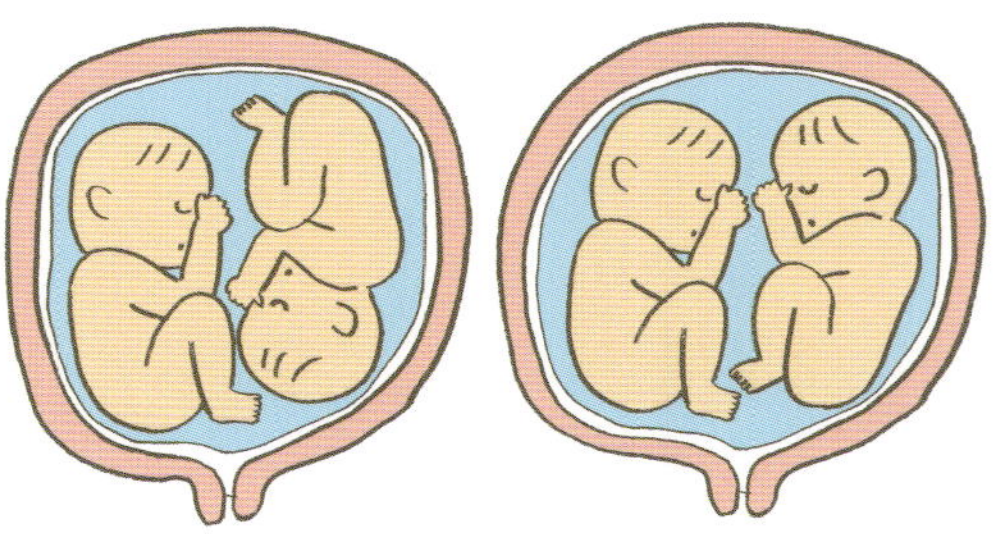

双胎妊娠で帝王切開になる場合

一人目が足から産道におりてくると難産が予想されるため、帝王切開になります。

巨大児

おなかの中で赤ちゃんがすでに４０００ｇを超えているような場合は、産道を通り抜けることが難しく、無理をすると赤ちゃんに骨折や神経損傷などのリスクが及びます。

また産道で圧迫されて、酸素や栄養が十分に行き届かないと仮死状態になることもあるため、予定帝王切開が多くなります。

子宮手術の既往

帝王切開経験者や子宮筋腫の手術などで、子宮にメスを入れたことがある場合、子宮の傷痕部分がほかの子宮壁よりも薄くなっている恐れがあります。妊娠中は、子宮が大きくふくらみ負荷がかかる上、陣痛で子宮破裂のリスクもあることから、予定帝王切開になることがあります。

感染症など

性器ヘルペスやＨＩＶなどに感染してい

る場合、産道で赤ちゃんへ感染するリスクがあるため、予定帝王切開になります。

緊急帝王切開になる場合

お産が始まってから、赤ちゃんや母体にトラブルが起こり、緊急に帝王切開に切り替えることがあります。

胎児機能不全

子宮口の開き具合に対して陣痛が強すぎる過強陣痛により、へその緒や産道が圧迫されたり、胎盤機能が低下することで、赤ちゃんに十分な酸素や栄養が行き渡らなくなると、生死にかかわる事態になることもあるため、緊急帝王切開が行われます。

常位《じょうい》胎盤早期剥離《はくり》

胎盤は、羊水の中にいる赤ちゃんに酸素を送る働きがあり、通常はお産が終わってからはがれ落ちます。しかし、何らかの理由で、お産の前や途中ではがれてしまうと、子宮内に大量出血が起こり、臍帯《さいたい》の血流が悪くなって母子ともに危険な状態に。この場合は、緊急帝王切開となります。

軟産道強靭《きょうじん》

子宮頸管、膣、会陰の筋肉部分は、通常お産が始まるとやわらかくなるのですが、かたいままだったり、子宮口が開かなかったりすることがあります。陣痛促進剤を投与しても効果がなく母子に負担がかかる場合には、緊急帝王切開になります。

回旋異常

赤ちゃんは体の向きを回転させながら狭い産道をおりてきますが、この回転がうまくいかず、赤ちゃんが弱ってきたときは、帝王切開に切り替えます。

遷延《せんえん》分娩

規則的な陣痛が始まってから、初産婦で30時間以上、経産婦で15時間以上経っても赤ちゃんがおりてこられない状態を遷延分娩といいます。これは、微弱陣痛（→P.114）や軟産道強靭、回旋異常、児頭骨盤不均衡など、さまざまな理由が考えられ、原因に合った処置をとります。吸引分娩や鉗子分娩（→P.112）で引っ張ることができる場合もありますが、帝王切開になることもあります。

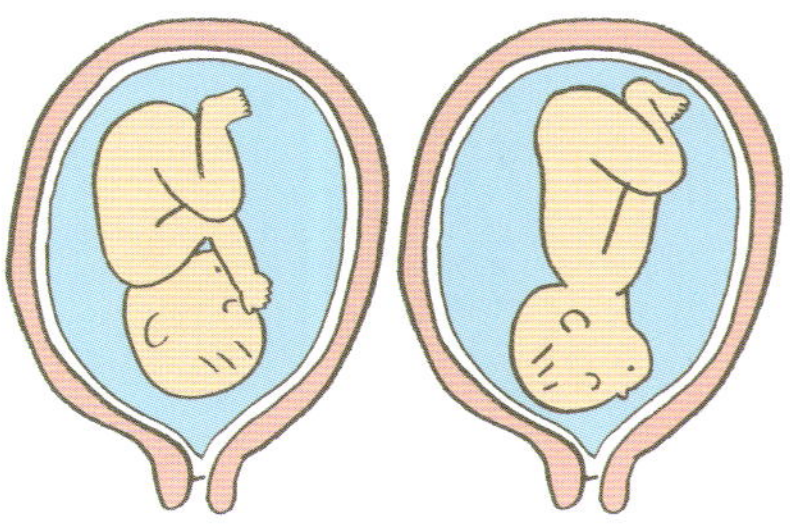

反屈位（回旋異常）
あごが上がり、背中が伸びた反屈位になると、回旋しにくくなります。

屈位（正常）
あごを引き、胸につけて体を丸めると、回旋しやすい体勢に。

帝王切開 Q&A

Q― 手術のあと、どれくらい痛みが続きますか？

A― 強い痛みは術後３日ごろまで。約１年かけてゆっくり回復へ

切った痛みと子宮の収縮痛などがあり、術後３日ごろまで強い痛みが残ります。産院で痛み止めを処方してくれますので、我慢をする必要はありません。その後は、個人差はありますが２～３週間は軽い痛みやかゆみ、皮膚の赤みなどが見られます。そして約１年をかけて回復をしていき、傷痕も徐々に白くなり目立たなくなっていきます。

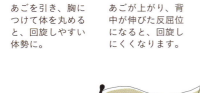

出産
ドキュメント
1

パパ　ママ

陣痛の痛みだけは想定外でしたが、ほかはすべて思い通りに命の誕生にただただ涙があふれました

不妊治療から始まり、出産はバルーン使用、陣痛誘発剤投与、人工破膜などさまざまな処置を体験。最後は吸引分娩となりましたが、無事に産まれてきてくれたことに感謝！

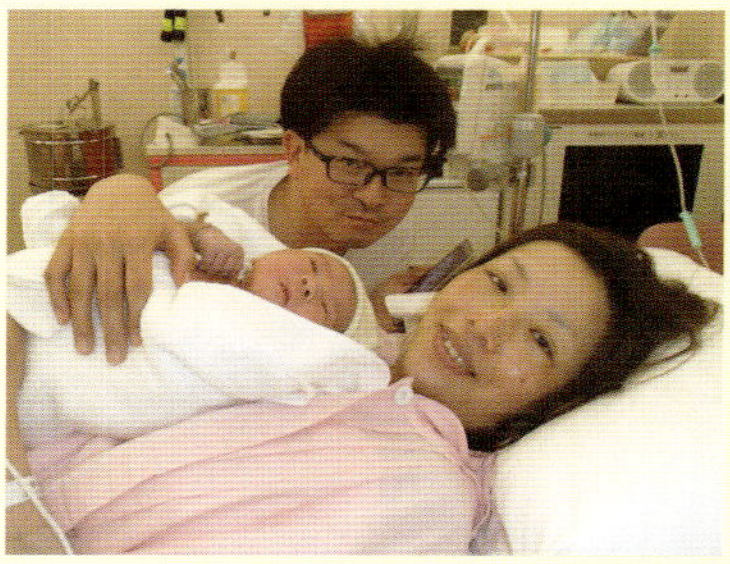

近藤尚子《こんどうなおこ》さん（37歳）　慎哉《しんや》さん（38歳）
陽希《はるき》くん（0歳）

出産までの流れ

おなかの赤ちゃんが予定より早く大きくなったため、入院をして計画出産することに。

5月16日　入院した時点では子宮口が３㎝開いていたのでバルーンを入れる。しかし、夜になっても状況が変わらなかったため、バルーンを外し、誘発剤を投与し始める。

5月17日　朝になっても状況が変わらなかった。
９時…誘発剤を打ち始める。
14時…変化が現れない。
15時…人工破膜を行う。陣痛が起こるが、なかなかおりてくることができず、吸引分娩を行う。
18時55分…誕生！

バースプランを立てて夢が大きくふくらむ

尚子さんは仕事をしながらの妊活、出産だったため、しがらみや制約が多かったそう。不妊治療をしているときは、勤務時間が不規則だったので、日曜の早朝しか産院を訪れることができませんでしたが、そんなときでもさめじまボンディングクリニックの先生が親身に対応してくれて、産むときはぜひ同じ産院で、と決めていたといいます。努力のかいがあり妊娠！

母親学級では、バースプラン（→P．20）を立てる時間があり、おかげで「夫の立ち会い」「柑橘系のアロマをたきたい」「お気に入りの曲をかけながら」「へその緒はパパがカット」など、思い通りの出産をすることができました。また、尚子さんには子宮に筋腫がありましたが、経腟分娩を希望しました。実際は、赤ちゃんがかなり大きく、なかなかおりてきてくれずに、猛烈な痛みと吐きけで、半分パニック状態に。急遽《きゅうきょ》、吸引分娩をすることになり、なかなか大変なお産だったと、あとから助産師さんに言われたそうですが、精神的には満たされた満足のいくお産となりました。

パパが立ち会い出産で心がけたこと

赤ちゃんができたとわかってから、パパには「お産ではママのサポートに徹しよう」という思いはずっとありましたが、具体的に何をすればいいのか、正直ピンときてなかったそう。けれども、産院で行われた「パパの一夜づけ講座」を受講したことによってママがこれからどれだけ大変なことに挑むのか、真摯に向き合うようになりました。

陣痛室では精神面でママに寄り添うこと、マッサージなどのサポートで痛みをやわらげてあげようと心がけました。

実際、陣痛が始まってからは、横になって痛がっている姿に、ペットボトルにストローをさして水を飲ませてあげたり、手を握っていたり、会陰《えいん》押さえ（↓p.107）をして少しでも痛みを緩和することに必死だったそう。会陰押さえでは、次の日に腕が筋肉痛になるほどの力で押したのですが、後日、「もっと強く押してもらいたかった」と言われ、陣痛の痛みの激しさを改めて感じたといいます。

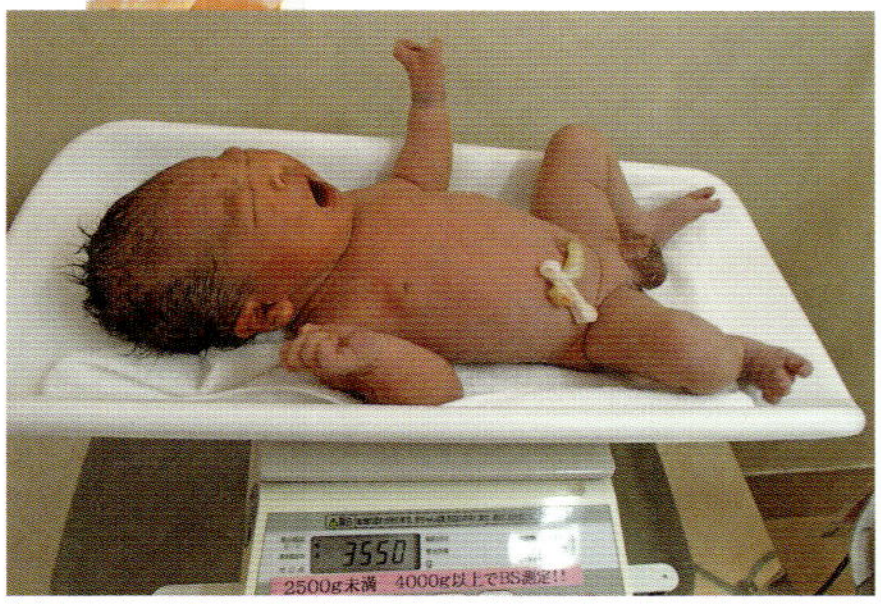

3550gと大きな体で産まれてきた陽希くん。

急な決断を迫られて…

なかなか赤ちゃんの頭が出てこなかったので、「吸引分娩に切り替えましょう」ということに。ママもかなり苦しんでいましたし、母子ともに命がけだったので、迅速に、的確な判断を求められました。「正直、緊張しましたが、健康に産まれてくることだけを願い、決断をしました」とパパ。産まれたときは自然と涙があふれ、ママに感謝の気持ちでいっぱいになりました。その後の生活にも影響すると思うので、ぜひ立ち会い出産をおすすめしたいそうです。

パパの失敗談

あまりのわが子かわいさに

子どもの写真をたくさん撮ったので、遠方の親戚や会社の人にも見てもらいたくて、すべての写真をフォルダに入れてメールで送信。妻から「まさか、出産シーンや授乳中の写真は送ってないよね？」と聞かれ冷や汗が。そこまで頭が回りませんでした。（H氏・30歳）

「ありがとう」のタイミングを逃した

出産直後、妻には感謝の気持ちでいっぱいでしたが、両親や兄弟が常にそばにいたため、なんとなくお礼の言葉をかけることができませんでした。数年経っても「やさしくなかった」とチクチク言われるので、言っておけばよかったと後悔しています。（T氏・38歳）

ビデオの操作を間違えた

妻に「産まれる瞬間を撮ってね」と頼まれたのですが、舞い上がり、録画オンとオフのタイミングがすべて逆に！　オンのつもりの場面は映っておらず、オフにして机に置いた状態のビデオは壁のみが映され、妻の痛みの悲鳴だけが聞こえていました。（N氏・45歳）

出産
ドキュメント
2

パパ　ママ

産む前も産んだあとも、幸せに包まれたお産でした　家族一丸となって赤ちゃんを迎えることができた！

二人三脚ではなく三人四脚、家族全員で乗り越えた二人目のお産。信頼できる先生や看護師さんにも恵まれ、幸せに満ちた時間を過ごすことができました。

桑原《くわはら》千月《ちづき》さん（36歳）　正和《まさかず》さん（41歳）
紬希《つむぎ》ちゃん（4歳）　希弦《きいと》くん（0歳）

出産までの流れ

5月初旬～ おしるしと鈍い痛みが始まる。
5月14日 朝からおしるしと鈍痛がある。
17時ごろ…今までの鈍痛とは違う痛みを感じる。陣痛アプリに入力すると15分間隔に。病院に電話してから、急いで病院へ向かう。
18時ごろ…陣痛室へ入る。
19時ごろ…分娩室へ移動する。
5月15日　0時8分…出産予定日ぴったりの誕生！

登録者と共有できる陣痛アプリのおかげで、立ち会えない親兄弟も出産の臨場感を味わえました。

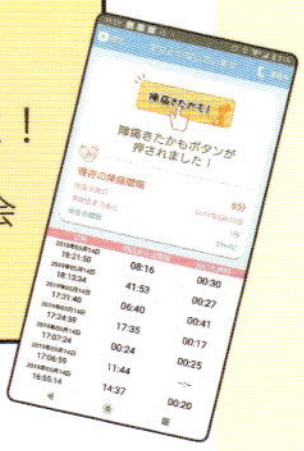

二人目だから準備はバッチリ！

二人目の出産ということで、ママもパパも事前にしっかりと必要な情報をインプットして出産に臨みました。

ママは妊娠後期に4回、産院主催の母親学級で、セミナーを受講。一人目のときは陣痛をうまく逃すことができなかったため、陣痛と呼吸の関係を詳しく学びました。一緒に参加した長女の紬希ちゃんも、赤ちゃんがどうやって産まれてくるかの話に興味を示していました。

元気に赤ちゃんが産まれてくるように、ママと一緒におむつ入れを作製した紬希ちゃん。はじめて針を使う難しい作業も集中して頑張りました。

赤ちゃんのためにはじめて刺繍にトライした紬希ちゃん。赤ちゃんの顔がかわいらしいおむつ入れができました。

そして、出産当日、分娩室でママとお別れするとき、しっかりとした口調で「ママ頑張ってね！ 紬希も頑張るからね」と帰って行く後ろ姿を見たとき、ママは成長を感じて涙がポロポロとあふれました。

パパお手製！ 出産までのマニュアルシート

パパも産院主催の「パパの一夜づけ講座」に参加。一人目の紬希ちゃんのときは、この講座がなかったため、正直、出産の大変さがわかっているようで曖昧なものだったかもしれない、と振り返ります。この講座で、出産の流れを把握し、どのようにサポートをしたらよいのか、具体的な方法を事前に知ることができたそう。一人目のときは、余裕がなくてバタバタするだけだったけれど、今度こそは！ と事前にママと一緒にマニュアルを作成。準備期、進行期、極期……と出産の流れに沿って、ママの状態に合わせてどうサポートしたらいいのか要点をまとめました。実際、NSTという機械に表示される陣痛の波形を見て、ママの陣痛が、今どれくらいなのかを把握できたほど。二人目の出産では戸惑うことなく、満足いくサポートができたと言います。

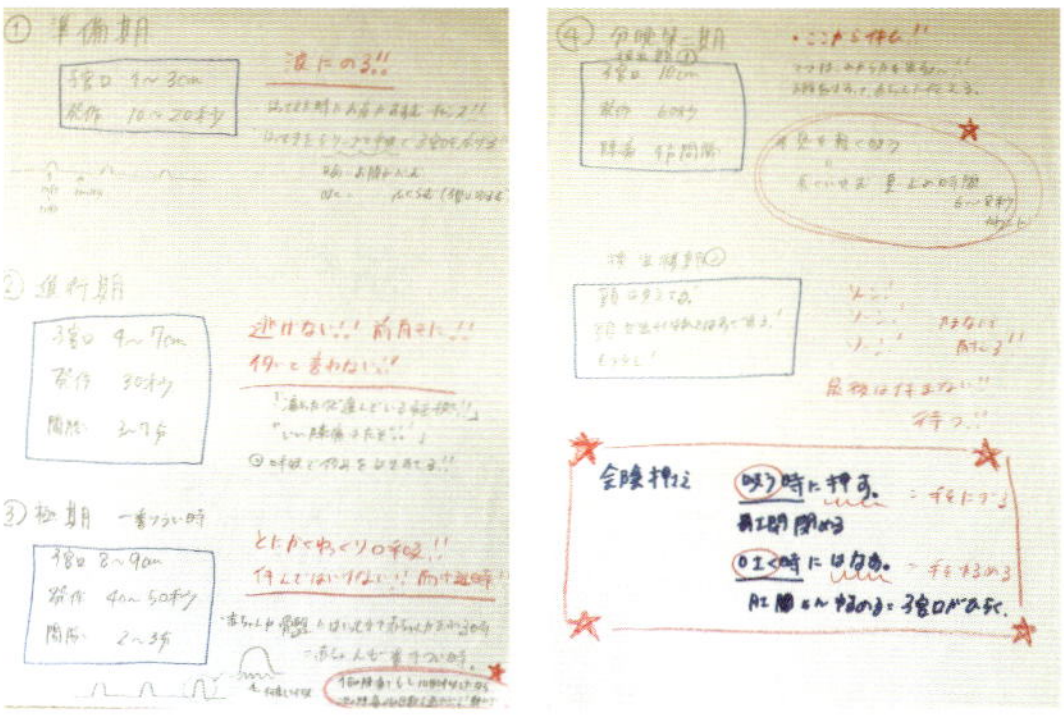

会陰押さえ（→ P.107）も、呼吸に合わせて「吸うときに押す」「吐くときに手を離す」などメモ。呼吸の秒数まで書き留めました。

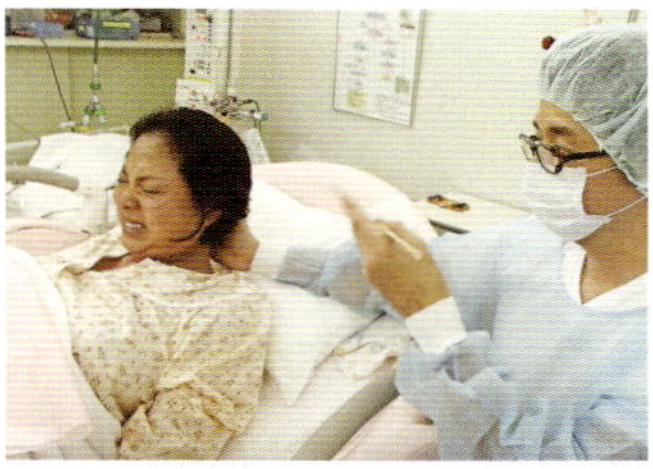

マニュアルシートを見ながら「あと何秒で痛みが終わるよ！」とパパが声かけをしてくれました。痛みのカウントができたことが、ママにはとても心強かったそう。

信頼できる助産師さんの声に導かれるままフィニッシュ

分娩台に上がったときに、あまりの痛みに目をつぶってしまったため、痛みとダイレクトに向き合うことになり、パニック気味になってしまったそう。そのとき、助産師さんが大きな声で「目を開けて！ 赤ちゃんを見て！」と声がけしてくれました。その言葉にハッとして、おなかを見ると、赤ちゃんがおりてこようとする波を感じることができ、それに合わせてうまくいきむことができるようになりました。とにかく助産師さんを信じ、言われた通りに、いきみと休みを繰り返し、ついに出産することができました。

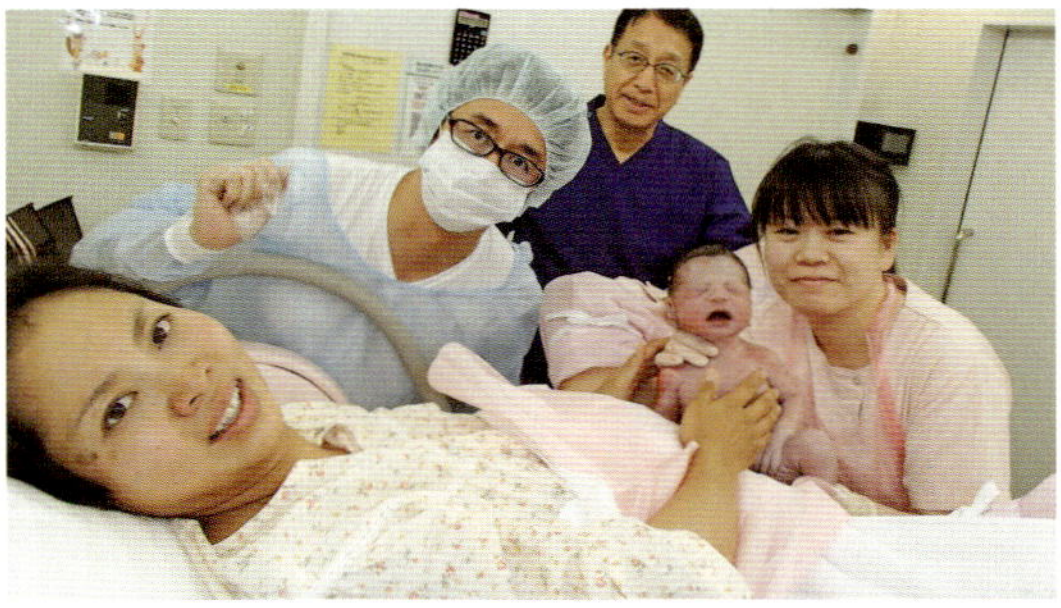

信頼できる人たちに囲まれて出産できたので、産まれた瞬間から心も体もリラックスでき、幸せなお産だったと感謝しています。

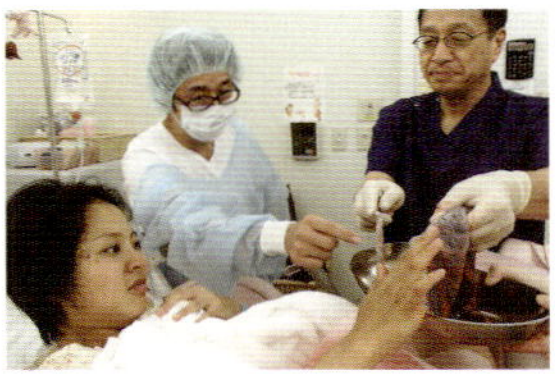

パパがへその緒をカット。

いよいよ本番

A子とB子の
はじめての出産
同じ産院でときどき会うA子さんとB子さん。
もうすぐだね
A子 実家の関西で里帰り出産
うん！がんばろうね
B子 和痛分娩
予定日が同じこともあり仲良しに♫
A子さんの場合
いたたたっっっ
来たね陣痛…産院行こ…！
大丈夫？
まだ微弱ね
帰ろっか
えっ!? こんなに痛いのに？
いったんは帰宅したけどがまんしきれず再び産院へ…
まだよ
えーっ!!
また帰宅…
○○産院
受付
またまたどうにもがまんできず産院へゴーッ！
やっぱり
ムリ～
ここからが「長いお産」のスタート…
破水!!

分娩室へ…
出産予定日が近いこともあり出張先からA子さんの実家にいた夫。
夜中12時に分娩室に入った妻に付き添う。
分娩室
いたたたっ
うっ…
うぅ～ん
そばにいるからね大丈夫だよ
朝を迎え夫は仕事のためやむなく東京へ…。
お義母さんよろしくお願いします
大丈夫！任せてね
チュンチュン
ごめんね仕事が済んだらすぐに行くからね！待っててね!!
次は東京～
がんばって仕事を終え、新幹線の駅からレンタカー。
あれ？さっきもここ通った？
オレ、道に迷うことなんてないのに
ダメだ！落ち着け！しっかりしろ！
大急ぎで産院に向かう夫。しかし妻の実家は超田舎。
ハッ!!
ごめん、迷っちゃって…

いよいよ本番

がんばったね!!
もっと早く来たかったのに…
ごめん。ありがとう！
24時間かかちゃって…
ヒック
他の赤ちゃんの産声
次々に聞こえてきて…
ヒック
子宮口、開かなくって…
うっ
私たちの赤ちゃんだけ
生まれて来ないんじゃないかって…
後日談…
私、陣痛室で産んだよ♫ フフフッ
3人目にしておもしろい経験だったわ ハハハ♡
あちゃ〜〜
ごめんなさい 私、分娩室ひとり占めしちゃって…
私たちほんとよくがんばったね〜

B子さんの場合
A子さん 大変だったけど 無事、出産 よかった〜 ベビちゃん かわいかったな♡
次は私の番ね よし！ がんばるぞ!!
ほっこり
…といっても 私は「和痛分娩」だから そんなに痛い思い しなくていいかもっ♫
ウフ♥
出産日当日…
陣痛促進剤投与 思ったように効かず…
どうですか
キョトン
追加しますね〜
は〜い
…入れた途端 一気に陣痛!! そして 破水!!
あたふた
ギェ！

麻酔が間に合わないので今すぐ「お産」に入りますっ!!
げっ!!
えっ!!
危険な状態です
帝王切開に切り替えます
赤ちゃんは無事に生まれ…
「和痛分娩」だったはずなんだけどね〜 帝王切開になっちゃったね〜 わかんないもんだね〜
フフフッ
A子さん!
よくがんばったね!
立派なお産でしたよ
A子さん、B子さん それぞれのお産 ママもパパも よくがんばった!!
これからも
仲良くしよ
すべての奇跡の赤ちゃんたち 生まれてくれて ありがとう!

PART 3

妊娠中の病気・トラブル

妊娠にはさまざまな病気やトラブルがときに起こります。しかし、恐れることはありません。わかっていれば避けられること、ママとパパが心がけていれば大丈夫なこと、たとえ病気になっても医療の力で解決できることなど、ママの体とおなかの赤ちゃんのために知っておいてほしいことを紹介していきます。

妊娠初期でとくに心配なこと

切迫流産と流産

切迫流産と流産とは、大きく違います。出血や痛みなどいつもと違うことがあったら、すぐに病院で相談しましょう。

切迫流産は流産と違い妊娠が継続されている状態

「切迫流産」と「流産」には、大きな違いがあります。

切迫流産は、妊娠初期に少量の出血や軽い腹痛がある症状。流産のリスクがあるけれど、赤ちゃんが子宮内に残っていて妊娠が継続されている状態です。切迫流産では、安静に過ごし、経過観察をします。超音波検査で赤ちゃんの心拍が認められて妊娠が確認されれば、ほとんどの場合は心配はいりません。

流産は、赤ちゃん自体の染色体の異常などによって、22週未満に胎児が成長を止めてしまい、妊娠が中断されてしまうこと。実は妊娠全体の15％くらいの割合で起きており、ママの年齢が高くなるほど流産の割合は多くなっています。流産になった場合は、手術が必要になることがあります。

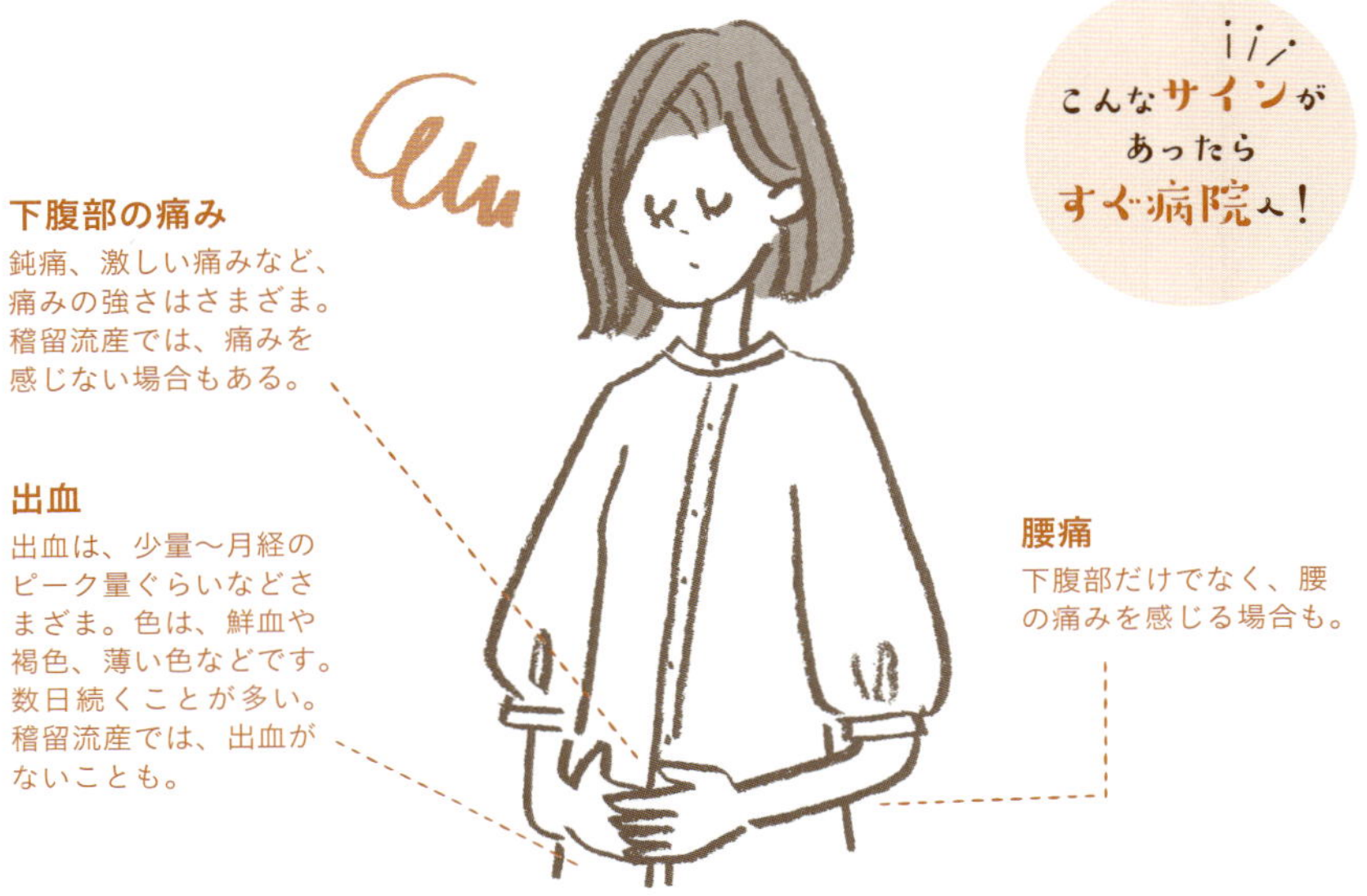
こんなサインがあったらすぐ病院へ！
下腹部の痛み
鈍痛、激しい痛みなど、痛みの強さはさまざま。稽留流産では、痛みを感じない場合もある。
出血
出血は、少量〜月経のピーク量ぐらいなどさまざま。色は、鮮血や褐色、薄い色などです。数日続くことが多い。稽留流産では、出血がないことも。
腰痛
下腹部だけでなく、腰の痛みを感じる場合も。

出血や下腹部の痛みが主な症状

突然の出血や下腹部の痛みがあったら、切迫流産や流産の可能性があります。

出血量は、少量から月経のピーク時の量ぐらいまでさまざまあり、色も鮮血や茶色がかっていたりしますが、出血したら、何らかの異常があるサインです。すぐに受診しましょう。

出血には、おなかの張りや下腹部の痛みを伴うことがあります。いつもと違うなと感じるほどの強い張りや激しい痛み、長く続く張りや痛みがあったら要注意。下腹部以外に、腰の痛みを感じることもあります。自己判断せずに、すみやかに受診を。

ただし「稽留《けいりゅう》流産」では、出血や腹痛といった症状がありませんが、子宮内で胎児が死亡している状態です（→P．132）。

切迫流産は安静にして経過をみる

切迫流産は、受精卵が子宮内膜に入り込んでいく（着床）過程で、少量出血したり、炎症が起こったことなどが原因と考えられています。無理な仕事や運動などで、子宮が収縮して起きることもあります。

妊娠12週未満で切迫流産と診断された場合、ほとんどのケースで有効な薬や治療法はありませんし、また必要もありません。週数が早いと胎児を確認できないことがあるので、経過観察になります。外出や家事などを控え、ゆっくり体を休めます。超音波検査によって、胎児の心拍が確認できるようになれば、多くの場合は心配はいりません。

妊娠12週以降も継続して出血などがある場合は、感染症や子宮頸管無力症などの可能性も出てくるので、抗生物質で治療が必要になる場合もあります。必ず医師の診察を受けましょう。とにかく安静第一に過ごし、体を冷やさず、心身ともにリラックスしてください。

安静といわれても、仕事や家事、上の子の育児などがあれば、まったく動かないわけにはいかないでしょう。症状にもよりますので、どの程度動いていいか医師の指示を仰ぎます。場合によっては休職を検討したり、家事ヘルパーやベビーシッターを利用するなど、家族と相談して体の負担を軽減する方法を考えましょう。

もし、自宅では安静に過ごすことができず、無理を重ねて症状が悪化する可能性があるなら、入院安静に切り替えます。症状が安定すれば、いつもの生活に戻ることができます。

子宮頸管《けいかん》無力症について

妊娠中期の段階で、子宮が収縮していないのに、本来はまだ開かないはずの子宮口が開いてしまう状態。原因ははっきりしていません。適切な処置をすれば出産にたどりつけることが多いので、出血や下腹部の痛みなどの異常を感じたら、すぐに受診を。子宮頸管をしばる頸管縫縮術を行い、妊娠36～37週目にはお産に備えて抜糸します。

切迫流産といわれたら

妊娠12週以降

安静を心がける。入院が必要な場合もある。

妊娠12週未満

有効な薬や治療法はなく、また必要もないので、外出を控え、自宅で安静にして経過をみる（症状によって異なる）。

早期流産のほとんどは胎児の側に原因がある

22週未満で妊娠が中断されてしまう流産は、早期と後期に分かれます。流産の80%以上が、早期流産（妊娠12週未満の流産）によるものです。

早期流産はほとんどの場合、胎児側の異常に原因があります。とくに受精卵に問題があることが多く、染色体異常によるケースは50～80%です。染色体異常は、35歳以上になると増えるというデータがあります。早期の場合は、母体側が原因で流産することはほとんどありません。

後期流産（妊娠12週以降の流産）の原因には、母体の体質的なものとされる子宮筋腫や子宮頸管《けいかん》無力症、感染症の絨毛膜羊膜《じゅうもうまくようまく》炎《えん》が挙げられます。

ママやパパにとって、流産は心身ともにつらい経験です。とくにママは「自分が悪かったのでは」と思い悩みがちですが、その必要はありません。流産の大半は、もともと成長することが難しい受精卵だったということが多いのです。

流産後の処置や生活について

流産の症状には、「進行流産」と「稽留《けいりゅう》流産」があります。

進行流産とは、流産が進行中で子宮内の粘膜と受精卵が排出されようとしている状態。その後、胎児や胎盤が完全に排出されている「完全流産」と、一部が子宮に残る「不全流産」に分かれます。完全流産は特別な処置をせず、経過をみます。不全流産は、子宮内容清掃手術が必要。手術後、出血は1週間程度でおさまり、生理は1～2カ月後に再開。体調が落ち着けば、普通の生活に戻ることができ、次の妊娠の準備に入れます。

稽留流産は、超音波検査によって胎児が子宮内で死亡している、あるいは袋（胎嚢《たいのう》）だけで胎児がいないのがわかる状態。自然に排出されるのを待つ場合と、子宮内容清掃手術をする場合があります。

妊娠したら心がけたいこと

体を冷やさない

とくに手首、足首、おなかを冷やさないこと。クーラーの冷えすぎにも注意。腹帯や靴下、ひざ掛けなどをいつも手元に置いて。

頑張りすぎない

仕事や家事で長時間立ち続けたり動き回ったりしないこと。睡眠を削ってまで作業を続けたり、激しいスポーツは避けて。

ストレスをためない

夫婦や家族、ママ友など周囲との悩みや不安をひとりで抱え込まないで。常にリラックスした状態を心がけましょう。

流産を繰り返す不育症について

妊娠するのに、おなかの中で赤ちゃんが育たずに何度も流産したり、死産してしまうことを、「不育症」といいます。2回以上続けて流産することを「反復流産」、3回以上はとくに「習慣流産」といいます。新生児死亡（生後1週間未満で死亡する早期新生児死亡）も不育症とされます。検査をしてリスクを突き止め、適切な治療を行いますが、検査をしてもリスクがわからない場合があります。詳しくは厚生労働省研究班のウェブサイト(http://fuiku.jp)を参照してください。

不育症のリスクはさまざまで、子宮内環境にある場合と受精卵にある場合に分けられます。子宮内環境が原因の場合は、ホルモン分泌や免疫状態の変化、血栓性素因、子宮の形の異常などがあります。過度な不安やストレスから自律神経の変調を招くと、免疫系等に影響して、子宮内環境を悪化させる場合もあります。受精卵が原因の場合は、胎児の染色体異常であることがほとんどで、流産は偶然に起こります。

妊娠したら心がけたいこと

流産の予防法に特別なものはありませんが、妊娠したら、日常生活で心がけたいことがあります。

長時間立ち続けない、家事を頑張りすぎない、睡眠不足や心身のストレスをためすぎない、体やおなかを冷やさない、激しいスポーツや長距離ドライブなどを控えるなど。カフェインの大量摂取や喫煙、肥満も影響があるので、生活習慣の見直しが必要です。

流産を乗り越えるには夫の協力も必要です。精神面で支えるほか、セックスの際には感染症防止のためにコンドームを使用するなど、気配りを忘れずに。

流産を繰り返すことで妊娠に不安を持ったり、プレッシャーを感じたりして、妊娠をあきらめるケースもあります。しかし、1回流産した人が、次の妊娠でも流産する確率はわずか12%。2回繰り返したとしても、偶然が重なっただけという可能性が高いので、心配しすぎないで。流産してもあきらめず治療を続けたカップルのうち、約85%は出産しています。

流産の経験を乗り越えるために

ママは一度流産すると、また流産するのではないかと不安になり、次に妊娠してもうれしく感じないことがあります。流産を繰り返すことによって夫婦で精神的に落ち込んでしまうケースも。そんなママ・パパが不安を取り除き、安心して妊娠を継続できるようにするため、医師や助産師、カウンセラーなどによる「テンダー・ラビング・ケア」という取り組みが少しずつ広がっています。不育症の人が妊娠した場合、妊娠初期からこまめに検診や診察を行ってくれるなどのケアがあります。

病気・トラブル

切迫早産と早産

赤ちゃんが早めに産まれてしまうこと

赤ちゃんは、1日でも長く胎内で過ごせるほうがいいのですが、早めに出産の兆候が出てきてしまうこともあります。

頻繁なおなかの張りや出血は要注意

妊娠22週以降、37週未満のお産を「早産」、早産しかかっている状態を「切迫早産」といいます。兆候としては、おなかの頻繁な張りや出血、破水などがあります。

張りは、妊娠後期になると誰もが感じるものですが、早産の場合は規則的な強い張りがあります。張りの具合は人それぞれのため、自分で見極めるしかありません。おなかがキュッとかたくなる感じが1日数回なら大丈夫ですが、1時間に数回あり、休んでもおさまらない場合は要注意です。出血は、卵膜が子宮壁からはがれつつあるサインです。出血量にかかわらず、すぐに受診を。陣痛が来ないのに破水してしまうと、赤ちゃんが細菌に感染する危険が高まります。破水や感染が起きたら、早急に出産しなければならない場合もあります。

こんなサインがあったらすぐ病院へ!
おなかがキュッとかたくなる感じが、1時間に数回ある。
破水
陣痛が来ないのに破水した。
出血
おしるし程度の量で多くない場合も、見過ごさないこと。

切迫早産の原因

子宮頸管《けいかん》無力症

体質的なもの。痛みや子宮収縮が少ないのに、子宮口が開いてしまう。

絨毛膜羊膜炎《じゅうもうまくようまくえん》

産道感染症の一種。腟《ちつ》炎から頸管炎、絨毛膜羊膜炎へと感染が進むことにより、子宮収縮が起こり、子宮口が開いてしまう。

子宮頸管をしばる手術をすることも

以前の妊娠や、妊娠の初期から「子宮頸管無力症」と診断された場合は、子宮頸管をしばる手術をすることがあります（→ P.131）。

切迫早産といわれたら

入院する場合

入院が必要な場合もある。食事やトイレ以外は、ベッドで横になっているのが基本。

自宅で過ごす場合

有効な薬や治療法はないので、外出を控え、自宅で安静にして経過をみる（症状によって異なる）。

切迫早産のときは安静に過ごす

おなかの赤ちゃんにとって、胎内は最良の環境です。１日でも長く胎内で成長することが望ましいのですが、しょうがないこともあります。

早産を防ぐために、病院で張り止めの薬を処方されたり、入院して、点滴で張り止めの薬を使うこともあります。最近では、この薬はあくまでも一時的なもので、長く使用しても意味はないと考えられるようになってきました。使用の目安は48時間です。切迫早産と診断されたら、医師と相談しながら安静に過ごしましょう。上の子の抱っこやセックスは控えましょう。

早産の赤ちゃんは、最新医療でサポートされます

早産児は、出産後にＮＩＣＵ（新生児集中治療室）で特別な管理と専門治療が必要になります。早産児は体重が少なく、免疫機能や臓器の発育も未熟なため、さまざまな後遺症が残る可能性が高くなります。

ＮＩＣＵには人工呼吸器や呼吸心拍モニター、酸素飽和度モニター、超音波診断装置などが備わり、24時間体制で高度な集中治療が行われます。ＮＩＣＵの進歩により、一般に赤ちゃんの体重が１５００ｇあればリスクは比較的少なく、２０００ｇあれば通常の赤ちゃんとほぼ変わらず成長する場合が多くなりました。

入院中は、面会できるのはパパとママだけだったり、抱っこや授乳ができないなどいろいろな制約がありますが、赤ちゃんは最新治療に守られて成長していきます。元気になって家族のもとへ帰れる日まで、病院で成長を見守ります。

早期発見のために知識を持とう

初期に心配な異常妊娠

妊娠の継続ができなかったり、母体の健康にも深刻な影響を及ぼす場合があるので、早期発見が重要です。

母体の健康にも影響があるので、早めの対応が必要

妊娠初期の異常妊娠の主なものとして、子宮以外の場所に受精卵が着床する「異所性妊娠（子宮外妊娠）」と、胎盤をつくる絨毛《じゅうもう》が子宮内に異常繁殖する「胞状奇胎《ほうじょうきたい》」があります。

異所性妊娠は卵管流産（卵管に妊娠したものが、おなかの中に排出される）や卵管破裂の可能性があり、激痛や、おなかの中に大量出血があるので、母体が危険な状態になります。病院で、卵管切除などの処置が必要です。

胞状奇胎は妊娠初期の超音波検査で見つかります。症状は、妊娠8週くらいから痛みのない少量の茶色っぽい出血が見られます。胞状奇胎と診断されたら、すぐに手術をして除去します。

どちらも妊娠の継続ができない状態で、母体の健康に深刻な影響を及ぼすこともあるので、早めの対応が必要になります。

異所性妊娠（子宮外妊娠）

子宮内膜以外の場所に受精卵が着床

異所性妊娠とは、受精した卵子と精子が子宮内膜に着床せず、内膜以外の部位に着床した妊娠のことをいいます。

異所性妊娠の発生は全妊娠の1～2％で、その9割が卵管部分に着床した「卵管妊娠」です。妊娠5～6週あたりに、少量の出血と下腹部の痛みがあります。妊娠7～8週以降になり、細くて狭い卵管の中で胎嚢《たいのう》が大きくなると、卵管が破裂したり流産になるなど、危険性が高まります。

治療は原則として、手術をします。手術によってひとつの卵管を切除しても、もう

【異所性妊娠の発生する部位】

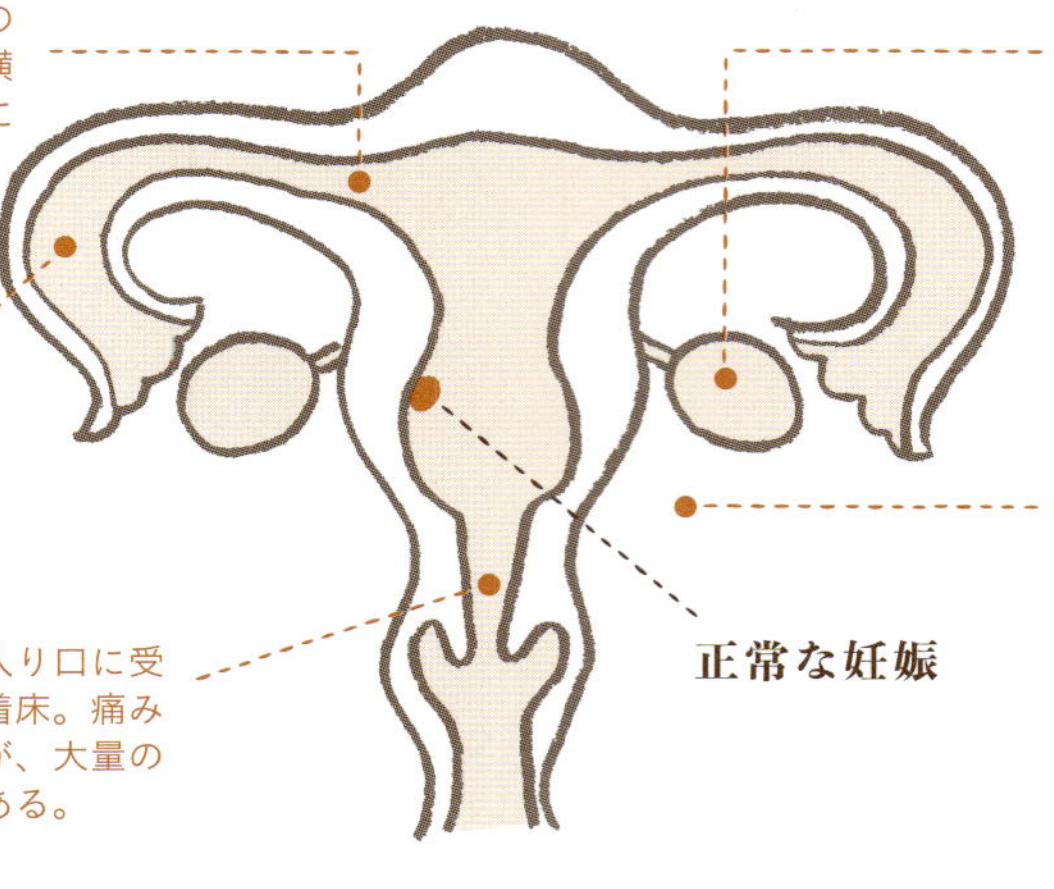
卵管間質部
受精卵が子宮内の筋層（筋肉）を横断する卵管の中に着床。
卵巣
卵巣表面に受精卵が着床して妊娠。
卵管
受精卵が子宮内部までたどりつけず、卵管で着床。
腹腔
腹膜や腸管などに受精卵が着床する。
頸管
子宮の入り口に受精卵が着床。痛みはないが、大量の出血がある。
正常な妊娠

異所性妊娠を早く見つけるために

クラミジアなどの感染症が原因のこともありますが、原因がわからないことのほうが多いです。市販の妊娠検査薬で陽性反応が出たら、早めに受診をしましょう。また、超音波検査で子宮内に妊娠していることが確認されるまでは、週１回のペースで受診します。

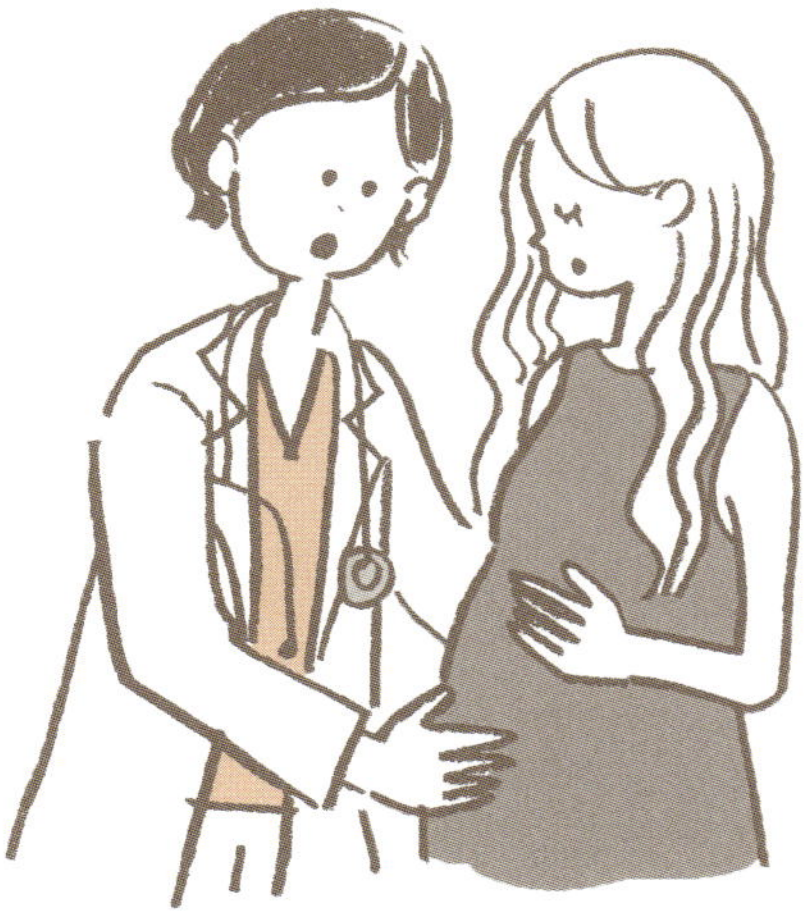

一方に異常がなければ、再度妊娠することは可能です。早期発見と早期治療で、次の妊娠を期待することができます。

胞状奇胎

胎盤をつくる絨毛が子宮の中で異常増殖

胞状奇胎とは、胎児が入っている胎嚢ではなく、胎盤をつくる絨毛組織が異常繁殖して子宮内を満たす状態のこと。１０００人にひとりくらいの割合で起こるといわれています。受精卵の染色体異常によるもので、子宮内にブドウの房のような粒々が多数存在しているように見えます。

絨毛とは胎盤の一部で、胎児と母親の間で栄養素や老廃物を交換するためのものです。胞状奇胎では、何らかの原因で絨毛が水腫状に大きくなり、不正性器出血やひどいつわりといった症状を引き起こします。自覚症状より前に、エコーなどの検査で見つかる場合もあります。

胞状奇胎と診断されたら、妊娠を継続することはできません。なるべく早く、子宮内の内容物を除去する掻爬《そうは》手術を行わなければなりません。

絨毛がんに移行する恐れがあることから、奇胎細胞を完全に除去するため、掻爬手術は通常1週間ほど間を空けて2回に分けて行います。

手術後は定期的に経過をみますが、1年ほどの経過観察が必要です。現在は経過が順調なら、手術から半年過ぎれば妊娠可能とされていて、次の妊娠で繰り返すことはほとんどありません。

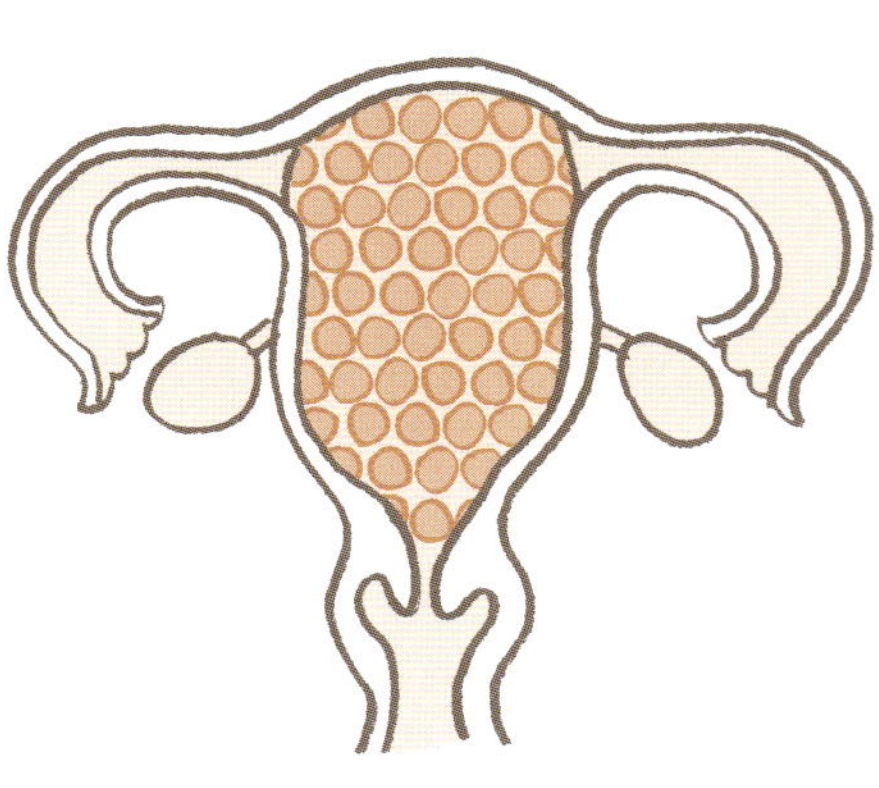

胞状奇胎
胎盤をつくるはずの絨毛組織が異常増殖し、子宮内に充満する。原因は受精卵の染色体異常。

妊娠高血圧症候群

妊娠が原因で起こる高血圧とタンパク尿

悪化すると母子ともにリスクがあります。体重のコントロール、過食や塩分のとりすぎを避けて、睡眠や休憩を十分に。

太っている人やもともと腎臓病の人は要注意

「妊娠高血圧症候群」とは、妊娠20週から出産後12週までに起こる病気。かつては「妊娠中毒症」と呼ばれていました。

原因はよくわかっていませんが、妊娠初期に胎盤がうまくできていないと、妊娠後半になって発症すると考えられています。妊娠20週から出産後12週までに高血圧がみられるとき、または、高血圧にタンパク尿が伴うときに、妊娠高血圧症候群と診断されます（腎臓病や高血圧症などほかの合併症が原因の場合も含む）。

妊婦さんの約20人にひとりの割合で起こり、妊娠32週未満で発症した場合は、重症化しやすくなります。初産や高年出産の人、高血圧・糖尿病・腎臓病の持病がある人、太っている人、双子など多胎妊娠の人などは、とくに注意が必要です。

軽症の場合は食事療法で改善する

初期症状はむくみ程度ですが、症状が進むと頭痛、めまい、目がちかちかする、胃痛、上腹部痛、吐きけ、急激な体重増加などが起こります。このような症状になったら、すみやかに受診してください。

妊娠高血圧症候群と診断された場合、その重症度によって処置は異なります。重症度は、血圧やタンパク尿の程度で判断し、軽症の場合は、入院せずに経過観察をします。安静にして、ストレスの少ない生活を送りながら、食事療法を行います。同時に、薬を服用する場合もあります。

軽症でも、母体や胎児が危険にさらされると判断されれば、予定日の前に帝王切開や分娩誘発が行われる場合もあります。

妊娠高血圧の目安

軽症

最高血圧	140 ～ 160㎜／ Hg
最低血圧	90 ～ 110㎜／ Hg

重症

最高血圧	160㎜／ Hg 以上
最低血圧	110㎜／ Hg 以上

こんな人は気をつけて

- 高年出産で初産
- もともと高血圧の人
- 家族に高血圧の人がいる
- 腎臓の病気を持っている
- 妊娠前からの肥満
- 妊娠後に太りすぎた
- 双子などの多胎妊娠

症状が悪化すると母子ともにリスクがある

妊娠高血圧症候群が悪化すると、痙攣《けいれん》発作、脳出血、肝臓や腎臓の機能障害、溶血と血小板減少を伴うHELLP症候群などを引き起こすことがあります。正常な位置にある胎盤が妊娠中にはがれてしまう「常《じょう》位《い》胎盤《たいばん》早期《そうき》剥離《はくり》」も、この病気が原因で起こることがあります。

また、胎盤への血液の流れが悪くなり、胎児の酸素や栄養が不足すると、赤ちゃんは低栄養状態になって発育不全になり、胎児機能不全を引き起こすことも。おなかの中で十分に成長しない、低出生体重児で産まれてくることもあります。

重症の場合は入院をして、妊娠を継続するかどうかの判断をします。

母体の状態が悪化していたり、合併症が起こっていたり、胎児機能不全が見られたりと母子ともに危険な場合は、緊急帝王切開や分娩誘発によって、すぐに分娩を行うこともあります。

生活習慣の改善や定期健診が大切

妊娠高血圧症候群は、初期のうちは自覚症状がありません。早期発見のためには、何よりも定期的な健診が大切。血圧測定、尿検査、体重測定によって発見できます。

発症を防ぐためには、毎日の食事に工夫が必要です。疲労やストレスをためないようにして、運動や睡眠をきちんとするなど、生活習慣の改善を心がけてください。

ほとんどの人は、出産することにより症状は治まります。しかし重症の人は、後遺症として高血圧が慢性化して、治療の継続が必要な場合もあります。

予防のためにできること

過食やエネルギーのとりすぎに注意

主食類や菓子類は控えめにして、摂取エネルギーの制限を。極端な制限は弊害も多いので注意。

塩分をとりすぎない

1日の塩分摂取量は7gくらいまでに。塩味を薄くするためにシイタケやコンブなどのだしを使うなど、味つけのしかたに工夫を。

良質なタンパク質・野菜をとる

脂身が少ない肉、魚、大豆製品(豆腐・納豆)、乳製品など。穀物、果物もバランスよくとって。

睡眠と休憩を十分にとる

体を横にすることで赤ちゃんへの血流量が増加し、胎児発育不全の予防にもつながります。

適度な運動を心がける

肥満防止や、心身ともにリラックスするために、ウォーキングなど適度な運動を行います。

出血やおなかの張りに注意して

胎盤・羊水のトラブル

赤ちゃんの成長に重大な影響を与えます。出血や腹痛、おなかの張りといったサインに注意して、破水したらすぐ病院へ。

赤ちゃんは胎盤や羊水に守られながら育ちます

胎盤は、赤ちゃんの成長に欠かせない栄養や酸素を届ける組織です。赤ちゃんが不要になった老廃物や二酸化炭素を、ママの血流に送り出す役目もあり、必要なものと不必要なものを通すフィルターの役目を担っています。

羊水は、透明な弱アルカリ性の水です。赤ちゃんはおなかの中で羊水を飲み、胃や腸から吸収し、おしっことして出しています。羊水には、肺の発育を促したり、外からの衝撃をやわらげたり、子宮の中を動くための空間を確保する役割があります。羊水の量は、妊娠30週前後で700～800mℓとピークを迎え、お産が近づくと200～400mℓに減少します。

どちらも赤ちゃんを守るために大切ですが、トラブルが起きることがあります。

【 子宮の中の様子 】

羊水
外部の衝撃から赤ちゃんを守ってくれる。妊娠30週ごろ最多となり、だんだん減少する。
胎盤
血管がびっしり集まり、酸素と栄養を赤ちゃんに供給する場所。
卵膜
赤ちゃんを包んでいる袋状の膜。3枚の膜が重なっていて、子宮壁と赤ちゃんを隔離している。
子宮壁
厚さ1～2㎝程度。以前帝王切開をした人は、薄くなることがある。
臍帯《さいたい》（へその緒）
胎盤を通じて酸素と栄養を赤ちゃんに届ける管。太い血管が3本通っている。

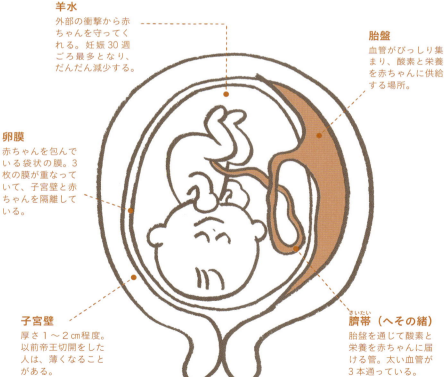

前置胎盤

胎盤が子宮口をふさいでしまう

本来は子宮の上（奥）のほうにある胎盤が、子宮口をふさぐようにして下部に来ている状態を、前置胎盤といいます。赤ちゃんが子宮口から出られなくなり、また大出血してしまうことがあるので、帝王切開の必要が出てきます。

超音波検査で胎盤の位置を確認することで、適切な対応ができます。前置胎盤と診断されたら、基本的には安静に過ごし、運動やセックスなどは控えましょう。

心配なサイン
妊娠中期以降の、痛みのない出血

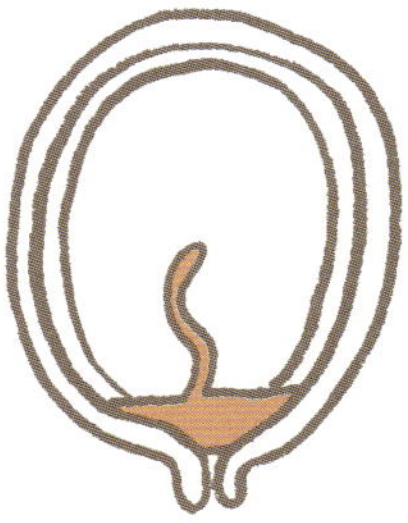

前置胎盤
胎盤が子宮口をふさぐ。

常位《じょうい》胎盤《たいばん》早期《そうき》剥離《はくり》

胎盤が妊娠中や分娩中にはがれてしまう

通常は出産後に出てくる胎盤が、妊娠中にはがれてしまうこと。原因ははっきりしていません。症状は突然の激しい腹痛と出血があり、おなかが板のようにかたく張ったりします。そのままだと母子ともに危険なので、緊急帝王切開を行います。

心配なサイン
少量の出血と突然の激しい腹痛

羊水過多・羊水過少

赤ちゃんの消化管や泌尿器系の異常などが原因

「羊水過多」は、羊水の量が８００㎖を超えること。赤ちゃんが消化管の異常で羊水を飲み込めなくなったり、赤ちゃんが排出する尿の増加、母体の糖尿病などが原因。おなかの張りや動悸などの症状が出ることも。「羊水過少」は、羊水の量が１００㎖以下の場合で、泌尿器系の異常や胎盤機能不全などによる胎児の循環状態悪化で、赤ちゃんの尿の排出が減ることが原因。多くは無症状です。どちらも必要に応じて治療を行います。

心配なサイン
（羊水過多）おなかの張りや動悸、おなかが異常に大きくなる
（羊水過少）胎動が強く感じられるなど。無症状も多い

前期破水

卵膜が破れて羊水が流れ出す

陣痛がくる前に、赤ちゃんを包んでいる卵膜が破れ、羊水が外へ流れ出すことをいいます。破水が少量のときは、おりものや尿もれと間違えやすいので注意を。原因は、細菌感染で卵膜が弱くなっていることなどが考えられます。破水した時点で赤ちゃんにはかなりの負担となり、早産や子宮内感染などの心配もあるので、入浴を避けて、すぐに病院へ。

心配なサイン
陣痛前の破水。少量で気づかない場合もある

貧血

妊娠すると鉄分が不足しがちに

妊娠中は、血液が薄くなり、鉄欠乏性貧血になりやすくなります。鉄分の多い食品を積極的に食べて予防しましょう。

血液がたくさん必要になり、配給が追いつかないことも

妊娠中は赤ちゃんを育てるために、子宮・胎盤にたくさんの血液を送らなくてはなりません。その量は、多いときで通常の1・5倍になります。

血液の量が増えるのに、赤血球の増加が追いつかないため、血液が薄くなります。さらに、胎児の発育に加速がつく妊娠中期以降は、胎児も胎盤から鉄分を吸収して血液をつくるため、鉄分を奪われて、「鉄欠乏性貧血」になりやすくなります。自覚症状がなくても鉄欠乏性貧血になっていることが多いので、妊婦健診で血液検査を受けましょう。

貧血の予防には、鉄分の多い食品を積極的に食べることが基本ですが、食事での摂取が難しい場合は、鉄剤（造血剤）を服用することがあります。ただし鉄剤を飲むと、胃のむかつきや便秘の原因になることがあります。鉄剤の副作用がつらかったり、重度の貧血になった場合は、鉄剤の注射をすることもあります。

貧血は、赤ちゃんへの影響が気になるところですが、母体が貧血でも、栄養や酸素は優先的に胎児に行き渡ります。貧血の程度が軽ければ、胎児の成長が遅れたり、胎児が貧血になるなどの心配はあまりありません。

赤ちゃんよりもママの体に影響がある

貧血になると、赤ちゃんよりも、ママの体に影響が出てきます。疲れやすくなる、息切れしやすくなる、頭痛などの症状があります。なお立ちくらみは、起立性低血圧です。妊娠中はホルモンや自律神経のバランスが乱れ、低血圧になることがあります。子宮に多くの血液が流れ込んでいるため、低血圧の人が急に立ち上がったりすると、脳に十分な血液が送られず、立ちくらみ（脳貧血）につながります。

貧血がひどくなると、分娩時の多量出血の原因になったり、陣痛が弱くなって分娩時間が長引くなどのリスクがあります。産後の母体の回復が遅れたり、母乳育児がうまくいかなくなるなどのトラブルにつながることも。産後のうつとの関連も指摘されています。

鉄分を上手にとって貧血を防ごう

貧血を防ぐには、造血に欠かせない鉄分、タンパク質、ビタミン類（ビタミンC、B6、B12、葉酸）を多く含む食品をとるようにしましょう。

鉄分を効率よくとれるのは動物性食品ですが、鉄分は体内に吸収されにくい性質を持っているので、食べ合わせが大事です。動物性タンパク質の中でも、とくに肉の赤身にはヘム鉄が多く、野菜やフルーツなどのビタミンCを一緒にとるとヘム鉄の吸収率が上がります。タンニン（お茶や紅茶などに含まれる成分）によって吸収率が落ちるので、食事の前後2時間にはお茶や紅茶を飲まないようにしましょう。

葉酸も重要な栄養素です。野菜・果物、キノコ類、豆類に含まれますが、葉酸量が多い焼き海苔や味つけ海苔は、調理しなくても手軽に食べられるのでおすすめです。

ほかに、朝食を毎日とる、規則正しい食事時間を守る、胃の調子を整えるといった日ごろの生活習慣も大事です。

病気・トラブル

妊娠糖尿病

血糖値が上がりやすくなるので注意

妊娠がきっかけで起こる症状です。早期発見と、食事や運動などの自己管理で、血糖値をコントロールしましょう。

妊娠がきっかけで起こることがある

「妊娠糖尿病」は、妊娠したことが原因で起こる糖代謝異常です。

妊娠時には、胎盤で赤ちゃんを育てるため、多くのホルモンを分泌しますが、このホルモンが血糖値を上げやすくします。通常は膵臓《すいぞう》から多くのインスリンを分泌して血糖値を上げないように調節するのですが、このバランスがうまくいかないと、血糖値が上昇して妊娠糖尿病になるのです。

妊娠糖尿病には自覚症状がなく、検査で見つかります。尿検査で尿糖の有無を調べ、妊娠糖尿病の疑いがある場合は、血液検査で血糖値を調べたり、妊娠中期には糖負荷検査を行います。

妊娠初期に問題ないとされていても、中期に再度検査を受けることが推奨されています。基準値を超えていたら、さらに詳しい検査を受け、妊娠糖尿病を発症していないか調べます。

妊娠前から糖尿病を持っている人は、赤ちゃんの形態異常やママの合併症予防のため、妊娠前から血糖コントロールを良好にしておく必要があります（→P．150）。

妊娠糖尿病になると赤ちゃんにも影響が

妊娠糖尿病になると、母体は妊娠高血圧症候群や感染症などを併発しやすくなり、おなかの赤ちゃんにもさまざまな合併症が起きます。流産や形態異常、心臓の肥大、肺の成熟不全、出生後の低血糖、多血症、黄疸、胎児死亡など。また、赤ちゃんが4000gを超える巨大児や、2500g未満の低出生体重児になる可能性が高くなります。

妊娠中の合併症だけでなく、ママの将来の糖尿病や、メタボリック症候群発症にも関係してくることがあります。

どちらも心配です

もともと糖尿病だった女性が妊娠した場合

糖尿病合併妊娠

妊娠することでさらに血糖値が高くなる傾向に。早期治療を行うことが大切です。主治医と産科医に情報を共有してもらい、トラブルのない出産に導いてもらいましょう。

妊娠後に糖尿病と診断された場合

妊娠糖尿病

血糖値のコントロールがうまくいけば、経腟分娩も問題ありません。食事療法で摂取エネルギーをコントロールし、不十分な場合はインスリンを投与してコントロールします。

糖負荷検査の診断基準
（mg/dl）

空腹時　≧ 92
1時間後≧ 180
2時間後≧ 153

半日以上何も食べていない空腹時、ブドウ糖75gを溶かした検査薬を飲んで1時間後、2時間後の血糖値を調べる。3つのうちひとつでも基準を超えた場合は妊娠糖尿病。

こんな人は気をつけて

- 高年出産
- もともと糖尿病の人
- 家族に糖尿病の人がいる
- 肥満
- 糖代謝異常と診断されたことがある
- 巨大児（4000g 以上）を出産した経験がある

早期発見と自分での管理が大切

妊娠糖尿病を予防するには、早期発見、早期治療をして、血糖値をコントロールする必要があります。

また、食生活の見直しや適度な運動など、自己管理も大切です。食生活では、まずカロリーのとりすぎに注意。食べすぎに加え、空腹時の過剰摂取は、血糖値を一気に上げる原因になります。1日に4～6回に分けて少量ずつ食べるのが理想的です。脂質や糖分の多いものを控え、必要なエネルギーを摂取できるように、栄養バランスのよい食事を心がけます。運動も、積極的に行いましょう。ウォーキングや水中歩行など、ストレスがたまらない程度の軽い有酸素運動がおすすめです。

食事や運動で改善されない場合は、インスリン治療を行うことになります。

妊娠糖尿病を予防するために

ストレスを発散する

大きなストレスがかかると、血糖値を上げるホルモンが分泌されて、糖尿病の原因に。ストレスをためないよう、気持ちを切り替える工夫を。

適度な運動を心がける

ウォーキングや水中歩行など、軽い有酸素運動を行うことで、基礎代謝を上げ、筋肉量を維持しましょう。

規則正しい食事

空腹時に一気に食べると血糖値が上がります。朝食を抜いたり、夜遅く食べたりせず、3食きちんと食べること。

糖質をとりすぎない

甘いものや脂っこいものを食べすぎないように注意。高タンパク、低カロリーの食事を心がけましょう。

風邪やインフルエンザに注意

妊娠中の感染症

ママが病気になると、赤ちゃんに影響を与えることもあります。病気の種類や、対処法を知っておきましょう。

免疫力が低下して長引きやすいので注意

妊娠中は体力や免疫力が低下するので、ウイルスに感染すると、症状が長引きやすくなったり、おなかの中の赤ちゃんに影響が出る場合もあります。

風疹や水ぼうそう、おたふくかぜなどは、罹患《りかん》歴があるかどうか、ワクチンを受けていたかを確認しておきましょう。感染の心配や心当たりがある場合は、予防を心がけます。パパをはじめとする家族も、感染経路にならないよう配慮が必要です。

風疹

感染が妊娠初期だと赤ちゃんに影響が出ることも

発熱や全身に赤い発疹などが見られる病気。妊娠初期に感染すると、白内障や緑内障などの目の病気、先天性心疾患、難聴などになる恐れが。12週になる前に、夫婦ともに抗体検査を受けましょう。抗体がない場合、妊婦はワクチン接種を受けられませんが、パパはワクチンを打って感染予防を。

B型肝炎

産道を通過する際に母子感染する可能性が

ママがウイルス（HBV）保持者だと、出産時にママの血液を介して赤ちゃんに感染するリスクがあります。妊娠初期の健診で陽性とわかれば、出生後すぐ赤ちゃんに感染防止策をとります。

予防接種 Q&A

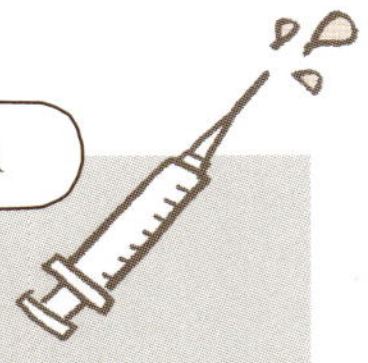

Q— **妊娠中に予防接種は受けてもいいの？**

A— **生ワクチンは原則接種不可**

生ワクチンによる予防接種は、赤ちゃんにウイルスが移行する可能性があるので原則不可。しかし不活性化ワクチンは、許可される場合もあるので医師に相談を。

Q— **インフルエンザワクチンは受けてもいい？**

A— **生ワクチンでないので受けてよい**

インフルエンザワクチンは、不活性化ワクチンなので、胎児にも母体にも影響が小さいといわれています。妊娠初期でも、打つことが可能です。

インフルエンザ

母子感染はしないが重症化すると影響あり

母子感染はしませんが、ママが重症化すると赤ちゃんに影響が出ることがあります。インフルエンザの予防接種は、不活性化ワクチンなので、重篤な副作用や胎児への影響はないと考えられます。心配なら主治医に相談を。マスクの着用、帰宅後のうがい、手洗い、室内の加湿などで予防を。

サイトメガロウイルス感染

妊娠中に感染すると胎児に影響があることも

人間の尿や唾液など体液に含まれるウイルス。初感染の場合は、胎児にも感染して難聴や脳障がいなどの重篤な障がいを引き起こすことも。妊娠初期に抗体の有無を調べ、ない場合には感染を防ぐ指導を受けます。

B群溶連《ようれん》菌(GBS)感染

膣《ちつ》などに常在する菌。陽性なら抗菌薬を投与

女性の膣や肛門に常在する菌の一種。女性の1割前後が感染しているといわれます。まれに出産時に赤ちゃんに感染し、細菌性髄膜《ずいまく》炎や敗血症を引き起こす可能性が。検査は妊娠中期から後期に行われ、陽性なら抗菌薬を出産時や破水時に投与します。

トキソプラズマ症

生肉や、ガーデニングの土から感染することがある

さまざまな哺乳類に寄生する微生物。初感染だと胎児に障がいが出る可能性も。生肉や土からの感染が多いので、肉は十分に加熱し、ガーデニングには手袋をし、よく手洗いをしましょう。

性器クラミジア感染

夫婦での検査・治療が欠かせない

日本の性感染症の中で最も患者数が多い病気。流産や早産の原因になることも。治療しても、夫から再感染する危険性があるので、感染していたら夫婦で検査・治療を。

HTLV-1感染

九州や沖縄に多くみられる

自覚症状はなく、健診時の検査で発覚します。九州・沖縄地域にウイルス保持者が多い傾向があります。発病率は低いので心配しすぎないで。

水ぼうそう

妊娠中は予防接種不可

水ぼうそうの予防接種は生ワクチンのため、妊娠中は接種できません。人込みを避けるなど、感染しにくい環境をつくって。

帯状疱疹《たいじょうほうしん》

妊娠中にかかりやすくなる

胸から背中にかけて帯状に発疹が出ます。赤ちゃんに影響しませんが、症状が出たらなるべく早く抗ウイルス薬の使用を。

持病がある人の注意

主治医と産婦人科医の連携が必要

持病があっても元気な赤ちゃんを産むことは可能です。妊娠中に悪化させないように、必要な治療内容を確認しておきましょう。

子宮の病気は妊娠するまで気づかないことも

持病があったり、体質に不安を持つママにとって、妊娠はさまざまなリスクを伴います。赤ちゃんが低出生体重児になりやすいなど、何らかのトラブルを抱えやすい傾向があるため、NICU（新生児集中治療室）など設備が整った病院での出産が望ましいといえます。

とくに子宮に関する病気は、妊娠するまで気づかないことがあります。持病を妊娠中に悪化させないためには、妊娠中に行う治療や、出産に与える影響などを事前に知っておき、主治医と産婦人科医との連携のもと、無理をしない妊娠生活を送りましょう。

医療の進歩により、持病があっても妊娠を継続し、元気な赤ちゃんを産むことは可能になってきています。

子宮筋腫《きんしゅ》

位置によっては帝王切開になることも

子宮筋腫とは子宮にできる良性のしこり（腫瘍）のこと。自覚症状がないことが多いため、妊婦健診ではじめて気づく人も多いものです。

妊娠中は切除手術などは行わず、様子をみます。妊娠すると大量のエストロゲンが分泌されるので、急激に筋腫が大きくなることもありますが、ほとんどの場合はそれほど心配はありません。

ただし妊娠中に筋腫が変性すると、早産や流産などの原因になりやすいので、おなかの張りや出血に注意しましょう。

また、さかごになったり産道が狭まるなどして、帝王切開になる場合もあります。出産後は、筋腫は自然に小さくなっていきます。

【子宮筋腫のできる位置】

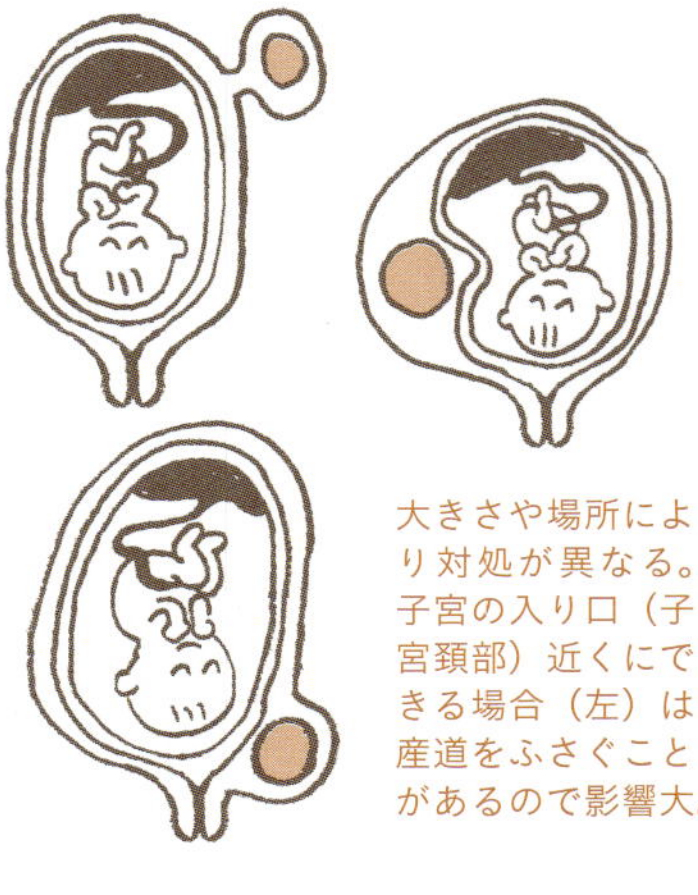

大きさや場所により対処が異なる。子宮の入り口（子宮頸部）近くにできる場合（左）は産道をふさぐことがあるので影響大。

子宮内膜症

月経がない妊娠中は症状が安定

子宮内膜症とは、子宮の内側を覆う粘膜である子宮内膜が、卵管や卵巣などで増殖してしまう病気です。重症化すると不妊症の原因になりますが、妊娠する人もいます。妊娠して月経が止まると症状が安定するので、治療は行わず経過観察をします。

卵巣嚢腫《のうしゅ》

卵巣が腫れた状態。良性の場合が多い

卵巣嚢腫とは、卵巣の中に液体などがたまってしまった状態です。ほとんどが良性ですし、嚢腫が小さい場合は妊娠に影響はありません。ただし大きくなりすぎると、妊娠中にねじれて卵巣が壊死《えし》することもあるので、12週以降に摘出手術をすることも。悪性の場合も手術が必要。嚢腫を摘出したあと、経過が良好なら経腟分娩も可能です。

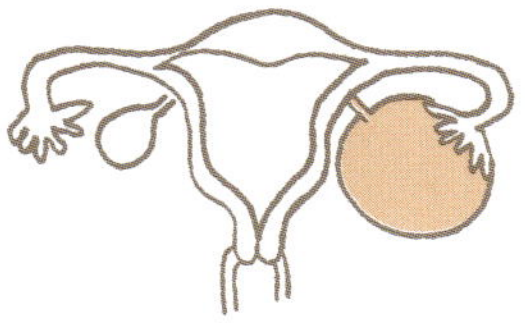

6cm以下なら経過をみるが、大きくなると手術をすることも。

子宮頸管《けいかん》ポリープ

出血がなければ問題なし。簡単な処置で切除もできる

子宮頸部に、小さなポリープができる病気。子宮頸管の慢性的な炎症などが一因といわれていますが、はっきりした原因はわかりません。多くは良性で、痛みはありませんが、出血する場合があります。出血が止まらないようなら、感染を防ぐために切除手術をすることもあります。手術をしても、赤ちゃんへの影響はありません。

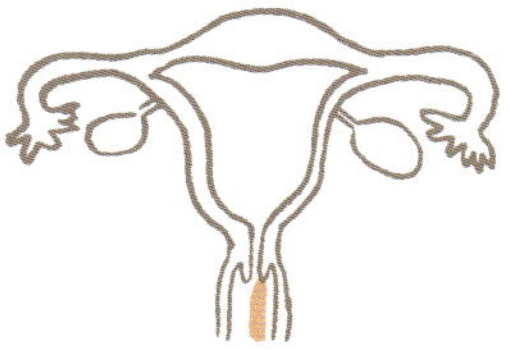

子宮の入り口にできるポリープ。

子宮頸《けい》がん

初期のがんなら治療しながら妊娠継続も

子宮頸がんは子宮の入り口近くにできるがんで、ヒトパピローマウイルス（HPV）が原因です。主に性交渉によって感染し、女性の8割が一度は感染するといわれています。子宮頸がんは、妊娠初期の検査で見つかるケースが増えています。もしがんを発症しても上皮内がん（初期がん）ならば、妊娠を継続し、産後に治療を行うことができます。

しかしがんの進行状況によっては、母体を守るために、妊娠の継続をあきらめなくてはいけない場合もあります。

子宮奇形

先天的な子宮の変形。流産の原因になることも

子宮が先天的に変形していることを、子宮奇形といいます。ほとんどが無症状ですが、不妊治療などの検査時に判明することがあります。奇形であっても問題ない場合も多いのですが、流産や早産の原因になりやすいので、注意して経過を見守る必要があります。人によっては、不育症（→P.133）の原因になることもあります。子宮奇形の形はさまざまですが、形によっては赤ちゃんの発育に影響したり、分娩時には子宮収縮がうまくいかず、微弱陣痛や胎児の回旋異常になることも。必要に応じて、帝王切開を行うことがあります。

その他の持病の対処法

糖尿病

徹底した血糖コントロールを

妊娠前から糖尿病だった人は、血糖値を徹底的に管理することが大切。ママが糖尿病の場合、巨大児が産まれたり、難産になる可能性もあります。血糖値が落ち着いていれば、経腟分娩をすることも可能です。

心疾患

妊娠・出産は心臓への負担が大

妊娠中は血液が通常の1.5倍に増え、心臓への負担が増大。産婦人科や循環器科の医師と相談しながら、必要な治療や食事制限などを行います。負担軽減のため、吸引分娩や鉗子《かんし》分娩、帝王切開になることも。

高血圧

塩分を控え、太りすぎないこと

妊娠中はとくに、塩分のとりすぎや食べすぎを控えて。腎臓や心臓に疾患がある場合や、重度の高血圧の場合は、出産を早める場合があります。また、高血圧の薬は妊娠中でも安全に使えるものに変更します。

膠原病《こうげん》

内科での投薬治療を継続

アレルギー疾患のひとつで、免疫システムがうまく働かず、自分の体を攻撃してしまう病気。流産や早産のリスクがあり、出産後に症状が悪化する可能性も。内科医と連携しながら出産を行う必要があります。

ぜんそく

症状を悪化させないよう治療を

妊娠によって、症状が悪化することが多いといわれます。風邪をひいたら、長引かせないようにしっかり休養を。ひどい発作は赤ちゃんにも影響が出るので、すぐ病院へ。出産まで、専門医との連携が必要です。

アレルギー性皮膚炎・鼻炎

抗アレルギー薬は服用できる

妊娠中は、鼻づまりなどの症状がひどくなる場合があります。点鼻薬や塗り薬などは比較的安全で、妊娠中でも服用できるものが多いですが、今までの薬でいいのかどうか、一度医師に相談しましょう。

腎臓病

医師と連携して治療を続ける

妊娠中は腎臓への負担がかなり高まるので、腎臓の病気がある人は、腎不全などの心配があります。内科医と連携して治療を継続し、食事の塩分やカロリーに気をつけて、過労やストレスをためない生活を。

甲状腺の病気

ホルモン濃度を正常に保つことが大切

妊娠中に甲状腺ホルモンが過剰に分泌されたり、逆に不足したりすると、流産や早産のリスクが高くなります。薬を処方してもらい、常に甲状腺ホルモンの濃度を正常にしておく必要があります。

歯の治療とケア

毎日のデンタルケアと歯科検診が大切

妊娠中は虫歯が悪化したり、歯周病になったりしやすいので、口内ケアを怠らないで。出産前に、歯科検診に行きましょう。

妊娠中は虫歯が悪化しやすいので注意を

妊娠中はさまざまな原因から、口内のトラブルが起きやすくなる時期です。

原因のひとつは、女性ホルモンが増えることにより、歯周病菌が増加すること。妊娠前よりも、歯周病にかかりやすくなります。妊娠によって免疫力が低下するのも、歯周病や虫歯が増える大きな原因になります。また、つわりの時期には、歯磨きがつらくてできなかったり、食事が不規則になり、「だらだら食べ」になることも。これも、口内トラブルを増やす原因です。

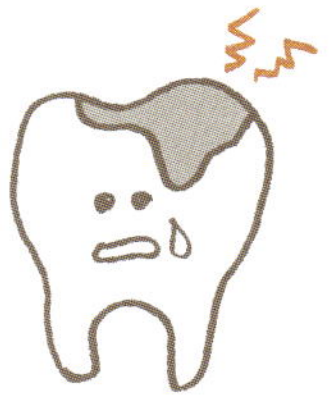

歯周病がひどくなると、子宮収縮が促進されて、出産を早めてしまう危険性があるので、あなどってはいけません。

虫歯や歯周病を防ぐためには、毎日のデンタルケアが大切です。何も問題がなくても、歯医者でクリーニングや歯石除去などのケアをしておくと、口内トラブルを減らせます。つわりの時期に無理して行く必要はありませんが、出産前に一度は歯科検診を受けましょう。

気をつけたい歯のトラブル

虫歯

歯の間や、歯が重なったところは虫歯になりやすいので注意。歯磨き以外に、歯間ブラシやフロスも使ってケアを。

歯肉炎

歯周病の初期段階で、歯茎の外側にある歯肉に炎症が起きている状態。出血することもあります。

歯周炎

歯周ポケットが深くなり、歯茎の腫れや出血のほか、歯の揺れなどが起こります。治療が必要です。

つわりのときの歯磨き

- **体調のいいタイミングで磨く**

食後に磨くのが理想ですが、無理だったら、1日のうちでいちばん体調がいい時間や、リラックスできるときに行います。

- **歯磨き粉をつけない**

歯磨き粉の味や香料を不快に感じることがあります。歯磨き粉をつけずに磨くか、せめて水で口をゆすいで。

- **ヘッドの小さい歯ブラシにする**

吐きけをもよおさないように、ヘッドの小さい歯ブラシを使うのもひとつの手。磨きにくい部分にもブラシが当たります。

- **デンタルリンスを利用する**

液体歯磨きを口に含むだけでも、歯垢除去、歯肉炎、歯周病の予防につながります。口臭予防にも効果的。

薬とのつきあい方

〝何を〟だけでなく〝いつ〟も重要

薬は、「何を」だけでなく、妊娠中のどの時期に服用したかも大きな問題です。市販薬も自己判断せず、医師に相談してから服用を。

妊娠4〜7週目はとくに注意が必要

妊娠中は、薬の服用に神経質になるママもいるでしょう。安易に薬を服用することは避けたいですが、問題がないケースも多いので、心配しすぎないで。

また妊娠期は、薬の種類だけでなく、服用した時期も大切です。「妊娠に気づく前に、薬を飲んでしまった」という場合もあるでしょう。妊娠の1〜3週末（受精から2週間以内）なら、ほとんど影響はありません。

しかし、4〜7週になると、赤ちゃんは薬の影響を受けやすくなります。目、鼻、口、中枢神経（脳、脊髄）など、体のさまざまな器官がつくられる時期なので、薬の影響を受けると、何らかの形成異常が起こる可能性がないとはいえません。薬を飲んだ時期がいつだったのか、きちんと計算してみましょう。ただし、市販の薬を用量を守って短期間に服用した程度なら、心配する必要はありません。

妊娠8〜12週は、器官形成への影響は少なくなりますが、まだ注意が必要です。13週以降は、薬の影響はだいぶ小さくなりますが、自己判断で市販薬などを安易に服用するのは避けて。一方で、必要な薬を勝手にやめるのも危険です。持病がある人は、必ず医師に相談しながら服用しましょう。

時期ごとの注意

4〜7週

最も薬の影響を受けやすい時期。体の形成に影響を与える薬は控えて。

8〜12週

大きな部分の形成は終了しているが、影響の大きい薬の服用には注意を。

13週以降

薬による大きな影響はないが、安易に服用しないことが大切。

予防接種は確認してから接種を

生ワクチンによる予防接種（はしか、風疹、水ぼうそうなど）は、胎児にワクチンのウイルスが移行する危険があるので、避けます。ただし、不活性化ワクチンには大丈夫なものがあるので、医師と相談を。インフルエンザワクチンは、妊娠週数を問わず、接種可能と考えられています。

PART 4

安産のための食事と運動

妊娠中だからといって、安静にしていなければいけない、ということはありません。仕事はもちろん、適度な運動も、家事も無理をしない程度に行うほうがママの体のためにも、おなかの赤ちゃんのためにもなります。妊娠中におすすめの体操はパパも一緒にできます。レシピも紹介していますので、ぜひつくってみてください。

赤ちゃんを迎える準備を

安産のための毎日の過ごし方

出産を迎えるまで、どんなふうに過ごしたらいいでしょうか。ママも赤ちゃんも心地よい毎日を、一緒に考えましょう。

「普段よりも少しセーブ」して無理しない毎日を

妊娠前は、仕事や家事、趣味などに忙しい毎日を送っていたママも多いと思います。夜遅くまで残業をしたり、趣味に没頭してごはんを抜いてしまったり……。でも、妊娠がわかったら、赤ちゃんを迎える準備を始めます。妊娠は病気ではないので過度に心配する必要はありませんが、「普段より少しセーブ」を心がけ、無理のない毎日を過ごしましょう。出産を迎える年齢のママたちは、職場で家庭で趣味の場で、頼りにされることも増えてきます。頑張り屋さんが多いので、つい無理をすることもあるかも。でも、妊娠がわかった日からママファーストで。まずは、早寝早起きなど生活リズムを整えることから始めましょう。しっかり睡眠をとると、体はもちろん、心も元気になるのでおすすめです。

体重は増やしすぎず、減らしすぎないで

妊娠中の体重の増加は注意したいものです。増えすぎると、腰痛の原因になることも。さらに、妊娠糖尿病や妊娠高血圧症候群なども気になります。しかし、最近は体重が増えないことも問題視されています。ママの体重が増えないと、赤ちゃんが小さく産まれ、将来赤ちゃん自身が、高血圧や糖尿病などの生活習慣病になるリスクが高まるといわれています。

必要な栄養をバランスよくとり、適度に体重を増やすことが大切です。標準体型の人なら、12kg増が目安です。P.160から妊娠中に必要な栄養素と食事メニューを紹介しているので、参考に。なかなか食べられない人は、1日6食にして少しずつ食べる、献立に好きなメニューを必ず入れるなど、工夫しましょう。

ストレスをためない毎日を

ママが心地よく過ごすことが赤ちゃんにとってもいちばんです

赤ちゃんのために生活改善をしてほしいのですが、頑張りすぎてもよくありません。ママが心地よい毎日を過ごすことが、何よりも大切。赤ちゃんも健やかに育ちます。たまには、遅くまで寝ていたり、好きなものを思いっきり食べたり、好きな音楽をきいてゆっくりしたり、友達と心ゆくまでおしゃべりしたり、息抜きをしましょう。ストレスをためないで！

安産のための３つのポイント

早寝早起きを習慣にし、生活リズムを整える

妊娠がわかって「何から始めたらいいの？」と迷ったら、まずは早寝早起きがおすすめ。生活リズムが整いやすくなり、朝ごはんが食べられるなどいいことがいっぱい。また、妊娠中に起こりやすいシミ、そばかすなど肌のトラブルの予防にも、早寝早起きは効果的です。働くママなら、少し早めに家を出てラッシュを避けることもできます。

ごはんはバランスよく！必要な栄養素をしっかり食べる

適正な体重を保つため、赤ちゃんの体をつくるためにも、食生活を整えることが大切です。主食、主菜、副菜がそろった和食の定食スタイルがいいですね。タンパク質、カルシウム、鉄分、葉酸、DHA は妊娠中に積極的に食べたい栄養素です。とはいえ難しく考えずに、彩りよい献立にすれば、自然とバランスのいい食事になります。

適度な運動で心も体もリフレッシュ

体重の増加を抑える、むくみや腰痛を解消する、気分転換になるなど、適度な運動はママにとって大切です。特別なことでなくても、よく歩くだけでも効果があります。また、体操やストレッチなど、手軽な運動もおすすめ。P.156 から家でできる運動を紹介しているので参考に。ただし、絶対に無理はしないで。体調が悪いのに動いたり、痛くなるまで伸ばすなどは厳禁です。

赤ちゃんが産まれる前に家事の分担を決めよう

妊娠中は、おなかに負担がかかる家事はママにはつらくなるかも。ママと相談し、家事の分担を。出産後は育児で忙しくなるので、今からふたりで家事の分担をしておくと、ママも安心できます。

なるべく残業を減らしてママと早寝早起きを

パパの帰りが遅くなると、ママの生活リズムも崩れてしまいます。パパはできるだけ協力を。効率よく働いて残業は減らすなど、ママのためだけではなく、パパ自身の働き方改革にも役立つはずです。

無理なく楽しく続けて

安産のための骨盤体操&ストレッチ

出産に大切な骨盤を整える体操、体の不調を解消するストレッチを紹介します。体重管理やストレス解消にも効果的です。

骨盤を整えて元気に過ごそう

骨盤とは、腸骨、仙骨、恥骨、尾骨、坐骨の5つの骨で構成され、体を支える土台です。真ん中は空洞で、その中には子宮や腸、膀胱などがあり、これらを包み込むような役割をしています。妊娠中はホルモンの働きによって骨盤がゆるみ、赤ちゃんが産道を通りやすくなるのです。

もともと骨盤は、日常の悪い姿勢でもゆがんでしまうもの。とくに、妊娠中はおなかが大きくなってよい姿勢を保つのは難しくなります。骨盤がゆがむと、腰痛やむくみ、尿もれなど体の不調を引き起こします。また、赤ちゃんが産道を通りにくくなり、出産に時間がかかることもあります。

そこで、骨盤を整える体操、体の不調を解消するストレッチをおすすめします。簡単なので、気軽に始められます。

体操&ストレッチを始める前に

- 体操は安定期に入った12週を過ぎてからスタート
- 呼吸は止めない。自然に続ける
- おなかの痛み、張り、出血があるときはやらない。無理はしない
- 1日のうちでいつやってもOK。パパに手伝ってもらっても！
- 10回1セット。体調に合わせて2～3セットを

【骨盤のゆがみを姿勢でチェック】

壁を背にして立ち、後頭部、肩、背中、おしり、ふくらはぎ、かかとを壁につけます。姿勢をチェックしてゆがみの確認を。

よい姿勢は腰のあたりに適度な隙間がある

腰のあたりに手を入れて、手のひらがちょうど入るくらいの隙間があるのがよい姿勢。この姿勢を心がけ、骨盤がゆがむことを防ぎます。

NG

腰に大きな隙間ができるときは骨盤が前傾しているかも。

NG

腰に手が入りにくいときは、骨盤が後傾している可能性があります。

教えてくれる先生

須永《すなが》康代《やすよ》さん

埼玉県立大学保健医療福祉学部理学療法学科助教。同大学を卒業後、広島大学大学院保健学研究科博士課程前期修了。現在、産前産後や加齢に伴う女性の体の変化について研究、ケアに携わっている。

ゴロ寝体操→骨盤まわりの筋肉を鍛える

妊娠して骨盤がゆるみ始めると、恥骨の結合部に痛みが出ることがあります。痛みを解消するために、そのまわりの太ももの内転筋、おしりなどの筋肉を鍛えます。

1 床に仰向けになり、足は立てる。膝はつけておく。呼吸は自然に続ける。

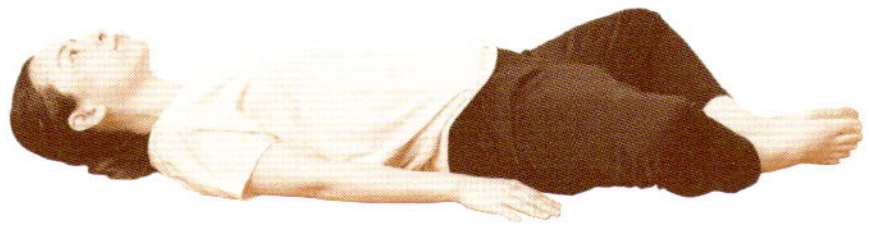

2 膝を広げ、足の裏と裏をつける。10～20秒キープする。1に戻り、10回ほど繰り返す。

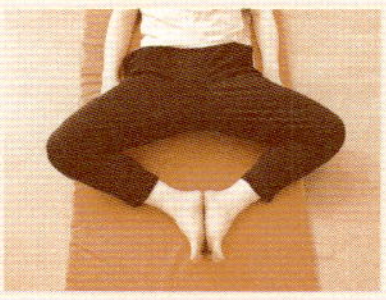

足はこのような形になっている。足には力を入れず、できるだけ床に近づける。

これも効果的

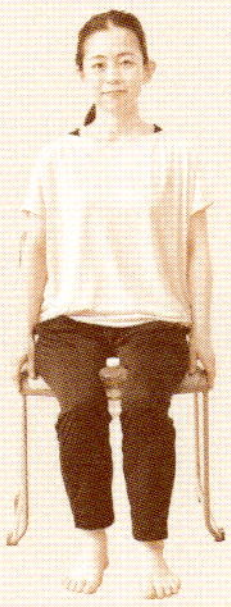

椅子に浅く座り、ペットボトルを膝にはさむ。太ももの内転筋に力を入れて鍛え、骨盤を整える。

前後ユラユラ体操→骨盤を整える

骨盤を前と後ろに倒すことにより、正しい骨盤の位置を知りましょう。また、骨盤を動かしてほぐすと、骨盤が整いやすくなります。

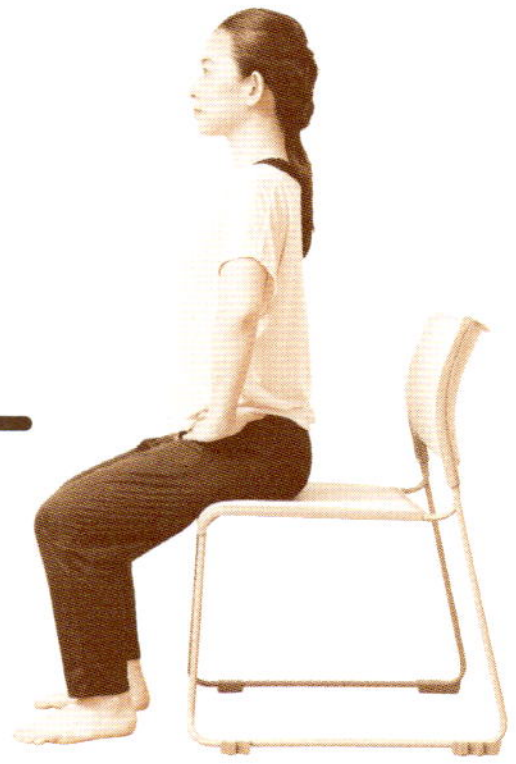

1 椅子に浅く座り、足はラクな位置で開く。腰骨の前方の出っ張っている位置に手を添えて意識し、骨盤を立てる。

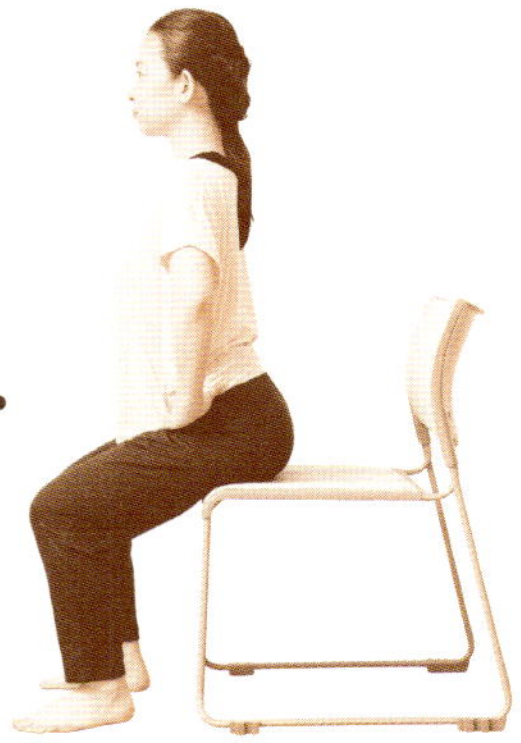

2 骨盤を前に傾ける。上半身は倒さず、骨盤だけを移動。呼吸は自然に続ける。

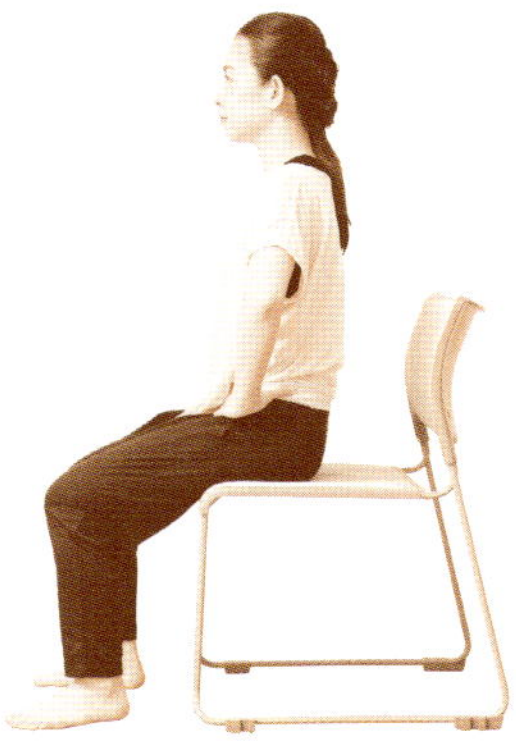

3 骨盤を後ろに傾ける。よい姿勢のまま、骨盤だけを移動。1から3を10回ほど繰り返す。

キュキュッと体操→尿もれ予防

おなかの赤ちゃんの成長に伴って子宮も大きくなり、
骨盤の底にある筋肉、骨盤底筋に負担がかかって尿もれの原因に。
骨盤底筋を鍛える体操で解消しましょう。

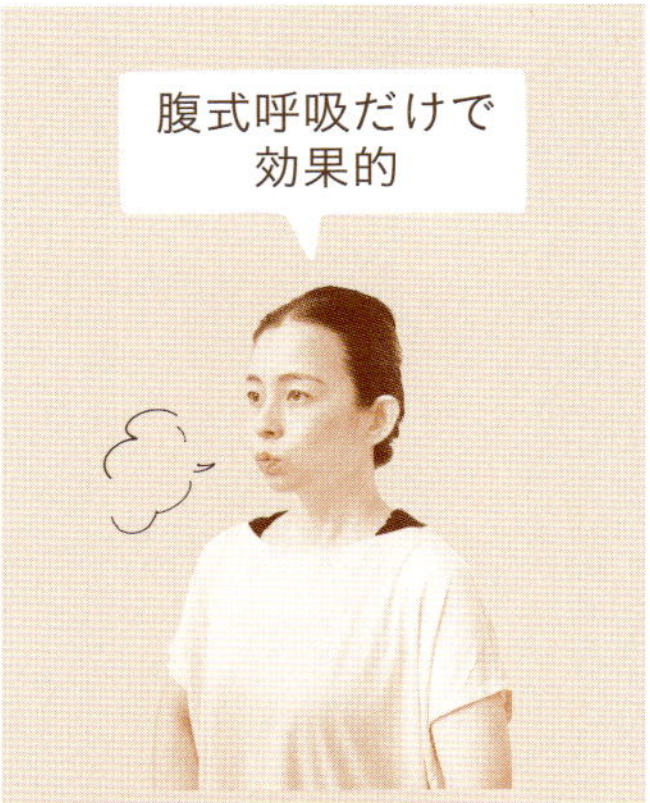
腹式呼吸だけで
効果的

腹式呼吸をするだけでもOK。骨盤の安定に効果がある。息を鼻からすうときにおなかを膨らませ、口からはくときにへこます。口をすぼめて息をはき切って、下腹に力が入るのを感じる。

骨盤の感覚が
わかりにくい人は
タオルをはさんで！

薄めのタオルを丸めて、足ではさむ。同様に呼吸をしながら腟とおしりの穴をゆるめて締める。締めたとき、腟がタオルから少し浮く感覚を意識する。

椅子に浅く座り、おなかに手を添える。鼻から息をすいながらおなかをふくらませ、腟とおしりの穴をゆるめる。口から息をはきながらおなかをへこませ、腟とおしりの穴を締める。10回ほど続ける。

猫のびストレッチ→肩&背中のこり解消

猫が伸びをしているように、呼吸をしながら
ゆっくり行います。こり解消＆リラックス効果も。
パパに手伝ってもらってもいいですね。

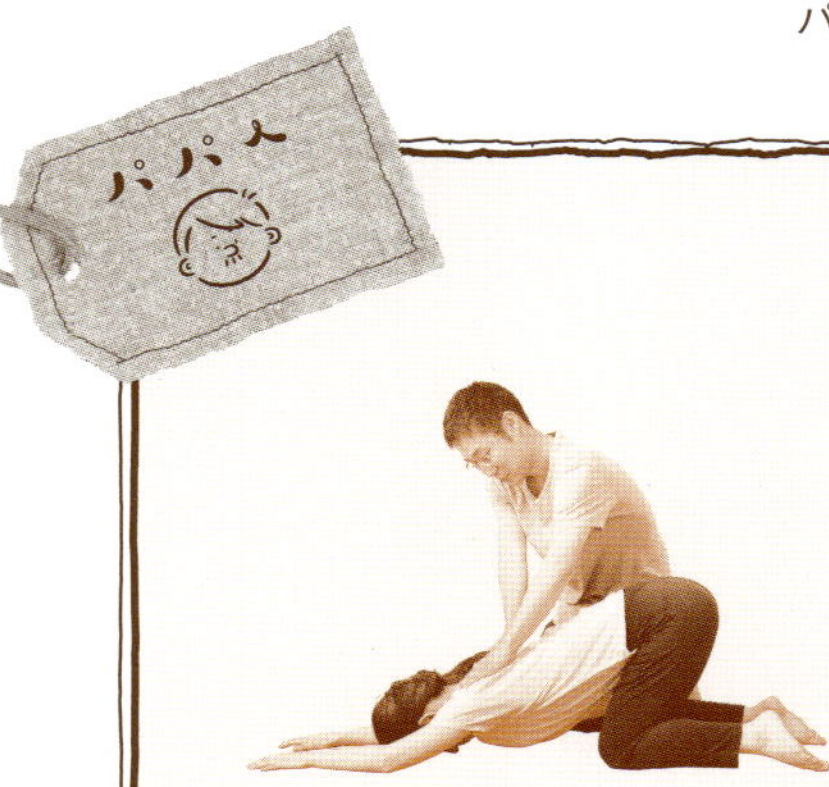
パパへ

ママが背中を伸ばすとき、パパが背中を少しずつ押します。無理のないように。

1 床に両手と両ひざをついて安定させ、四つん這いになる。体の力を抜いてリラックスする。

2 両手を前にずらし、顔を床に近づけ、肩、背中を伸ばす。1に戻り、10回ほど繰り返す。

足のびのびストレッチ→むくみ解消、足のつり予防

血流不良、水分不足、冷えなどが原因で足がむくんだり、つったりすることが。気になったときやってみよう！

1 足を伸ばして座り、手は後ろにつく。つま先は立てておく。呼吸は自然に続ける。

2 つま先を伸ばし、1に戻る。足の筋肉を伸び縮みさせると、血流がよくなる。10回ほど繰り返す。

太ももストレッチ→むくみ解消

日ごろ使わない太ももの前側を伸ばしてみましょう。血流がよくなる感覚を味わいます。

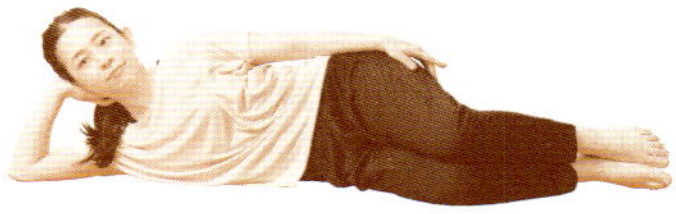

1 左右どちらかを下にして横になり、頭を手で支える。足はそろえ、少し曲げておく。

2 上の足を手で取って曲げ、10～20秒ほどキープする。向きを変え、反対側の足も同様に曲げる。

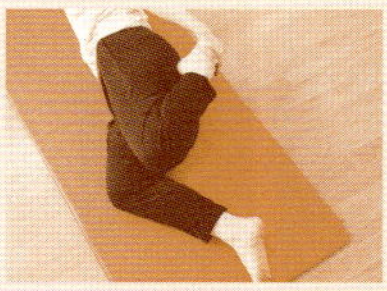

下の足は曲げておくと、体が安定する。無理せずに、太ももが伸びて気持ちいいくらいに。

背中よせストレッチ→背中の張り解消

おなかが大きくなってくると、背中の張りを感じます。スマホを見すぎたときにも効果的！

1 椅子に浅く座り、腕を背中のほうに引いて、肩甲骨をよせる。呼吸は自然に続ける。

2 腕を前に伸ばし手を組み、背中を丸めて肩甲骨を伸ばす。1に戻り、10回ほど繰り返す。

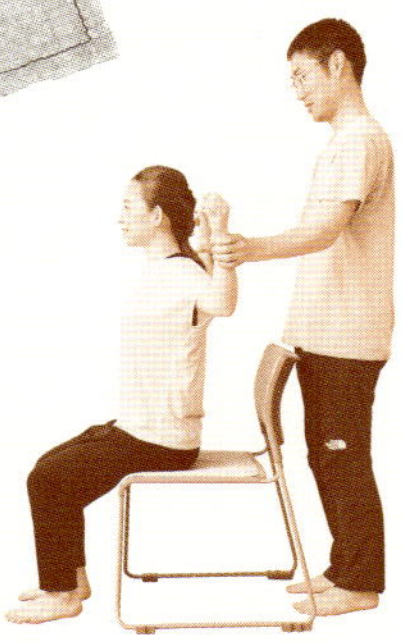

ママが肩甲骨をよせるときに、パパが後ろに引っ張ってあげて。パパも一緒にやっても◎。

食事と運動

赤ちゃんのためにできること

安産のために食べたいごはん

おなかの赤ちゃんがすくすく育つために、そして安産のために妊娠中のごはんは大切。栄養バランスのいい安産レシピを紹介します。

栄養バランスのよいごはんを意識しましょう

妊娠中は、量よりもバランスのよいごはんを食べることが大切です。体重の増加を気にして主食の炭水化物を控える人もいますが、今はむしろ低体重の妊婦さんが増加しています。炭水化物、タンパク質、カルシウム、鉄分、葉酸など必要な栄養素をまんべんなくとって、元気な赤ちゃんを産む準備をしましょう。

教えてくれる人

浅尾《あさお》千鶴《ちづる》さん

さめじまボンディングクリニック栄養科主任。「体調を整えること」「元気になること」「よい母乳が出ること」を基本に考えた体にやさしい料理がママたちに大好評。

安産ごはんのポイント

肉や魚もしっかり

赤ちゃんの体や脳をつくるのに欠かせないタンパク質は動物性と植物性の2種類あります。動物性タンパク質は肉や魚、卵に含まれていますが、妊娠中はささ身や鶏胸肉、牛・豚もも肉など脂身の少ないものを選びましょう。植物性は大豆製品などに含まれています。どちらもバランスよく。

塩分は控えめに

妊娠中、1日の塩分摂取量は7g以下。塩分のとりすぎは妊娠高血圧症候群の原因や赤ちゃんの成長の妨げになることもあります。しょうゆなどは料理全体にかけずに料理の片面だけにつける、こんぶやかつお節などのだしを使う、少量のわさびや酢など酸味や香りを取り入れて減塩を。

野菜はたっぷり

どんな野菜でも基本的に問題はありませんが、生野菜の場合、毎食両手1杯分はとりましょう。そのうち120gは緑黄色野菜に。緑黄色野菜に含まれる葉酸は神経系の病気のリスクの軽減や貧血の予防、おなかの赤ちゃんの発育にも欠かせない栄養素のひとつ。積極的にとるようにして。

油ものはできれば避けて

揚げものなどの脂っこい料理は絶対に食べてはいけないということではありませんが、ほかのものもとる必要があるので、それだけでカロリーオーバーにならないようにしましょう。食べるときはオリーブ油やごま油など植物油を使って揚げ焼きにしたり、脂身の少ない食材を使います。

外食・中食もバランスよく

外食や中食は栄養が偏りがち。外食はできるだけ野菜が多く、油の少ないもの、洋食よりも和定食を選んで。中食は揚げものなどはできるだけ避け、野菜のおかずも買うようにします。1食を中食にするときは主食、主菜、副菜のバランスのいいものを。高カロリーや高塩分にも気をつけましょう。

一汁二菜のバランスのよいごはん

主食はご飯の場合は 150g が目安。主菜はタンパク質で片手 1 杯分。副菜の生野菜はよく洗って両手に 1 杯分とります。そして、汁ものは塩分控えめに。これが 1 食分、一汁二菜のバランスのいい献立です。

フルーツ・デザート
フルーツはビタミンが簡単にとれ、デザートは癒されます。

主菜
赤ちゃんの体をつくるタンパク質は脂肪分の少ない肉や魚、大豆製品などからとりましょう。

副菜
体調を整える各ビタミンやミネラル、食物繊維は野菜や海藻類、きのこ類などでとれます。

主食
ご飯やパン、麺類などエネルギーになる炭水化物を妊娠中はとくにしっかりとりましょう。

汁もの
みそ汁は 1 日 1 杯にしましょう。具だくさんにすると塩分を減らすことができます。

積極的にとりたい栄養と 1 日の摂取の目安

DHA

1 日の摂取量は魚 1 切れを目安に。DHA はとくに青魚に多く含まれています。おなかの赤ちゃんの脳の神経細胞や目の網膜などをつくる大切な栄養素。ママの中性脂肪を減らす働きも。

葉酸
480μg

葉酸は水溶性のビタミン B 群のひとつで赤血球をつくるのを助ける造血ビタミンでもあります。おなかの赤ちゃんが元気に育つためにも大切。

鉄分
8.5 ～ 21mg

ママの貧血予防や、おなかの赤ちゃんの脳や体の発達にも大切な鉄。鉄にはヘム鉄と非ヘム鉄がありますが、ヘム鉄のほうが体内に吸収されやすいです。

カルシウム
650mg

おなかの赤ちゃんの歯や骨をつくるカルシウムですが、妊娠中は不足しがちです。乳製品や小魚、海藻類など意識的にとるように心がけましょう。

タンパク質
50 ～ 75g

体の基礎をつくり、赤ちゃんの健やかな成長に欠かせないタンパク質は妊娠中、普段よりも多めを心がけて。動物性、植物性ともにバランスよくとりましょう。

※厚生労働省「日本人の食事摂取基準（2015 年版）」より

タンパク質

気をつけること

動物性も植物性もバランスよく

肉類は皮なしの鶏胸肉やささ身、豚ヒレ肉など脂身の少ないものがおすすめです。動物性、植物性どちらもバランスよくとりましょう。

多く含まれている食品

血や肉をつくるために必要な栄養素。鶏胸肉（皮なし）や牛・豚もも肉、さんまなどには動物性タンパク質が、納豆や豆腐、大豆などには植物性タンパク質が含まれています。

タンパク質　28.8g
カロリー　191kcal
塩分　1.4g

1 鶏胸肉のねぎたれがけ

皮なしの鶏肉を使ってヘルシーに
食べごたえも満点！

材料 1人分

鶏胸肉（皮なし）…1枚
長ねぎ（青い部分も含む）…1本
しょうが（薄切り）…2～3枚
キャベツ…2枚
【たれ】
しょうゆ…9g
砂糖…4g
酢…5g
ごま油…2g

つくり方

❶ 鍋に鶏肉が浸かるぐらいの水を入れ、鶏肉の分量に対して1.5%の塩（分量外）を入れる。鶏肉、長ねぎの青い部分、しょうがを入れて、鶏肉にしっかり火を通す。
❷ キャベツは2㎝幅に切り、長ねぎの白い部分は2/3の量を斜め薄切りにし、残りはみじん切りにする。
❸ 耐熱皿に②のキャベツと斜め薄切りにした長ねぎを入れ、塩、こしょう（各分量外で適量）をふり、ラップをふんわりとかけ、電子レンジでやわらかくなるまで加熱する。
❹ 小さめのボウルに②のみじん切りにした長ねぎとたれの調味料を入れ、混ぜ合わせる。
❺ 器に食べやすい大きさに切った鶏肉をのせ、④をかけ、③のキャベツと薄切りにした長ねぎを添える。

タンパク質　21.2g
カロリー　308kcal
塩分　0.9g

2 豆腐グラタン

タンパク質が多い木綿豆腐
明太マヨソースがアクセントに

材料 1人分

豆腐（木綿）…150g
明太子…5g
マヨネーズ…10g
卵…1個
ミックスチーズ…5g

つくり方

❶ 豆腐は耐熱のグラタン皿に入れ、ラップをし、電子レンジで2～3分加熱する。
❷ ボウルに明太子とマヨネーズを入れ、混ぜ合わせ、①にかける。
❸ 豆腐の中央をくぼませて卵を割り入れ、チーズをふり、オーブントースターで表面に焼き色がつくまで焼く。

タンパク質　15.3g
カロリー　125kcal
塩分　0.2g

3 かじきのヨーグルト漬け

良質なタンパク質が豊富なかじき
ヨーグルトに漬けてしっとりとした身に

材料 1人分

かじきまぐろ…1切れ（80g）
ヨーグルト（プレーンの無糖）…20g
塩…ひとつまみ

つくり方

❶ かじきまぐろは軽く塩（分量外）をふり、5～10分おき、キッチンタオルで水けをふき取る。
❷ ①の両面に塩をふり、ヨーグルトを塗って冷蔵庫で約3時間おく。
❸ グリルで火が通るまで焼き、器に盛る。
※お好みでピンクペッパーを散らす。

カルシウム　106mg
カロリー　235kcal
塩分　0.5g

1 いわしのチーズ焼き

「泳ぐカルシウム」とも呼ばれるいわし
和風だけでなく、洋風にしても美味

材料 1人分

いわし（フライ用）…1枚
酒…2g
塩…少々
マヨネーズ…10g
ミックスチーズ…10g
パセリ（ドライ）…少々

つくり方

1. いわしは酒と塩をふり、キッチンタオルで水けをふき取る。
2. いわしの身の側にマヨネーズを塗り、チーズを散らし、180℃に温めたオーブンで約10分焼く。
3. 器に盛り、パセリを散らす。

カルシウム

気をつけること

リン酸塩は吸収を妨げます

ハムなどの加工食品やインスタント食品、炭酸飲料水に含まれるリン酸塩はカルシウムの吸収を妨げるので気をつけましょう。

多く含まれている食品

骨や歯をつくるために必要な栄養素。牛乳などの乳製品、ちりめんじゃこやひじきなどの小魚や海藻類、木綿豆腐や油揚げなど大豆製品、小松菜やごまなどに多く含まれています。

カルシウム　321mg
カロリー　158kcal
塩分　0.7g

3 ししゃものごま焼き

丸ごと食べてカルシウムを無理なく摂取
ごまをまぶして香ばしさと歯ごたえをプラス

材料 1人分

ししゃも…3尾
ごま（白または黒）…7g

つくり方

1. ししゃもは水にさっとくぐらせ、ごまをまんべんなくまぶす。
2. グリルでししゃもに火が通るまで焼く。

カルシウム　113mg
カロリー　42kcal
塩分　0.5g

2 切り干し大根の煮もの

カルシウムは生の大根の約20倍
かみしめるとうま味が口に広がります

材料 1人分

切り干し大根…6g
油揚げ…2g
にんじん…10g
A
だし汁…50g
砂糖…少々
みりん…2g
しょうゆ…3g
干しえび…1g

つくり方

1. 切り干し大根は水で洗い、水けを絞る。油揚げとにんじんは細切りにする。
2. 鍋に①とAを入れ、中火で切り干し大根に味がしみ込むまで煮る。

※電子レンジは600Wで加熱した場合の時間です。500Wの加熱時間は約1.2倍を目安に。電子レンジによって加熱時間は調整してください。

鉄分

気をつけること

紅茶や緑茶は鉄の吸収を妨害

紅茶や緑茶、コーヒーに含まれるタンニンはは鉄の吸収を妨げます。食事の前後２時間はとるのを控えましょう。ビタミンＣと一緒にとると吸収がアップ。

多く含まれている食品

貧血予防に必要な栄養素。豚レバーや牛もも肉、まぐろの赤身、いわしなどの動物性食品、乾燥ひじき、納豆、ほうれん草、切り干し大根などの植物性食品に多く含まれています。

鉄分　2.3mg
カロリー　284kcal
塩分　0.8g

1 かつお丼

血合いごといただくと
鉄分がしっかりとれます
小松菜としらすを添えて鉄分がさらにアップ

材料 1人分

- かつお（刺身用）…60g
- 温かいご飯…120g
- にんにく…少々
- しょうが…少々
- しょうゆ…５g
- ごま（白）…１g
- 焼きのり…1/3 枚
- 青じそ…２枚
- 小松菜（ゆでて、細かく切ったもの）…30g
- しらす…30g
- うずらの卵…１個

つくり方

❶ かつおは食べやすい厚さに切り、にんにくとしょうがはすりおろす。
❷ ①をポリ袋に入れ、しょうゆを加えてポリ袋をやさしくもみ、全体に味をつける。
❸ 器にご飯を盛り、ごまを散らし、のりとしそをちぎってのせる。
❹ ③のご飯に②をのせ、小松菜としらすを混ぜ合わせたものを添える。うずらの卵を静かに割り入れる。
※お好みでわさびじょうゆでいただく。

鉄分　2.6mg
カロリー　71kcal
塩分　0.4g

2 レバーの酢煮

赤ちゃんの成長に
欠かせない鉄分
妊娠中期以降はいつもより多めに摂取を

材料 1人分

- 豚レバー…40g
- にんにく（細切り）…少々
- サラダ油…適量
- A
  - 酢…６g
  - みりん…３g
  - しょうゆ…３g

つくり方

❶ フライパンにサラダ油をひき、にんにくを入れ、弱火で香りが出るまで炒める。レバーを加え、レバーにしっかり火を通す。
❷ Ａで調味し、汁けがなくなるまで煮詰める。

鉄分　4.4mg
カロリー　43kcal
塩分　0.4g

3 ひじきとシーフードマリネ

鉄分のほかに食物繊維やミネラルも豊富
妊娠中の便秘改善にも

材料 1人分

- 乾燥ひじき（戻したもの）…20g
- シーフードミックス…30g
- パプリカ（赤・黄）…各5g
- 玉ねぎ…30g
- マリネ液（市販品）…30g

つくり方

❶ 鍋でシーフードミックスをゆでる。パプリカと玉ねぎは薄切りにする。
❷ ボウルにひじきと①を入れ、マリネ液で調味し、混ぜ合わせる。
※お好みで酢や砂糖、塩で味を調えても。

葉酸

気をつけること

不足すると
神経系の病気に

妊娠前から妊娠初期に葉酸の摂取が足りないと、産まれてくる赤ちゃんに神経系の病気の発症のリスクが高くなるといわれています。

多く含まれている食品

神経系の病気のリスクを減らす栄養素。鶏レバー、ほうれん草、グリーンアスパラガス、ブロッコリー、大豆もやし、納豆、アボカド、いちご、オレンジなどに多く含まれています。

葉酸　80μg
カロリー　105kcal
塩分　0.6g

1 アスパラの肉巻き

アスパラを豚肉で
巻いて焼くだけ！
レモンを搾ってさっぱりと

材料 1人分

- グリーンアスパラガス…2本
- 豚ロース肉（しゃぶしゃぶ用）…2枚（40g）
- 塩…少々
- レモン（くし形切り）…1/8個分
- サラダ油…少々

つくり方

❶ アスパラガスは根元1cmを切り落とし、根元から約5cmをピーラーで皮をむく。
❷ 豚肉1枚を広げ、アスパラガス1本を巻く。同様にもうひとつつくり、塩をふる。
❸ フライパンにサラダ油をひき、②を巻き終わりを下にして入れ、転がしながら、表面に焼き色をつける。
❹ 半分に切って器に盛り、レモンを添える。

葉酸　118μg
カロリー　37kcal
塩分　0.5g

2 ほうれん草の納豆あえ

ほうれん草と納豆で赤ちゃんの発育に
大切な葉酸と鉄分をしっかりとって

材料 1人分

- ほうれん草…50g
- 納豆…10g
- A
  - しょうゆ…少々
  - 納豆の添付のたれ…少々
- かつお節…少々

つくり方

❶ ほうれん草は水洗いし、さっとゆでて冷水に取る。水けを絞り、食べやすい長さに切る。
❷ ボウルにAを入れ、混ぜ合わせる。
❸ 器に①を盛り、納豆をのせ、かつお節を散らして②をかける。

葉酸　62μg
カロリー　165kcal
塩分　0.6g

3 アボカドトマト

栄養価が高いアボカド
は妊娠中にはとくにおすすめ
トマトを加えて彩りもよく

材料 1人分

- アボカド…60g
- トマト…50g
- A
  - オリーブ油…3g
  - 砂糖…2g
  - 酢…2g
  - わさび…少々
  - しょうゆ…2g
  - 塩・こしょう…各少々

つくり方

❶ アボカドとトマトは1cm角に切る。
❷ ボウルに①を入れ、Aで調味し、ざっくりあえる。

DHA

DHA　1190mg
カロリー　200kcal
塩分　0.7g

1 ぶりの蒸しもの

DHAが豊富なぶり
まいたけとアスパラでうま味をアップ

気をつけること

1〜2日に一度は魚を食べて

DHAは体内では生成されないので1〜2日に1回は魚を食べましょう。出産後も母乳から赤ちゃんに届けるために、しっかり摂取して。

多く含まれている食品

おなかの赤ちゃんの脳や網膜の発達を助ける栄養素。まぐろのとろやかつお、さんま、さば、ぶりなどの魚や魚の脂に多く含まれています。血液をサラサラにする働きもあります。

材料 1人分

ぶり（切り身）…1切れ（70g）
酒…5g
塩…少々
まいたけ…50g
グリーンアスパラガス…20g
大根おろし…30g
七味唐辛子…少々
ポン酢しょうゆ（市販品）…10g

つくり方

❶ ぶりは酒と塩をふる。まいたけはほぐし、食べやすい大きさに切る。アスパラガスは根元1cmを切り落とし、根元から約5cmをピーラーで皮をむき、食べやすい大きさに切る。
❷ 耐熱皿にぶり、まいたけ、アスパラガスを盛り、蒸し器でぶりに火が通るまで蒸す。
❸ ボウルに大根おろしと七味唐辛子を入れ、混ぜ合わせる。
❹ 器に②を盛り、③をのせ、ポン酢を添える。

DHA　1170mg
カロリー　268kcal
塩分　2.0g

3 さば缶のトマト煮

さば缶でさばの
栄養を丸ごと摂取
トマトとの相性も◎

材料 1人分

さば缶（水煮缶）…90g
玉ねぎ…30g
オリーブ油…3g
塩…少々
トマト缶（カット）…100g
コンソメ（固形）…1/4個
トマトケチャップ…5g
こしょう…少々

つくり方

❶ 玉ねぎは薄切りにする。
❷ フライパンにオリーブ油をひき、玉ねぎを入れ、しんなりするまで炒め、塩で調味する。
❸ トマト缶、さば缶を汁ごと加え、コンソメ、ケチャップで調味し、5分煮る。こしょうをふり、1分煮て火を止める。
※お好みで粉チーズなどを。

DHA　996mg
カロリー　475kcal
塩分　0.9g

2 さけのアボカドチーズ

中性脂肪を減らすのに役立つさけ
妊娠中の体重管理に

材料 1人分

さけ（生）…1切れ（80g）
アボカド…20g
ゆで卵…1/2個分
プロセスチーズ…10g
マヨネーズ…14g
こしょう…適量
A｜しょうゆ…3g
　｜みりん…3g

つくり方

❶ アボカドは2cm角、ゆで卵は粗く刻み、チーズは1cmの角切りにする。
❷ ボウルにマヨネーズとこしょう、①を混ぜる。
❸ フライパンにオリーブ油適量（分量外）をひき、さけを入れて両面焼く。Aで調味し、からめる。
❹ ③に②をのせ、オーブントースターで焼く。

間食を上手にとろう

間食で栄養を補給

１日３食のバランスのよい食事をとることは基本ですが、妊娠中は普段よりも摂取エネルギーや栄養素が多く必要です。３食で補いきれないときは間食を上手に取り入れ、１日の食事のバランスをとりましょう。

おすすめの食品

カルシウムがとれる牛乳などを使ったものやビタミンＣが豊富な果物、ミネラルなどがとれる寒天を使ったものがおすすめ。ほかに、ナッツ類なども気軽に食べられていいでしょう。

おすすめのおやつ

カロリー　110kcal
塩分　0.3g

1 おからのマグカップケーキ

イソフラボン、食物繊維などが豊富なおからパウダーでヘルシーに

材料 １人分

おからパウダー…大さじ３
卵…１個
豆乳…大さじ３
メープルシロップ…大さじ３
ベーキングパウダー…小さじ 1/2

つくり方

❶ 高さ 10㎝ぐらいの耐熱のマグカップに材料をすべて入れ、なめらかになるまで混ぜ合わせる。
❷ 電子レンジで３分 20 秒加熱する。

カロリー　84kcal
塩分　0.1g

3 ラッシー

材料をすべて混ぜ合わせるだけ
手軽にできて整腸作用のあるドリンク

材料 １人分

牛乳…60g
豆乳（成分無調整）…40g
酢…５g
はちみつ…６g

つくり方

コップにすべての材料を混ぜ合わせる。

カロリー　76kcal
塩分　0.1g

2 豆腐甘酒ムース

ノンシュガー、ノンアルコールの米麹の甘酒なら、妊娠中でも大丈夫！

材料 １人分

豆腐（絹ごし）…50g
ゼラチン…４g
水…20cc

A　米麹甘酒…30g
　　はちみつ…３g
　　レモン汁…小さじ１

好みの果物やジャム…適量

つくり方

❶ 豆腐は水けをきる。ボウルにゼラチンと水を入れて軽くかき混ぜ、電子レンジでゼラチンが溶けるまで加熱する。
❷ ミキサーに①の豆腐とＡを入れ、撹拌《かくはん》する。
❸ ボウルにゼラチンと②を入れて混ぜ、器に注ぎ、冷蔵庫で６～７時間程度、冷やし固める。果物などをあしらう。

※お好みでミントをのせる。

※電子レンジは 600 Ｗで加熱した場合の時間です。500W の加熱時間は約 1.2 倍を目安に。電子レンジによって加熱時間は調整してください。

食べてからだの調子を整える

体調不良を予防する食べ方

妊娠中の食事は栄養、塩分量、カロリーコントロールなどさまざまなことに注意が必要です。では具体的に気をつけることとは？

食べられるものを食べられるだけ

妊娠中の体調不良の代表的なものがつわりです。妊婦さんのほとんどが経験する一般的な症状なのですが、つわりが原因で食べられないということもあります。そんなときには無理せず、食べられるときに食べられるものを食べられるだけ食べましょう。空腹時に吐きけがするときは間食をしたり、次の食事を早めにとってもいいです。においが気になる場合は冷ますと気にならなくなりますし、薬味や酸味などをプラスすると食べられるようになることも。食後に吐きけがするときは1回に食べる量を半分ぐらい、もしくは3分の1にして1日に5～8回などに分けて食べましょう。一方、食べていないと気持ち悪くなる状態が〝食べつわり〟ですが、常に何か食べていると体重増加の原因になるので気をつけて。

注意したい食品

レバーやうなぎなど動物性のビタミンA

ビタミンAは皮膚や粘膜の働きに欠かせませんが、レバーなどに含まれる動物性のビタミンAは妊娠初期のとりすぎに注意。おなかの赤ちゃんに悪影響を及ぼす可能性も。食べるのは週に1回程度に。

カフェインを含むもの

中枢神経を興奮させる作用があるので大量にとると神経の興奮や不眠、頻脈、呼吸促進などが起こります。コーヒーや紅茶、緑茶にはカフェインが含まれているので1日に1～2杯までにしましょう。

水銀を含む魚

魚は血や肉をつくるのに必要なタンパク源ですが、まぐろ、かじき、きんめだいなどの大きな魚には水銀が含まれているといわれています。これらの魚を食べるのは1週間に80gまでにしましょう。

カロリーオフ、カロリーゼロの飲み物

カロリーオフやカロリーゼロと表示された飲料水の多くは人工甘味料が使用されています。とり続けると過食になりやすく、おなかの赤ちゃんも過体重になることも。できるだけ飲むのは控えて。

ナチュラルチーズやスモークサーモン

風邪などに似た症状が起きるリステリア症。菌はスモークサーモンや非加熱のナチュラルチーズなどに含まれています。妊娠中にかかると流産や早産の可能性が高くなるので避けたほうがいいでしょう。

甘いジュースやコーヒー

市販の清涼飲料水や缶コーヒーなどには大量の糖分が含まれています。とりすぎると体重増加の原因にも。1日に必要な糖分の目安は砂糖なら大さじ1杯、はちみつなら小さじ2杯といわれています。

塩分を控える

食塩１gに相当する調味料の量

みそ…8g
（大さじ1/2）

しょうゆ…6g
（小さじ1）

マヨネーズ…40g
（大さじ3）

トマトケチャップ…30g
（大さじ2）

だしになる食材を利用

干ししいたけやこんぶ、かつお節などうま味成分が豊富に含まれている食材を使うとだし代わりになり、減塩が可能です。また、トマトや玉ねぎ、きのこ類など、うま味がある野菜のもち味を活かすと薄味でも十分おいしくなります。

１日の塩分は7g以下

妊娠中はさまざまな栄養素の摂取がいつも以上に必要ですが、こと塩分に関してとりすぎは禁物です。妊娠中に塩分をとりすぎると妊娠高血圧症候群になるリスクが大。１日の塩分量の目安は7g以下。しょうゆなど調味料の使いすぎに注意して。

加工品に注意！

ハムやウインナーなどの加工食品、ちくわやかまぼこなどの練製品は塩分が多く含まれています。これらの食材に含まれている塩分は「塩分！」と主張していないため、わかりにくくついついとってしまいがちなので気をつけましょう。

酸味や香りを活かす

しそなどの香りのいい食材やゆず、レモン、酢などの酸味、カレー粉などのスパイス、のりやごまなどを上手に取り入れると味にアクセントがついておいしくなり、無理なく減塩できます。また、レシピの幅も広がるでしょう。

カロリーを抑える

油は控えめに。１日大さじ1.5

油にはバターやラードなどの動物油とオリーブ油やごま油、サラダ油などの植物油があります。動物油をとりすぎると中性脂肪の増加やコレステロール値が高くなることにつながるため、気をつけましょう。油は１日大さじ1.5杯までが目安。

調理法を変える

肉などは多量の油を使う揚げものではなく、蒸したり、ゆでるといいでしょう。余計な脂が落ち、カロリーが抑えられます。どうしても揚げものが食べたい場合は揚げ焼きにするなどの工夫を。それではもの足りないときは調整しましょう。

脂肪の少ない肉を選ぶ

鶏胸肉やささ身のほか、牛・豚肉はもも、ヒレ肉などの赤身がおすすめです。これらの肉は良質のタンパク質が多く含まれ、低カロリー。ほかにもハラミやタンなどのホルモンもカロリーが低めです。いずれにしてもとりすぎはいけません。

パパがママのためにつくる らくちんバランスごはん

混ぜるだけ！

材料を切って調味料と混ぜて器に盛れば完成！「もう一品ほしい！」というときにもおすすめのレシピです。タンパク質をメインに栄養価の高い野菜と組み合わせるといいでしょう。

フライパンひとつで！

鍋やフライパンをいくつも使うと後片づけが大変です。フライパンひとつで手軽にできる主菜を紹介。フライパンは焼くだけではなく、ゆでたり、蒸し料理などにも使えます。

一皿でバランスよし！

妊娠中は普段よりも栄養バランスのとれた食事が大事です。タンパク質、カルシウム、ビタミンC、ミネラル、鉄分など必要な栄養素が一皿で簡単にとれ、パパがつくれるレシピです。

カロリー 121kcal
塩分 1.1g

3 まぐろにら納豆あえ

まぐろと納豆の定番のコンビに、にらをプラスしより健康的に

材料 1人分

まぐろ（刺身用）…50g
にら…50g
納豆…20g
A ごま油…2g
にんにく（すりおろしたもの）…少々
しょうゆ…7g

つくり方

❶ にらは熱湯でさっとゆで、冷水に取り、水けを絞って4cm長さに切る。まぐろは1.5cm角に切る。
❷ ボウルに①と納豆、Aを入れ、混ぜ合わせる。

カロリー 390kcal
塩分 1.4g

2 はんぺんのチーズピカタ

ふんわりとやさしい口当たり 青のりの香りでさらにおいしく

材料 1人分

はんぺん…1枚
スライスチーズ…1枚
青じそ…1枚
薄力粉…大さじ1
オリーブ油…大さじ1

【卵液】
卵…1個
青のり…適量
粉チーズ…大さじ1
黒こしょう…適量

つくり方

❶ はんぺんは側面に切り込みを入れ、チーズとしそをはさむ。
❷ 卵液の材料を混ぜ合わせる。
①のはんぺんに薄力粉をまぶし、卵液にくぐらせる。
❸ フライパンにオリーブ油をひき、②を中火で両面を焼く。残りの卵液をはんぺんの上にかけながら、焼き色をつける。
❹ 三角形に切り、器に盛る。

カロリー 112kcal
塩分 1.4g

1 トマトときゅうりの塩こんぶサラダ

こんぶの塩気を利用するから、調味料は不要

材料 1人分

トマト…100g
きゅうり…50g
塩こんぶ…7g
ごま油…7g

つくり方

❶ トマトは一口大に切り、きゅうりは1cm幅の輪切りにする。
❷ ボウルに①を入れ、塩こんぶとごま油で調味する。

PART 5

新生児のお世話

いよいよ赤ちゃんとの生活がスタートします。赤ちゃんの体のこと、様子、１日の生活のリズムなど、はじめてのママとパパにはわからないことばかりです。産まれてすぐの新生児から、生後１カ月くらいまでの赤ちゃんのお世話のしかたをすべて紹介します。ママとパパが助け合いながらお世話することも大切です。

ドキドキのママ&パパ生活スタート

入院生活ってどんなふう？

入院中は産院スタッフに見守られながらママは体調を回復させます。育児がスムーズにできるよう、お世話のしかたも学びます。

お世話のしかたを習いながら体を回復させます

待ちに待った、赤ちゃんとの生活。でも入院中はまだ、産院のスタッフにお任せできることが多いので、ママは無理をせず、自分の体の回復を優先します。

産院によって、母子同室と母子別室の場合があります。同室だと赤ちゃんのリズムに慣れやすく、別室だとゆっくり体を休められるというメリットが。昼間だけ同室で夜は別室という産院もあります。

一般的には、翌日から赤ちゃんのお世話が始まります。授乳やおむつ替え、沐浴なども、助産師さんにやり方を教わりながらスタートします。

経腟分娩の場合は4日、帝王切開の場合は7日ほどで退院します（産院により異なる）。もし不安なことがあれば、助産師さんに相談してみましょう。

入院中の生活（経腟分娩の場合）

出産当日

入院室でゆっくりと休みます

出産後、しばらくは分娩室で安静にして、問題がないか様子をみてから入院室に戻ります。この日は赤ちゃんのお世話は主に助産師さんにお任せし、ママはゆっくり体を休めます。出産した時間が早ければ、この日からお世話を開始することに。

産まれたよ！

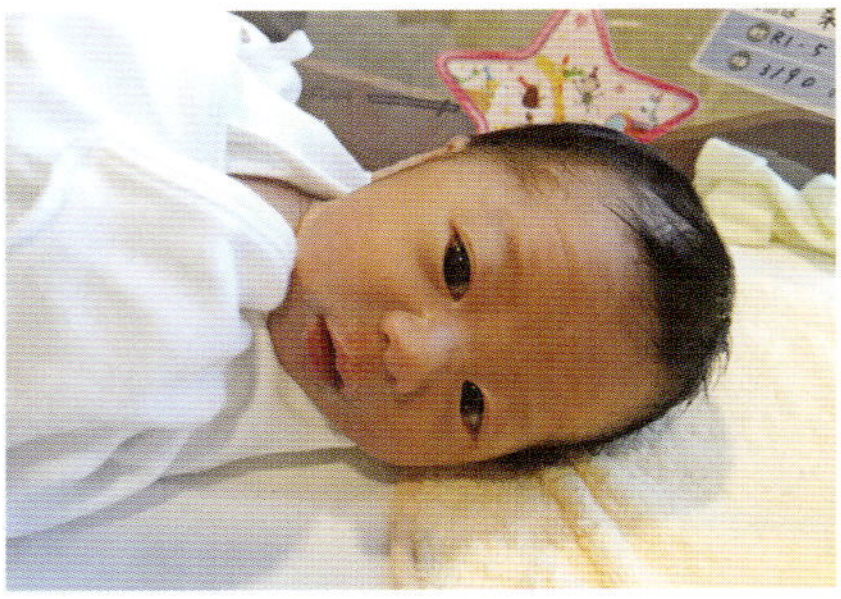

赤ちゃんもママもお疲れさま！ 初対面のときは、感動で胸がいっぱいに。

抱っこも、はじめてのときは恐る恐る……。

パパもお泊まり

つき添っていたパパもお疲れさまでした。時間によってはパパも入院室にお泊まり。はじめて赤ちゃんと一緒に過ごす夜です。ちゃんと眠れるかな？

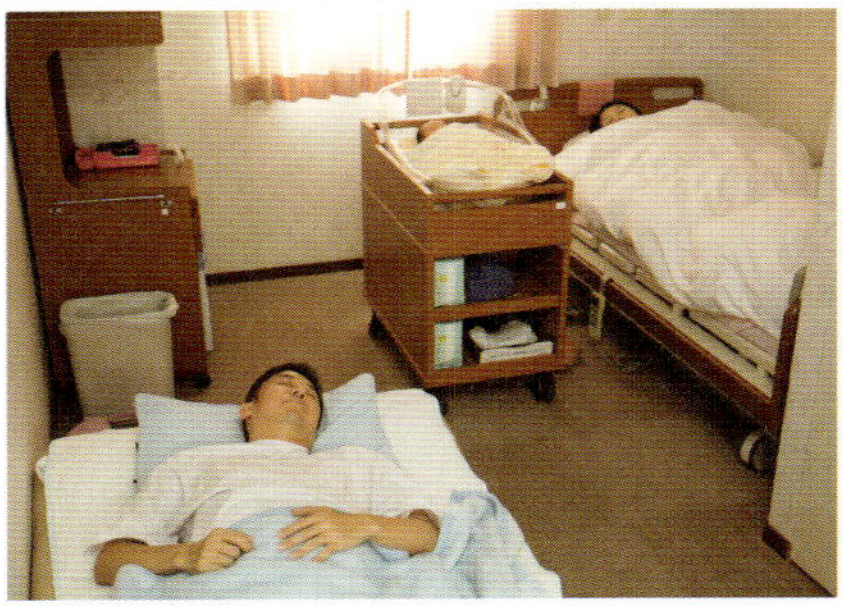

お姉ちゃんだよ

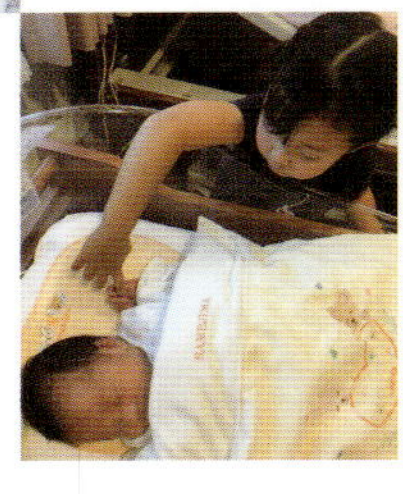

妹の誕生をずっと待っていたお姉ちゃん。早く一緒に遊ぼうね！

1日のスケジュール例

（さめじまボンディングクリニックの例）

6:00	赤ちゃんの検温 採血、退院検査など
7:45	朝食
9:00	ママの検温 ママの診察
10:00	沐浴見学、 退院指導など
12:00	昼食
13:00	面会時間開始 調乳指導（希望者のみ）
15:00	おやつ
18:00	夕食
20:00	面会時間終了、検温
21:00	消灯

1日目 授乳やおむつ替えの練習開始

出産翌日から、本格的に赤ちゃんのお世話がスタート。授乳やおむつ替えなど、人形で練習していたときと違ってあわてるかもしれませんが、助産師さんがついているので安心して。

初授乳

これでいいのかな？

はじめのうちは飲んでくれないこともありますが、焦らないで。

おむつ替えの練習

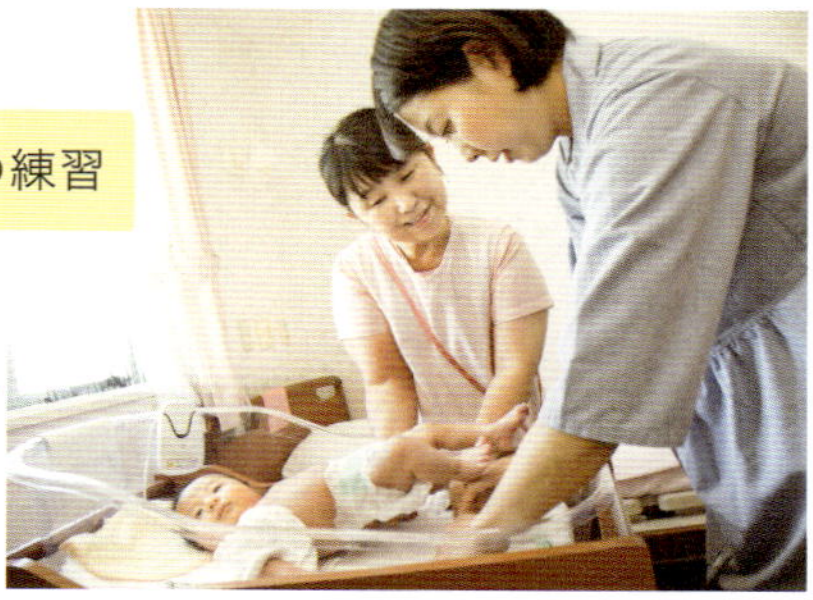

おしりのふき方や、おむつのスムーズな替え方を教えてもらいます。

2日目 本格的に授乳指導。シャワーも浴びられます

助産師さんの授乳指導が、本格的に始まります。ママは子宮や悪露《おろ》の状態を診察してもらい、許可が出れば、シャワーを浴びることも可能。経産婦さんの中には、後陣痛《こうじんつう》（→ P.197）がつらくなる人もいます。

昼食

産院によっては、院内のレストランで昼食をとる場合もあります。はじめてのママ友との交流も。

今日のメニュー

体の回復と、母乳が出ることを考えたメニューです。

真剣！

授乳指導

授乳室や入院室で、助産師さんによる授乳指導が行われます。抱っこのしかたや、ゲップのさせ方なども教わります。

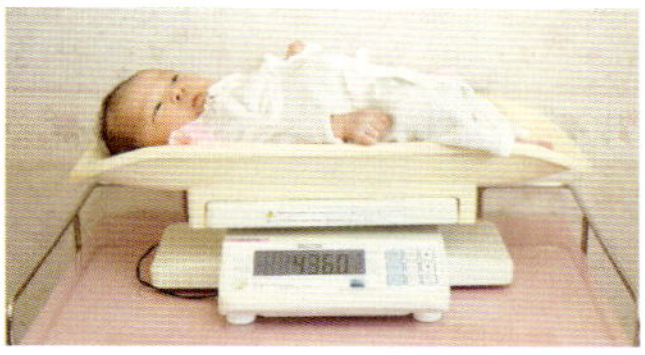

赤ちゃんに授乳させる前とあとで体重を測り、どのくらい増えたかチェックします。

3日目

検査したり、教わったり退院に向けて忙しくなる

退院に備えて、ママも赤ちゃんもさまざまな診察や検査を受けます。沐浴指導や、退院後の生活についての指導などもある上に、お見舞いの人たちが来たりして、大忙しの1日。もし負担を感じるなら、お見舞いの方の面会は断ったり、短めにしてもらいましょう。

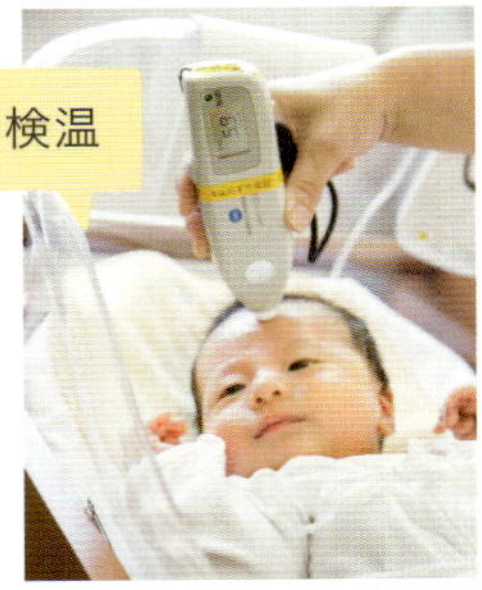

赤ちゃんもママも、毎朝同じ時間に体温を測ります。

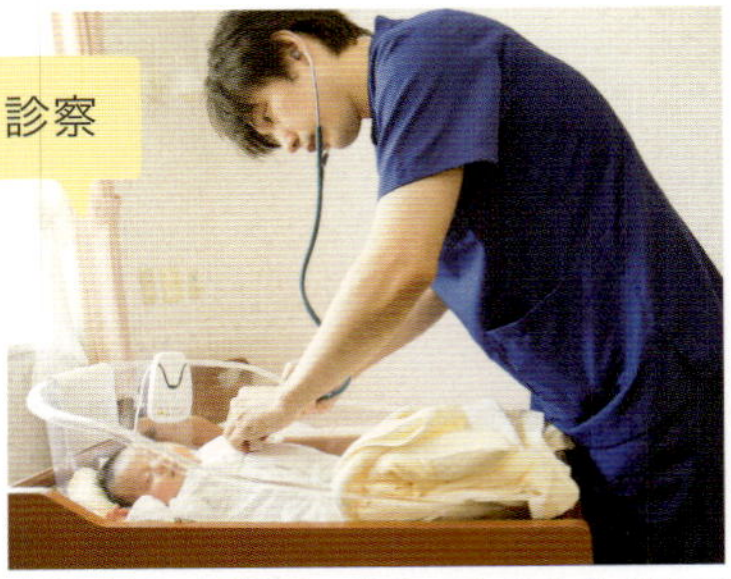

小児科医の医師が、赤ちゃんの全身を見て、心音や皮膚の状態などをチェックします。

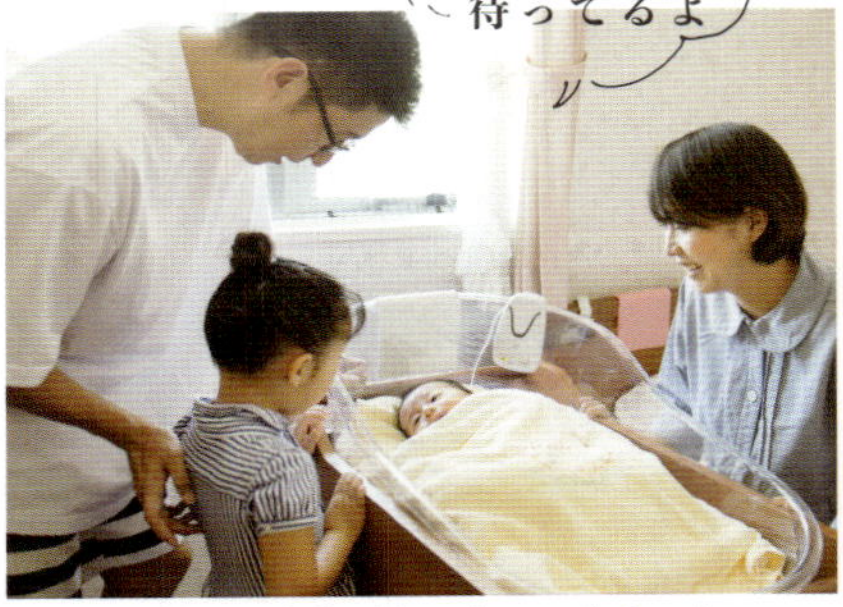

家族も、新しい家族が家にやって来るのを楽しみに待っています。

抱っこにも慣れてきて、かわいさもひとしお。

退院に備えてさまざまな指導を受けます

産院で教わる大事なことのひとつが、沐浴のしかた。着替えの用意から、洗う手順、沐浴後の体のお手入れなど、教わりながら実践します。また、退院後の生活に備えて、赤ちゃんのお世話やママの体の回復、家族計画などについての指導も行われます。

退院の日

赤ちゃんにとってはじめての外出

いよいよ赤ちゃんと一緒に家に帰る日がやってきました。赤ちゃんとママは、退院前の検診を受けます。赤ちゃんを、肌着から自分の服に着替えさせ、母子手帳を受け取り、会計を済ませます。退院するときにつき添いの人がいない場合は、前の日に荷物の一部を持ち帰っておいてもらえると助かります。

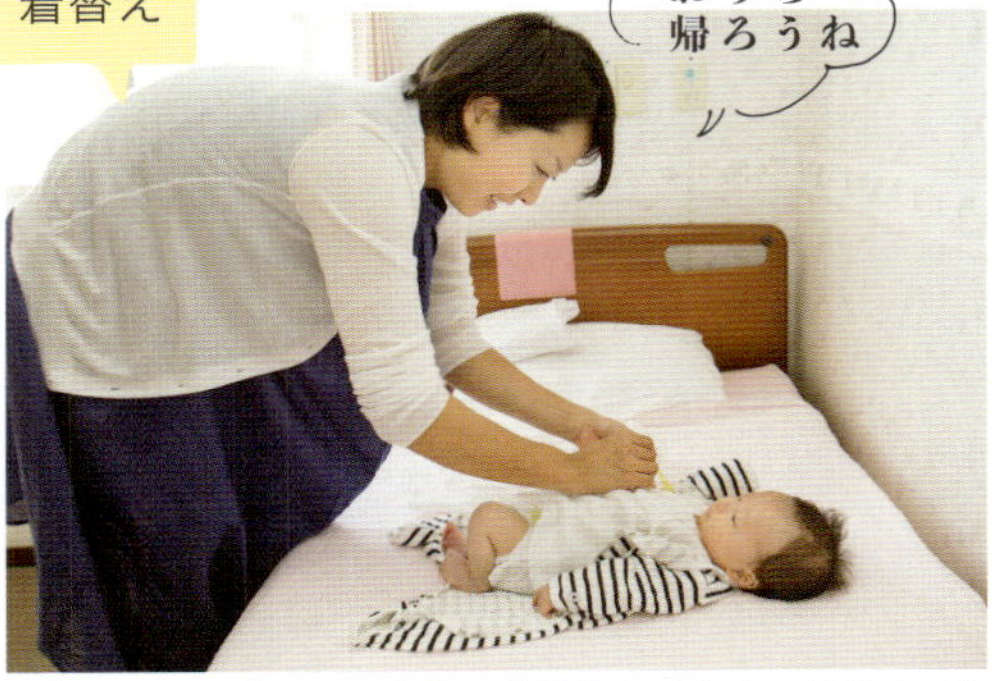

肌着から、用意していた服に着替えさせます。はじめて自分の服を着た赤ちゃんを見ると、退院の実感がわいてきます。

お世話になったスタッフにあいさつをして、赤ちゃんと一緒にわが家へ。お世話になりました！

あらかじめ金額の確認をしておくと安心です。

帝王切開の入院生活

回復の様子をみながら食事や授乳を行います

帝王切開の場合は、出産日が決まっているので、前日に入院します。前日は、心電図などの検査をして休みます。緊張して眠れない人もいるかもしれませんが、目を閉じて横になっているだけでも体は休まるので、心配しすぎないで。

手術にかかる時間は、約1時間ほど。もし母体が安定していれば、赤ちゃんをおなかにおいての授乳もできます。

手術のあとなので、翌日も安静に……と思いがちですが、スムーズな回復のためには、できるだけ早めに体を動かすことも大切。痛みはありますが、翌日から点滴をつけたままで、無理のない範囲で少しずつ歩行を始めます。

入院中に、授乳指導や沐浴指導などを受けます。退院後は、体が回復するまでは無理をせず、家族に手伝ってもらいながら赤ちゃんのお世話をしましょう。

入院7日間のスケジュール例

前日	入院 心電図、レントゲン撮影など 21時以降食事禁止
当日	9時以降飲食禁止 手術まで安静にして過ごす
術後1日目	朝食はお茶のみ 昼食は流動食 夕食は全がゆ 院内歩行を開始 様子をみて授乳開始、尿管カテーテルや硬膜外カテーテルを外す
術後2～5日目	2日目の朝から普通食に 3日目以降、様子をみてシャワー開始 5日目、退院診察、ステープラー（傷をとめた金具）を外す
術後6日目	退院

食事や授乳も、出産翌日からスタート。以前に比べ、入院期間は短くなる傾向にあります（産院によって異なります）。

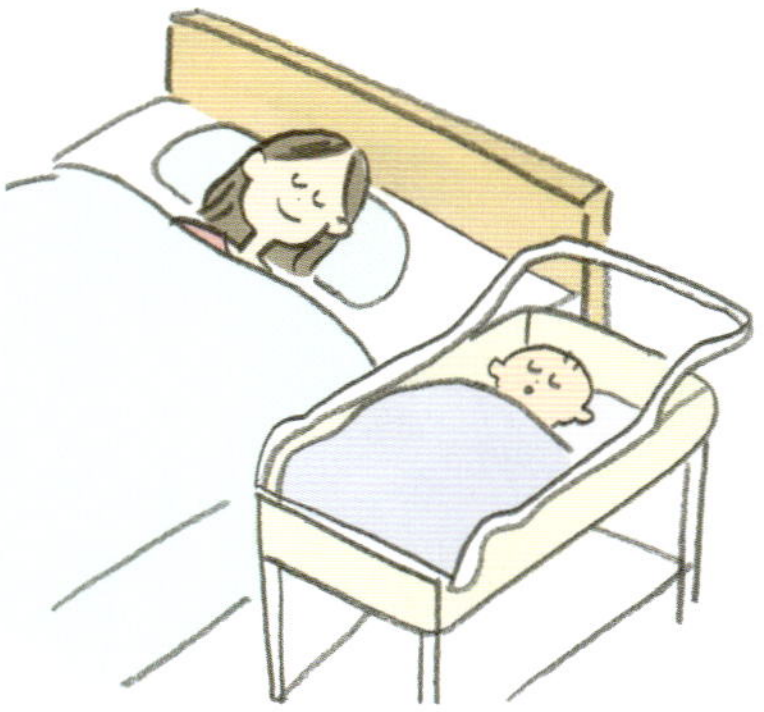

先輩パパの体験談

前かがみがつらそうなので沐浴は私の係に

帝王切開で入院期間が長かったので、その間に私が、家の中をできるだけ片づけました。退院してからは、妻が前かがみの姿勢で赤ちゃんを沐浴させるのがつらそうだったので、私が沐浴係になりました。（Tさん・40歳）

知っておくと安心してお世話できる
新生児の体と特徴

はじめてのお世話は、ささいなことでも心配になってしまうかも。赤ちゃんの特徴を知れば、安心できることもあるはずです。

新生児期ならではの特徴がある

産まれてから4週間以内の赤ちゃんを、新生児といいます。赤ちゃんが自分の力で活動していくようになるための大切な時期です。この時期の赤ちゃんは、とても小さくて頼りなく、心配になることがたくさんあるかもしれません。しかしお世話をするうちに、どんどん慣れていくはず。新生児期特有の特徴を知っていると、安心してお世話ができるでしょう。

赤ちゃんは1日中、おっぱいを飲んで寝る、泣いて起きる、の繰り返しです。おむつ替えもひんぱんなので大変です。ミルクを吐いたり、湿疹が出たりするかもしれませんが、たいていは心配ありません。

赤ちゃんは耳も聞こえるし、目もぼんやり見えているので、笑顔でやさしく話しかけてあげましょう。

心配しないで！

新生児の自然な行動です

「この行動や現象って、どういう意味？」と不思議になることが、たくさんあります。たいていは自然な行動ですが、異常を感じたら産院に相談してみて。

ほぼ1日寝てばかり

昼と夜の区別がなく、寝てばかりいます。レム睡眠という浅い眠りなので、物音に反応してひんぱんに起きる赤ちゃんもいます。

ひんぱんにおしっこをする

膀胱の容量が小さいので、1日に十数回おしっこをします。最初は濃い黄色ですが、おっぱいを飲み始めると、色が薄くなります。

真っ黒なうんちをする

産まれた直後のうんちは、黒っぽくネバネバしています。おっぱいを飲み始めると、少しずつ黄みを帯びたうんちに変わります。

泣くと真っ赤になる

赤ちゃんは激しく泣くことで、深い呼吸をしています。肺に酸素を取り入れ、全身に血液が送り出されることで、肌が真っ赤になります。

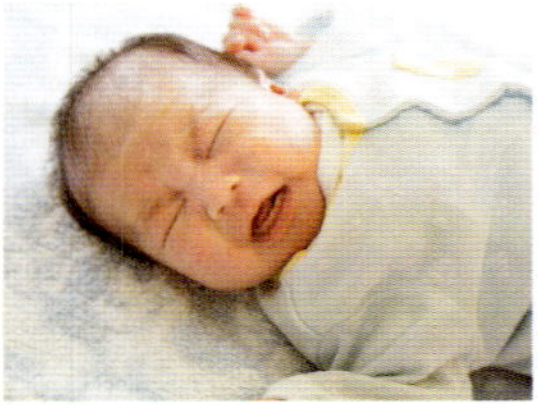

しゃっくりする

おっぱいを飲んだあと、しゃっくりが出ることがありますが、自然におさまります。再びおっぱいを飲ませると、止まりやすくなります。

時々ビクン！と動く

わずかな刺激や音で、ビクン！と両手を広げ、ママを探すように両手を伸ばすことも。「モロー反射」といわれています。

頭

頭がい骨に隙間があり やわらかい

頭のてっぺんに「大泉門」というひし形の隙間があり、触るとやわらかく、ペコペコしています。1歳〜1歳半くらいまでに閉じていきます。

体温

平熱は37℃前後と やや高め

大人よりやや高めで、36.5〜37.5℃くらい。泣くとさらに上がります。皮膚が薄く、皮下脂肪も少ないので、体温調節機能はまだ未熟です。

呼吸・脈

大人の2倍の 速さがふつう

赤ちゃんの呼吸はとても速く、1分間に40回くらい。脈も、120〜140と、大人の2倍くらいあり、泣いたあとや授乳後はさらに増えます。

視力

30cm先が ぼんやり見える程度

20〜30cm先の物の輪郭がぼんやり見える程度ですが、「明るい」「暗い」がわかり、明るいほうを見ようとします。寝るときは暗めにしてあげて。

聴力

おなかの中に いるときから聞こえる

ママのおなかの中にいるときから、赤ちゃんの耳は聞こえています。新生児期でも、聴力の検査はできます。

手に触ると 握り返すよ！

手のひらを触ると、ぎゅっと握り返します。「原始反射」と呼ばれる無意識の反応で、生後3カ月くらいまでみられます。

体つき

3〜4頭身の 頭でっかちさん

頭でっかちで、首はすわっていません。生後3〜4日後に一時的に体重が減ることがありますが、おっぱいを飲んでだんだん増えていきます。

おへそ

へその緒は 自然にとれる

へその緒は生後1週間くらいで乾燥して、ポロッととれます。ジクジクが続いたり、血がにじんでいるときは、産院などに相談を。

皮膚

黄みがかったり 青いあざが現れることも

生後2〜3日で皮膚がぽろぽろとはがれたり、皮膚が黄みを帯びたり（黄疸）、青いあざ（蒙古斑《もうこはん》）が現れることも。いずれも自然におさまります。

性器

腫れがあっても 徐々におさまる

男の子も女の子も、生後すぐは性器が腫れているように見えますが、しばらくするとおさまってきます。

ふたりで協力して乗りきろう！

お世話&環境づくり

産まれたばかりの赤ちゃんは、眠ることとおっぱいを飲むことの繰り返し。赤ちゃんのリズムを大切にしてあげましょう。

授乳、おむつ、寝かしつけで1日が過ぎる

赤ちゃんには、昼と夜の差がありません。1日中、眠ることと、おっぱいを飲むことを繰り返します。パパとママは、おむつを替え、おっぱいを飲ませ、寝かしつけることに追われて、1日があっという間に終わっていくように感じるかもしれません。でもだんだんと慣れてくるものです。

赤ちゃんが泣いているときは抱き上げてあやし、機嫌がいいときは話しかけたり遊んであげる、眠ろうとしているときは寝かしつけるなど、赤ちゃんのリズムを大切にして、赤ちゃんに合わせて生活をします。眠っている赤ちゃんは無理に起こさないよう、安静を保ちます。

まだ体温調節機能が十分ではなく、環境に影響を受けやすい赤ちゃんのため、暖かくて静かな環境を整えます。病原菌に対する抵抗力も弱いので、部屋は清潔に保ち、不要な外出や人込みに出るのは控えて。

出産後のママは体を回復させるときなので、無理をしすぎないよう、パパと協力して育児や家事をしましょう。ママが疲れているときは、パパは話を聞いてあげ、思いやりのある言葉をかけてあげて。それだけでも、ママの負担は軽くなります。

お世話の種類

授乳

約1カ月で3時間おきから4時間おきに

最初は一度に少しずつしか飲めないので3時間おきですが、だんだん間が空いてきます。

おむつ替え

おしっこやうんちのたびにおむつを替えます

最初は、1日10〜20回もおしっこやうんちをしますが、そのたびにおむつ替えが必要。

沐浴

1日1回できるだけ決まった時間に

あせも、ただれを防ぐため、1日1回、できるだけ決まった時間に沐浴をさせましょう。

着替え

濡れたり汚れたり1日数回着替えさせる

入浴時以外に汗をかいたら着替えます。よだれや吐き戻しで1日何度も着替えることも。

抱っこ

泣いたらできるだけ抱っこする

泣いたら、できるだけそのたびに抱き上げて、そっと揺らしたり話しかけてあげて。

赤ちゃんに快適な環境

新生児のころの赤ちゃんは、毎日寝てばかりです。
眠りを妨げないように、静かで快適な環境をつくってあげましょう。
大人も、赤ちゃんに合わせた生活をすることが大切です。

換気は十分に

部屋は閉めきらず、換気を十分行いましょう。空気清浄機を利用するのもいい方法です。

乾燥に注意

湿度は 50 ～ 60%程度が理想です。暖房を使用するときは乾燥しやすいので加湿器を使ったり、室内に洗濯物を干したりしましょう。

直射日光に当てない

直接陽が当たる場所に寝かせないように気をつけましょう。外出するときは帽子をかぶせてあげて。

室温を調整する

室温は夏は 26 ～ 28℃、冬は 20 ～ 23℃が理想的。体温調節が上手にできないので、冷暖房を用いたり、衣類や布団で調節してあげます。

安静を保つ

不要な外出はなるべく避けて、家の中で安静に過ごします。はじめての外出は、1カ月後のお宮参りが目安。

うつぶせ寝はさせない

新生児期は寝返りをうてません。気道が細くてやわらかく、圧迫されやすいので、うつぶせ寝はさせないようにしましょう。

赤ちゃんのために避けたいこと

● 同じ部屋でタバコを吸う

赤ちゃんのいる部屋でタバコを吸うのは避けて。お客様にも、別の場所で吸ってもらいましょう。

● 人込みに連れていく

赤ちゃんは病原菌に対する抵抗力が弱い上、騒がしい環境には慣れていません。できるだけ人込みに連れていくのは避けます。

● 夜に明るくしすぎる

夜は暗くして過ごし、朝になったらカーテンを開け、光を入れましょう。テレビなど音がうるさい場所からは離します。

授乳（母乳）のしかた

だんだん慣れてくるから大丈夫！

赤ちゃんにもママにも やさしい母乳にトライしてみて

母乳には、赤ちゃんの体をつくるための栄養のほか、病気から守る免疫物質など、成長に必要なものがすべて含まれています。授乳により子宮が収縮するので、ママの体の回復にも役立ちます。赤ちゃんとママの両方にとって、メリットがあるのです。

とはいえ、皆が最初からうまく授乳ができるわけではありません。出産直後は母乳があまり出なかったり、赤ちゃんが上手に吸ってくれなかったりして悪戦苦闘することも。でも、1週間くらいたつと母乳の量も増えますし、赤ちゃんもだんだん上手に飲んでくれるようになります。

授乳により、母性を育てるためのプロラクチンとオキシトシンというホルモンがたくさん分泌されます。母乳は、母親としての心も育ててくれるのです。

最初は思うようにいかず、苦戦することもあるかもしれませんが、母乳育児にはそれを上回るメリットがたくさんあります。

授乳の流れ

1 抱っこして話しかける

赤ちゃんを抱っこしたら、顔を見ながら「おなかがすいたね」「おっぱい飲もうね」など話しかけます。

2 乳首を左右交互に吸わせる

赤ちゃんに乳首をくわえさせます。左右のおっぱいを均等に吸わせるために、最初のうちは片方3～5分ずつで交代します。

乳首を離すときは 乳輪を押しながら

おっぱいから赤ちゃんの口を離すときは、乳輪を指で押してスッと離します。無理に引き離すと、乳首が傷つく原因に。

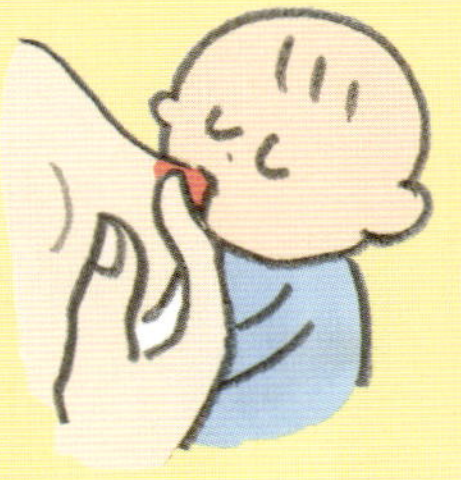

3 縦抱きにしてゲップさせる

ゆっくり縦抱きにしてママの肩に赤ちゃんの頭をのせ、背中をさすったり軽くトントンして、ゲップをうながします。

授乳時の抱き方

横抱き

赤ちゃんの首をママの手でしっかり支え、腕で赤ちゃんの背中とおしりを支えます。ママの膝の上にクッションなどをのせて、赤ちゃんの頭の位置を調節。

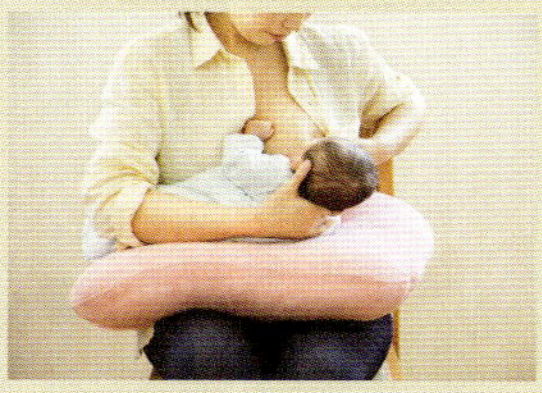

縦抱き

赤ちゃんをママの太ももをまたがらせるようにして座らせます。赤ちゃんの背中が丸くならないように、おしりや首をしっかり支えてあげて。

フットボール抱き

赤ちゃんをわきの下に抱えるようにします。膝の上にクッションなどを置いて、赤ちゃんの頭の位置を調整。帝王切開後のママにおすすめです。

母乳をあげるときの姿勢

最初のうち母乳の出が悪い場合は、
１日に何度もこまめに吸わせてあげましょう。
赤ちゃんの頭を支え、深くくわえさせるのがコツです。

赤ちゃんの胸と肩を押しつけるように

ママの手と腕で、赤ちゃんの胸と肩をママに押しつけます。赤ちゃんの下あごが乳房の中に埋まるように。

赤ちゃんの口をしっかり開けさせる

赤ちゃんの口をおっぱいで刺激して、大きく開けさせ、乳頭と乳輪が隠れるくらい深くくわえさせます。

乳房の下からおっぱいを支える

片方の手で赤ちゃんの頭を支え、もう一方の手で乳房を下から支えるようにして、吸いやすい角度にします。

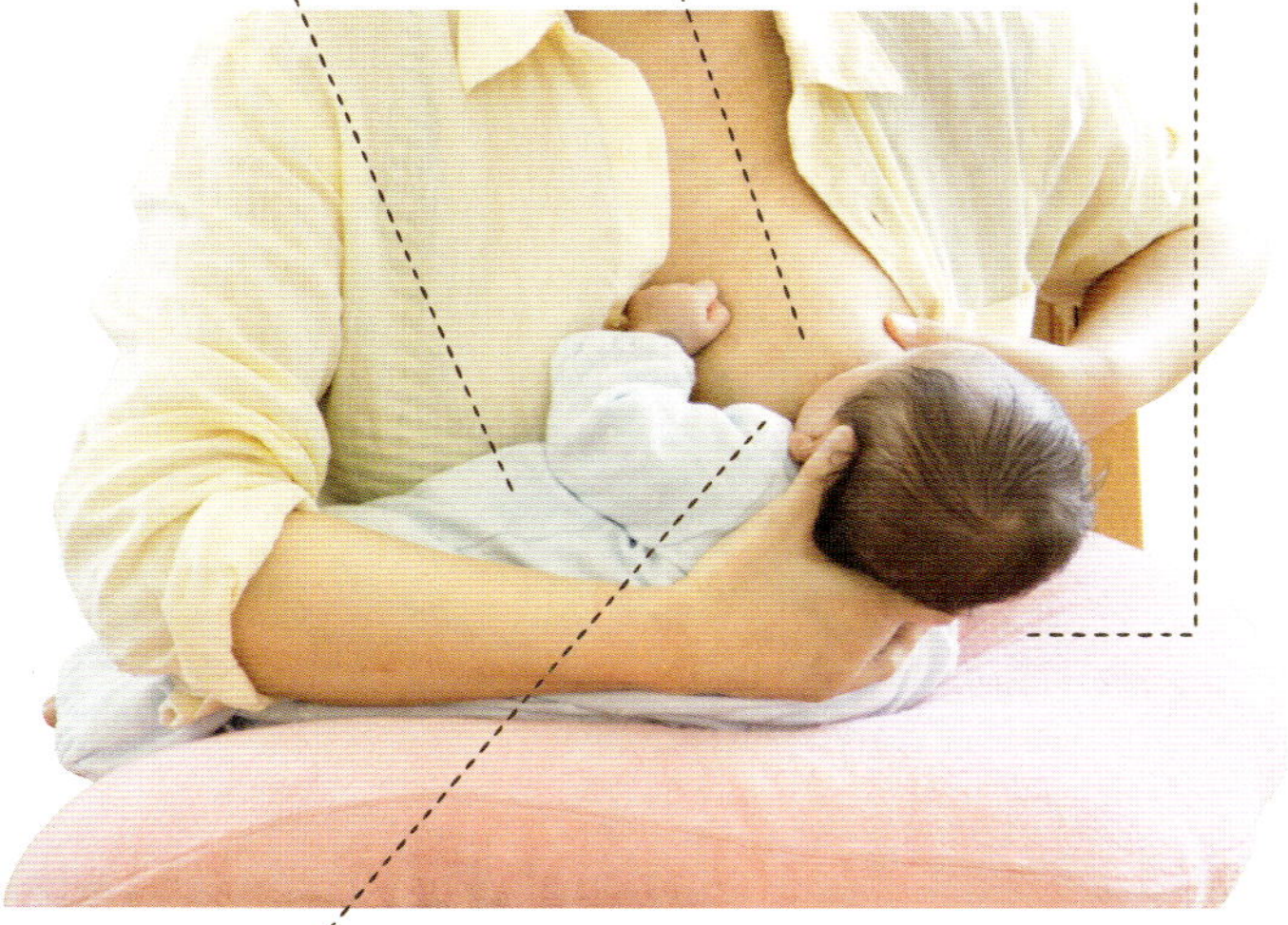

下唇が乳首の３～４㎝下

赤ちゃんの下唇と、乳房の接触点が、乳首の３～４㎝下にくるように、しっかりくわえさせます。

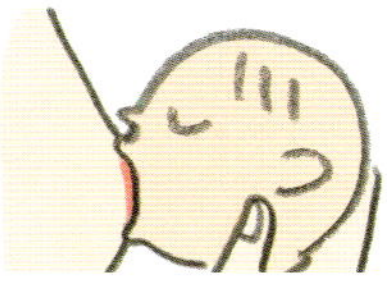

母乳 Q&A

Q― 泣くたびに飲ませていいの？

A― ママが大丈夫なら問題ありません

最初のころは、泣くたびに飲ませても問題ありません。ママは大変かもしれませんが、赤ちゃんは、不安だったり、眠たいのに眠れないときなど、おっぱいをくわえることで安心できます。

Q― 母乳が足りているか心配です

A― 体重が増えていれば大丈夫です

不安になるかもしれませんが、赤ちゃんの体重が順調に増えていれば、あわててミルクを足す必要はありません。もし体重が増えない状況であれば、助産師さんに相談を。

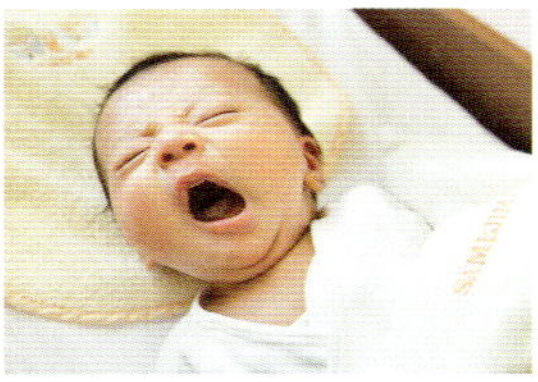

パパや周囲の人でもできる ミルクのあげ方

ミルクなら、パパやほかの家族、シッターさんでもあげられます。母乳から切り替えるか迷ったら、助産師さんに相談を。

ミルクでも十分に栄養を与えることができます

母乳が足りなくて赤ちゃんの体重が増えないときや、ママの体調が悪いとき、早産や赤ちゃんの黄疸がひどいときなどは、ミルクに頼りましょう。

ママがミルクをあげる前には、両方のおっぱいをくわえさせましょう。母乳をあげる機会が減ると、ますます出にくくなってしまいます。抱っこして話しかけながら飲ませることが大切です。

ミルクでも十分な栄養を与えることはできますし、罪悪感を持つ必要はまったくありません。しかし赤ちゃんにおっぱいを吸ってもらう機会が減るのはもったいないことです。安易にミルクに移行するのではなく、まずは助産師さんに相談してみて。赤ちゃんと自分のために、いちばんいいと思える方法を選びましょう。

調乳のしかた

1 哺乳びんにお湯を半分入れる

一度沸騰させてから70～80℃に冷ましたお湯を、清潔な哺乳びんにできあがりの半量だけ注ぎます。

2 粉ミルクを正しい分量入れる

ミルクの量を確認して、哺乳びんに入れます。缶の場合は、スプーンを缶の縁ですりきって計ります。

3 よく振ってからお湯を足す

哺乳びんを、底で円を描くように回してミルクをよく溶かします。その後、できあがり量までお湯を入れます。

4 人肌程度に冷ます

少し冷ましてから手首に垂らし、温度を確認。熱いときは水を張ったボウルにつけて、人肌程度まで冷まします。

液体ミルクは注ぐだけでOK

液体ミルクは、常温で保存できてそのまま飲ませることができます。旅行時やママの体調が悪いとき、災害時の備えなどに。

ミルクをあげるときの姿勢

母乳のときと同様に、スキンシップを大切にしましょう。顔を見て「ミルクを飲もうね」などと話しかけながら抱っこします。

清潔を保つために

● **調乳の前には石けんで手を洗う**

新生児期は、感染症にかかる心配があります。ミルクをつくる前には、石けんで手を洗いましょう。手をふくタオルもこまめに洗濯し、清潔に保って。

● **飲み残しはとっておかない**

栄養分が豊富なミルクは、時間をおくと雑菌が繁殖します。室温や置き場所によっては、短時間でも危険。飲み残しはとっておかず、毎回つくり直しましょう。

● **使用した道具は早めに消毒する**

飲み終わった哺乳びんは、そのまま放っておかず、できるだけ早めに洗いましょう。面倒でもびんはブラシを使って洗い、乳首と一緒に消毒をします。

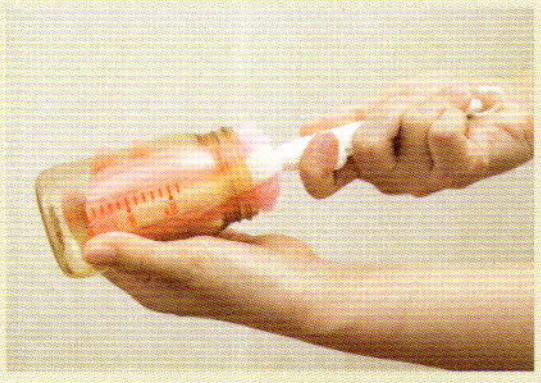

哺乳びんは赤ちゃんの口に直角に

赤ちゃんの口に対して哺乳びんを直角に近づけます。角度が浅いと、空気が入ってしまい、ミルクを吐き出してしまうことがあります。

赤ちゃんを抱いてから哺乳びんを持つ

哺乳びんを近くに置いて、まずは赤ちゃんを抱き、頭をきき腕の反対のひじの内側にのせます。頭の位置を調節してから、哺乳びんを持ちます。

乳首の根元までくわえさせる

乳首の先端をくわえるだけではミルクを吸えません。乳首の根元までしっかりくわえさせます。飲み終わったら、縦抱きにしてゲップをさせます。

ミルクQ&A

Q― ミルクだけで育てるのはダメなの？

A― 栄養面では問題ありません。自信を持ってあげましょう

事情により、母乳で育てるのが難しい場合もあります。ミルクの成分は、母乳にかなり近づいているので、栄養面では問題ありません。赤ちゃんを抱っこして目を合わせ、話しかけ、コミュニケーションをとりながらあげましょう。

Q― ミルクはどのくらいの量あげればいい？

A― 個人差があるので様子をみながら調整を

個人差があるので、月齢で量を決めることはできません。赤ちゃんの様子をみて決めましょう。生後1カ月で、体重が1キロくらい増えていれば大丈夫。赤ちゃんが飲み終わりたがっているのに、こちらが決めた量を無理して飲ませようとしないこと。

おむつ替え

赤ちゃんとのコミュニケーションタイム

「気持ちよくなったね」と赤ちゃんに声をかけましょう

産まれたばかりの赤ちゃんは、1日10～20回もおむつを汚します。まだおしっこやうんちをためる機能が発達していないためです。「替えたばかりなのにすぐ汚れた」ということもあるでしょうが、できるだけこまめに替えて、清潔に保ってあげましょう。赤ちゃんの肌は弱く、かぶれやすいものです。成長とともに、徐々に排泄の回数は減っていきます。

おむつが汚れて泣くのは、赤ちゃんからのメッセージ。「気持ち悪いよ」という訴えを受け止めて、「気持ちいい」に変えてあげる、大切なコミュニケーションタイムでもあります。黙って替えずに「気持ち悪かったね」「きれいになって、気持ちいいね」と声をかけて。赤ちゃんにはパパやママの言葉がよく聞こえ、表情も伝わっています。

おむつ替えは、赤ちゃんの「気持ち悪いよ」のメッセージに応えてあげる、大切な時間。体の状態を確認することもできます。

紙おむつの替え方

1 新しいおむつをおしりの下に敷く

おむつを外す前に、おしりを持ち上げ、新しいおむつを下に敷きます。おむつを外したとたんに、おしっこやうんちが飛び出すことがあるので気をつけて。

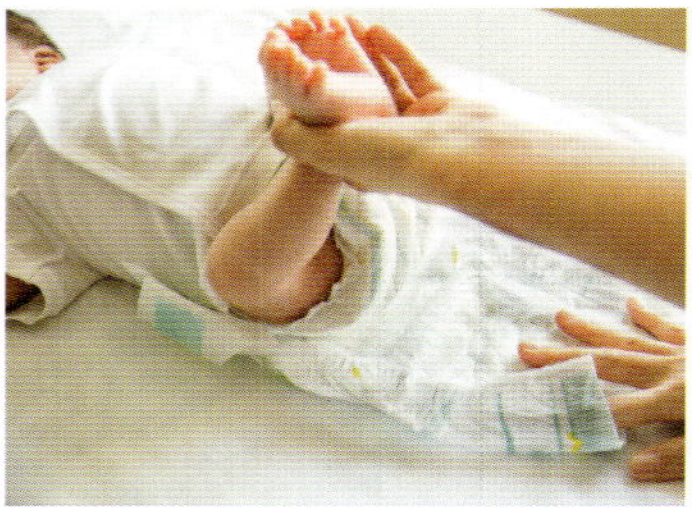

2 おむつを外しておしりをふく

おむつを外してわきに置き、おしりふきや湿らせた古布を使っておしりをきれいにふきます（左ページ参照）。うんちの場合は、しわやひだの内側もていねいに。

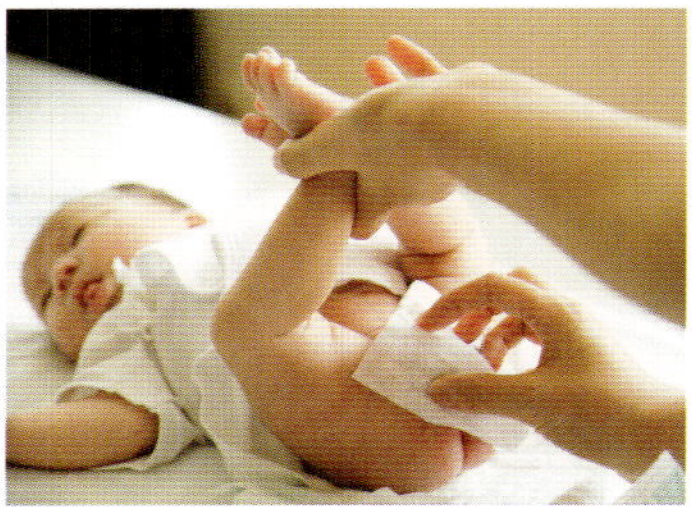

3 新しいおむつを当てる

新しいおむつを当てます。おなかとおむつの間に指2本入るくらいの余裕を持たせて。おむつのウエストの部分が余ったら、折り返して調整を。

4 古いおむつを丸めて捨てる

古いおむつについたうんちはトイレに流します。おむつは丸めてテープで留め、専用のゴミ箱に処分します。終わったら石けんで手を洗います。

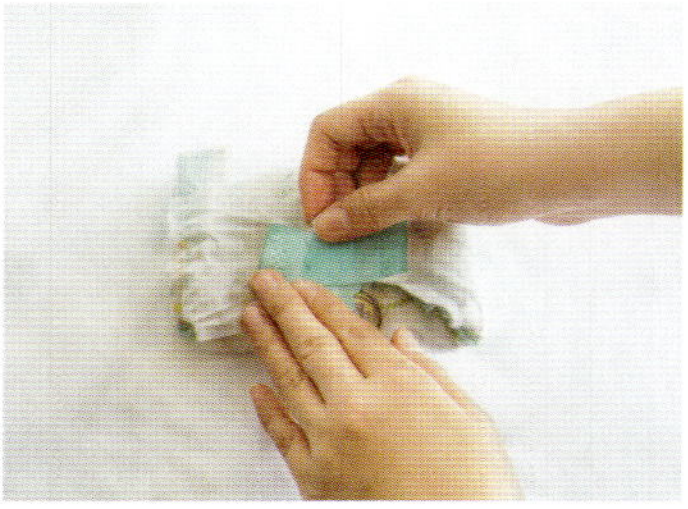

全身の様子やうんちの色を観察しましょう

おむつ替えは、単なるおしっこやうんちの始末というだけではありません。赤ちゃんの体の状態をチェックする、大切な機会です。

おむつ替えをするときには、おしっこやうんちの量・色などをよく観察しましょう。うんちは最初のうちはゆるゆるの液状ですが、生後1カ月くらいから少しずつやわらかい便に変わっていきます。

うんちの色は黄色か緑色ですが、離乳食が始まるとだんだん茶色に変わっていきます。もし「いつもと違って変だな」と思ったら、産院を受診しましょう。うんちの写真を撮っておくと役立ちます。

おむつを外したときに、体の様子も観察しましょう。おしりが赤くかぶれていないか、おへその状態がどうかなどを確認します。肌のトラブルなどがあるなら、早めに受診しましょう。

おしりのふき方

女の子
大腸菌が尿道に入り込まないよう、前から後ろ（肛門）に向かって、一方向にふくこと。外陰部に入り込んだうんちも、ていねいにふきます。

男の子
おちんちんや陰のうを手で持ち上げて、裏側やしわの中までていねいに汚れをふきます。おしっこを飛ばされやすいので、気をつけて。

【うんちの色をチェック】

黄色い
鮮やかな黄色は、健康な証拠。胆汁の色がそのまま出るので、黄色になります。緑色を帯びることもありますが、問題ありません。

白い
うんち全体が白っぽく、それが何度も続く場合は、胆道閉鎖症などの病気の可能性もあります。早めに受診しましょう。

黒い・赤い
退院したあとでも黒いうんちが出る場合は、消化管の出血が原因かも。赤いうんちは肛門や大腸からの出血が疑われます。

沐浴と体のお手入れ

1日1回、できるだけ決まった時間に

赤ちゃんの肌は皮脂や汗で汚れています。毎日沐浴させてあげましょう。最初は緊張するかもしれませんが、だんだん慣れます。

赤ちゃんの弱い皮膚を清潔に保って

赤ちゃんは、いつも肌を清潔に保つことが大切です。新陳代謝が活発なので、皮脂や汗の分泌が多く、思った以上に汚れています。外からの刺激をブロックする力も弱いので、あせも、ただれを起こしやすいのです。毎日沐浴をさせてあげましょう。

といっても、産まれたばかりの赤ちゃんは細菌感染の恐れがあるので、大人と一緒の湯船に入れてはいけません。生後1カ月くらいまでは、ベビーバスなどを使います。寒い季節は浴室ではなく、室内にビニールシートなどを敷いて行いましょう。お湯が冷めないうちに、10分くらいで済ませます。

授乳して30分以内は避け、できるだけ毎日同じ時間に沐浴させます。元気がないときは沐浴を中止し、ぬるま湯で絞ったタオルでふくだけにして。

準備するもの

❶ 手おけ
❷ 赤ちゃん用の石けんまたはボディソープ
❸ 沐浴布
❹ ガーゼ
❺ 湯温計
❻ へそ消毒用エタノール（産院退院時にもらえる）
❼ くし
❽ 綿棒

沐浴の前にすること

お湯の温度を確認する

清潔なベビーバスにお湯を入れます。お湯の温度は、夏は38℃、冬は40℃くらいに。手おけに、少し熱めの上がり湯を用意して。

着替えを重ねてセットしておく

沐浴後にスムーズに着せられるよう、着せる服と下着を重ねて、袖を通しておきましょう。その上におむつも広げておきます。

赤ちゃんの体をチェックしよう

沐浴前は、普段衣類で覆われている部分も観察できるチャンスです。首やわき、股のくびれ、へそ、背中、おしりなど、変わりがないか観察しましょう。

沐浴の流れ

1 沐浴布をかけ、足からゆっくり入れる

沐浴布を赤ちゃんのおなかにかけます。きき手と反対の手で首を支え、きき手でおしりを支えながら、足からゆっくりとお湯に入れます。

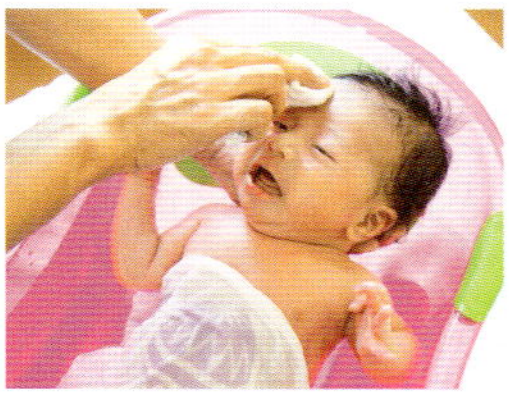

2 顔をふく

ガーゼを濡らして軽く絞り、目のまわりをそっとふきます。おでこ、頬、鼻、あご、口のまわりも同様に。

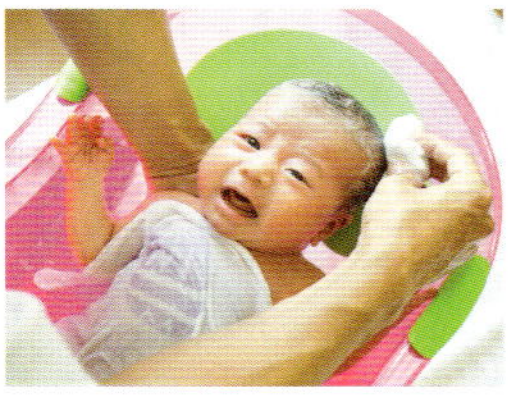

3 石けんで頭を洗う

石けんを泡立てて頭につけ、ガーゼで洗います。親指と中指で耳をふさぎ、お湯が入らないようにしながらすすぎます。

4 首からおなかを洗う

石けんをつけたガーゼで、首からおなかまでを洗います。首やわきの下はとても汚れているので、くびれの中までていねいに洗って。

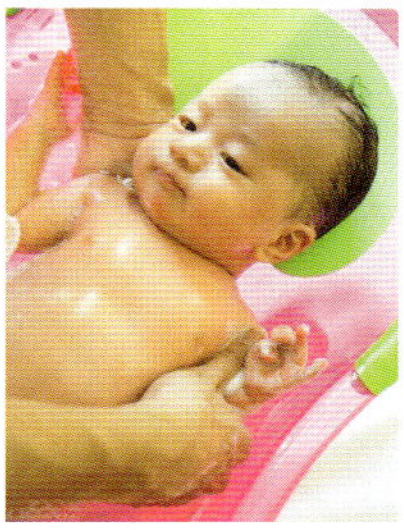

5 手・腕を洗う

石けんをつけた手で、赤ちゃんの腕を軽く握り、くるくる回すように洗います。手のひらは小指のほうから指を入れ、開いて洗います。

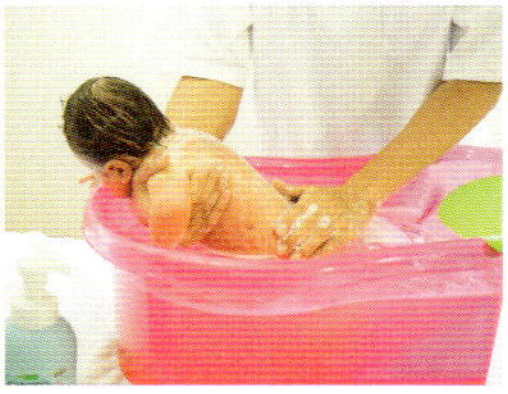

6 ひっくり返して背中・おしりを洗う

わきの下をつかみ、肩から上を腕にのせるようにして体をひっくり返します。わきの下をしっかり支えながら、背中とおしりを洗います。

7 表に返して足・股を洗う

赤ちゃんを仰向けにして、お湯の中で足のつけ根から足先まで洗い、股も洗います。くびれやしわの中もていねいに。

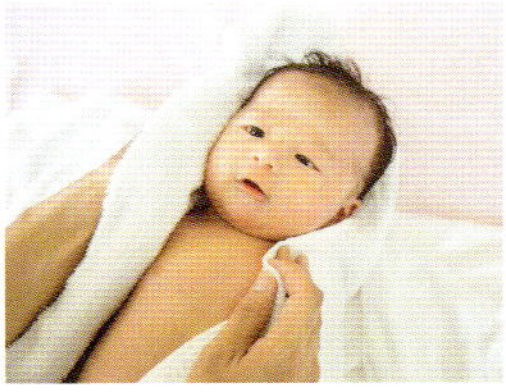

8 かけ湯をしてタオルで水分をとる

肩から下をお湯に浸けて泡を流します。最後に手おけに入れた上がり湯（40℃前後）をかけたら、バスタオルでくるみ、水分をとります。くしで髪をとかします。

沐浴後のケア

保湿するなら3カ月以降に

生後3カ月くらいになり、肌がカサカサしているなら、保湿剤を使ったケアをしてもOKです。お風呂上がりに、赤ちゃん専用のスキンケア剤を使って。新生児期は皮脂量が多いので必要なし。

つめ

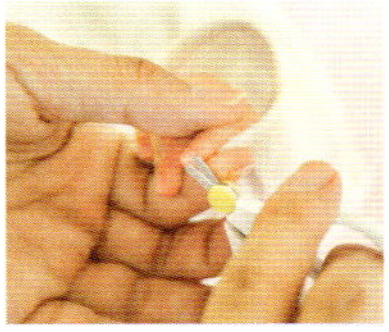

3～4日に一度、寝ている間でもOK。赤ちゃん用のハサミ状のつめ切りを使い、ひとつのつめを4～5回で切り終わるつもりで、少しずつていねいに。

耳・鼻

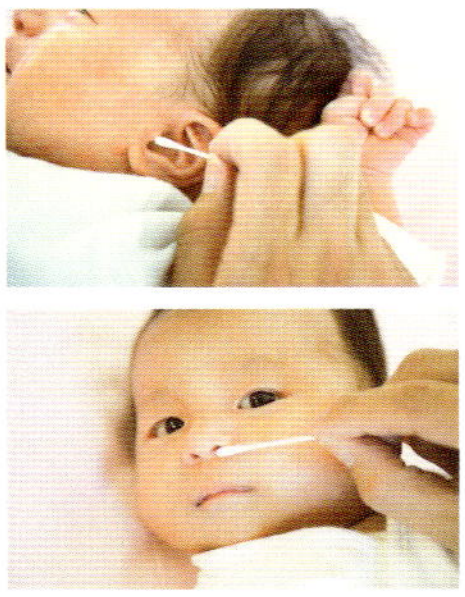

赤ちゃんが動かないよう頭をしっかり押さえながら、綿棒で耳の中、鼻の中の浅いところを、そっと掃除します。

おへそ

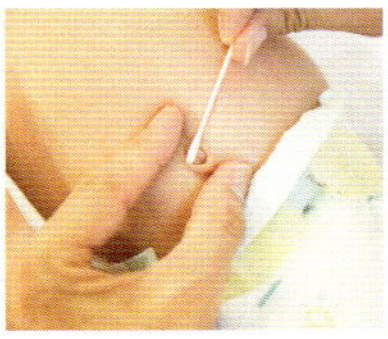

綿棒でおへその中の水分と汚れをふき取ります。別の綿棒に消毒液を含ませ、へその緒のつけ根を消毒します。

コツを知ったら少しラクになる

着替え・あやし・寝かしつけ

赤ちゃんのお世話をしているうちに、1日があっという間に過ぎていきます。気が張っているなと思ったら、大きく深呼吸して。

体温調節が苦手な赤ちゃんのため 衣類に気を配る

赤ちゃんは、体温調節機能が未熟な上、「暑い」「寒い」を言えないので、室内の温度に気を配ると同時に、衣類を調整する必要があります。暑いのか、寒いのかは赤ちゃんの体を触って確認します。手足だけでなくおなかや背中を触ってみて、汗をかいていたら一枚脱がせるか、室温を下げます。肌がひんやりしていたら、もう一枚着せるか、室温を上げるなどの調節を。

赤ちゃんは思った以上に汗をかきます。おむつ替えのついでに背中を触り、汗をかいていたら体をふいて、新しい肌着に着替えさせてあげましょう。

起きているときは たっぷりスキンシップをとる

赤ちゃんが起きているときは、声をかけたり、あやしたり、たっぷりスキンシップをとりましょう。赤ちゃんはパパやママの抱っこや、やさしい声が大好きです。

話しかけるときは、目を合わせながら、ゆったりとしたリズム、やや高いトーンで。名前を呼んだり、あいさつしたり、「かわいいね」「おなかがすいたかな」など、何でもいいのです。

「あやし方がわからない」と戸惑う人も多いようですが、特別に何かする必要はありません。体のあちこちをなでたり、トントンしたり、抱っこしてゆっくり揺らしたり。歌を歌ってあげるのもいいことです。目の前でこぶしを握って動かすだけでも、面白そうにじっと見ています。

寝かしつけは、頑張りすぎないで

赤ちゃんの眠りには、個人差があります。「赤ちゃんは寝てばかりいるもの」と思っていたのに、なかなか寝てくれなくて焦るパパやママもいるでしょう。眠くなったら自分ですーっと眠りに入る赤ちゃんもいれば、抱っこしていないとなかなか寝てくれない赤ちゃんもいます。「早く寝かしつけなければ」と一生懸命になりすぎると、意気込みが赤ちゃんに伝わって逆効果になることも。生後2カ月くらいたつとリズムができてきて、3～4カ月ごろからは、夜にまとめて眠るようになる赤ちゃんも多いようです。どんな赤ちゃんも、いつかは長く眠るようになるので、焦らず気長に構えましょう。

着替えのしかた

1 着せる服を重ねて袖を通しておく

カバーオールなどの服を広げ、その上に短肌着をのせて袖を通しておきます。洗濯してたたむときに、セットしておくのも◎。

2 赤ちゃんをのせて手を袖に通す

服の上に赤ちゃんをそっと寝かせます。片方の手で袖を開き、もう片方の手で赤ちゃんの腕を持って、袖に通します。

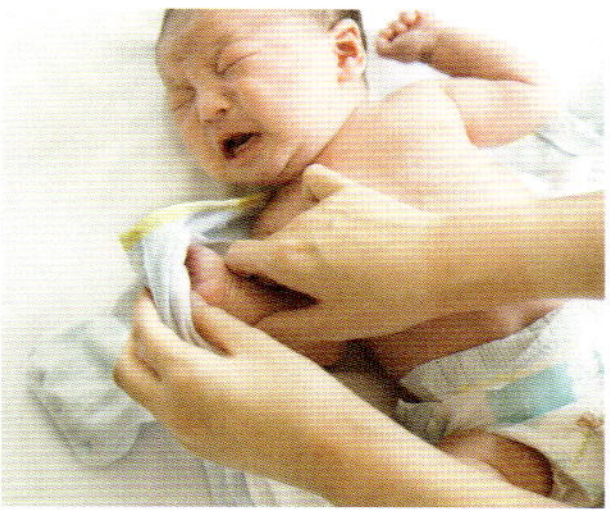

3 袖口から手を迎えにいく

袖口から手を入れて、赤ちゃんの手をそっと引き出します。このとき、強く引っ張りすぎないこと。反対側も同様に。

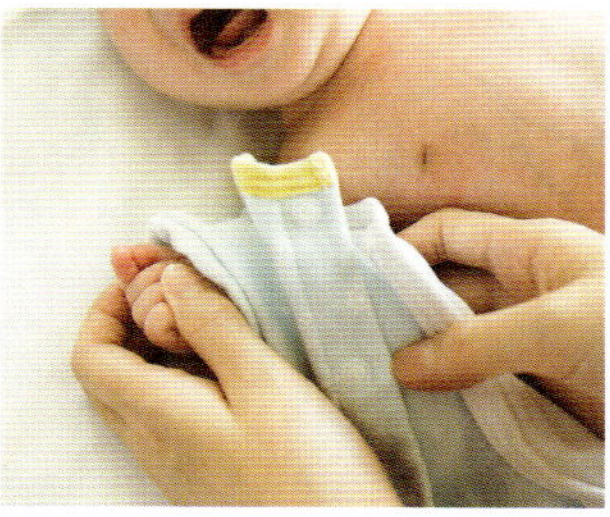

着せすぎに注意

着せすぎるとあせもができたり、汗をかいて逆に冷えてしまいます。足も、ひんやり冷たくなければ裸足のままで大丈夫。ベストがあると、体温調節に便利。

寝かしつけのコツ

ゆらゆらと揺らす

揺らしすぎないように注意

両腕でしっかりと抱っこして、ゆっくり揺らします。速く揺らしたり、上下に揺すったりは絶対しないで。穏やかな声で歌を歌ってあげるのも効果があります。

そーっと布団に下ろす

ウトウトしているときに布団に下ろすと、目を覚ましてしまうことがあります。赤ちゃんの体から力がぬけてぐったりとなったら、おしりから背中、頭の順にそーっと下ろします。

先輩パパの体験談

歩きながら寝かしつけるとうまくいきました

動物的本能で、移動していると赤ちゃんは寝やすいというのをテレビで見て、「抱っこして真剣に歩く」という方法を試しました。寝かしつけようとして歩くのではなく、用事があるつもりで歩くのがコツです。効果があるようなので、今でもやっています。（Kさん・41歳）

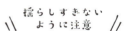

どうして？と途方にくれることも

お世話での困りごと

はじめての育児は、些細なことでも心配になるものです。悩みや心配ごとはひとりで抱え込まないで、まわりの人に話してみて。

何も問題がなくても泣く。それが赤ちゃんなのです

新米パパやママがいちばん途方にくれるとき……それは、「赤ちゃんが泣いていて、理由がわからない」ときです。おなかもすいていないはずだし、おむつも濡れていない。それなのに、なぜ泣くの？　下ろすと泣き出すので、ずっと抱っこしてばかりで疲れてしまう人もいるでしょう。

暑い、寒い、どこか痛いなど、不快を訴えているのかもしれないので、気をつける必要はありますが、そうでないならあまり気にしすぎないで。単に、「眠たい」「甘えたい」などの理由かもしれません。それに、赤ちゃんは泣くことで声帯が働き、肺に酸素が送られて、全身の運動になります。脳の発達にもつながります。

それでも、赤ちゃんが泣いたらできるだけ抱っこしてあげましょう。自分のメッセージを受け止め、やさしくしてもらうことで、赤ちゃんは幸せに生きていくために大切な、他者への信頼感や自己肯定感を育んでいきます。

いつもママばかり抱っこしているなら、ときには別の人が抱っこしたり、違う部屋に行ってあやしてみたりすると、気晴らしになって泣きやむかもしれません。

つらいときは周囲に助けを求めることも大切

産後しばらくは睡眠不足や疲労がたまる上に、ホルモンバランスも急激に変化する時期なので、とくにママは、情緒不安定になったり、余裕がなくてイライラしたり、泣いたりしてしまうこともあるでしょう。パパはできるだけそんなママの気持ちを理解して、おおらかに受け止めてあげてください。

ママは、家族に頼れるところは頼り、赤ちゃんが寝ているときは一緒に横になって、心と体を休めることが大切です。

「こんなことで悩むのは私だけかも」「お世話のしかたがおかしいんだ」と、心配ごとを誰にも相談できずに、悩んでしまう人もいるようです。1日中、ネットの掲示板で検索ばかりしている人も。でも専門知識のある人に相談してみると、何でもないことが多いものです。心配なことがあったら、家族はもちろんですが、保健師などにも相談してみましょう。

困ったときの相談窓口

各自治体の子育て相談窓口や保健センターのほか、全国の子育て・女性支援センター、日本保育協会の子育てホットライン「ママさん110番」（☎03-3222-2120）などがあります。会ったり、電話で直に声を聞くことで安心できますよ。

HELP!

こんなときどうしたらいいの？
Q&A

Q 夜泣きがひどくて睡眠不足になった

A 赤ちゃんと一緒に昼寝をして乗りきって

睡眠不足だと、昼間に眠くなって困りますよね。赤ちゃんが昼寝をするときは、一緒に体を休めて。夜中に起きて抱っこするのは夫婦で交代など、協力し合いましょう。どんなにつらくても、いつかはおさまる日が来ます。

Q 下ろすと泣くので、ずっと抱きっぱなしで腰が痛い

A 添い寝をしてトントンしてあげるだけでも大丈夫

ずっと抱っこされていたくて、下ろすと泣く赤ちゃんもいます。でも、腰や腕が痛くなるまで無理はしないで。余裕があるなら、横に寝てトントンしてあげるだけでも大丈夫。首がすわったらおんぶをすると、抱っこよりラクに感じるかもしれません。

Q 寝てもすぐ起きるので、家事ができない

A 家事は手抜きでもしょうがないと割りきって

ようやく寝たから、この隙に家事をやろうと思ったら、泣き声が……。洗濯したものがいつまでも干せない、洗いものができないときもあるでしょう。家事は手抜きでもしょうがないと割りきって。一緒に昼寝して疲れがとれたら、また頑張れます。

Q うんちが数日出ないので心配です

A 赤ちゃんによっては平気な場合もある

母乳からミルクになると、便秘になることがあります。ミルクの種類を替えてみるのも手。母乳不足や、腸の長さなどが原因の場合も。ただし赤ちゃんによっては、2日くらい出なくても平気な子もいます。心配なら産院で相談してみましょう。

Q 何枚着せたらいいのかわからない

A 大人が着る枚数を参考にして調節を

産まれて1カ月くらいまでは、大人より一枚多めに。その後、寝返りをするようになったら大人と同じ。4カ月以降は大人より一枚少なめというのが目安です。汗をかいていたら暑いというサインなので、様子をみて調整を。

知っていれば落ち着いて対応できる 新生児のトラブル

免疫機能が未熟な赤ちゃんは、細菌やウイルスに感染しやすいので、注意が必要です。主な症状について知っておきましょう。

気になることは健診などで相談してみよう

「新生児期の赤ちゃんは、ママから引き継いだ抗体があるから、感染症にはかからない」と思っていませんか？　でも、ママが抗体を持っていない病気もありますし、まったく安心とはいえません。主な感染症についてある程度の知識を持っておき、赤ちゃんの様子を日ごろからよく観察しておくことが大切です。

産まれたばかりの赤ちゃんは、免疫機能が未熟なので、細菌やウイルスに感染しやすいという一面もあります。毎日の沐浴や、哺乳びんの殺菌などを忘れずに、赤ちゃんが清潔に過ごせるような生活を心がけたいものです。

いつもと様子が違ったり、気になることがある場合は、健診や訪問指導の際に、産科医や保健師に相談してみましょう。

入院中にする検査と予防

● 足の裏からの採血

「新生児マス・スクリーニング」といわれ、生後５日前後の赤ちゃんのかかとから、ごく少量の血液を採取し、病気や異常を調べるもの。検査結果は、約１カ月後に郵送されます。

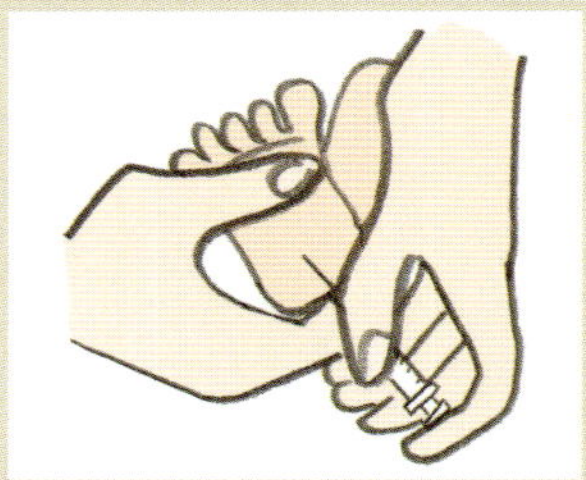

● ビタミンK_2シロップ

生後間もなくと、１カ月健診で飲ませるシロップで、血液を固める手助けをする栄養素。胃や腸、頭蓋内などから出血する病気（新生児メレナ）を防ぐために飲ませます。

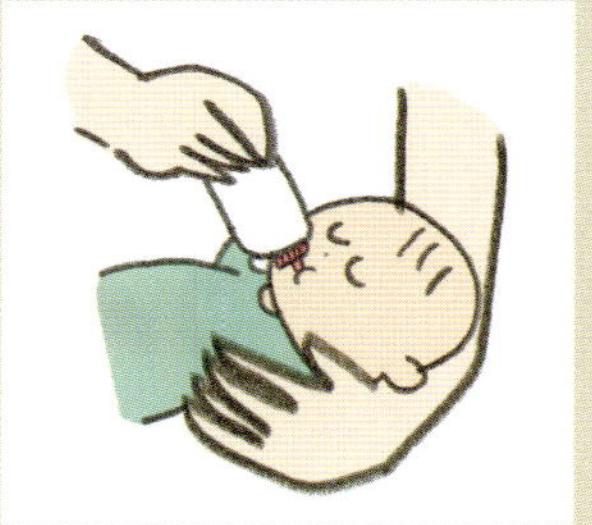

小さく産まれた赤ちゃん

母乳を届けたり、声を聞かせてあげて

2500g未満で小さく産まれた赤ちゃんは、体の機能の発達が十分でない場合があるので、保育器に入れて様子をみます。1500g未満の場合などは、NICU（新生児集中治療室）で治療を受け、最新の設備の中で見守られ、少しずつ元気に育っていきます。家に連れて帰れるようになるまでは、母乳を届けたり、触れられるならたくさん触れて、声を聞かせてあげましょう。

新生児のトラブル、気になる症状

時期が来ればおさまるので心配ない症状もあります。
知識を持っていれば、いざというときも
落ち着いて対応ができます。

黄疸《おうだん》

皮膚や白目が黄色っぽくなる

生後2～3日後から、皮膚や白目が黄色っぽく見えることがありますが、2週間くらいでひいていきます。母乳育児の場合、長く続くことも。症状が強く現れる場合は産院で様子をみます。

おむつかぶれ

赤く腫れたり、湿疹が出ることも

濡れたおむつを長く当てていたりすると、おしりや肛門周辺が赤くなって腫れたり、赤い湿疹が出ることがあります。おむつはこまめに替え、おしりはぬるま湯などでやさしく洗って。

鼻涙管閉塞《びるいかんへいそく》

涙の通り道が開通していない

涙の通り道である鼻涙管が閉塞しているので、常に目がうるんだ状態になり、目やにが出る場合もあります。点眼薬をさしても改善しない場合は、専用の器具による治療が必要です。

乳児脂漏《しろう》性湿疹

頭皮やおでこなどにできる湿疹やかさぶた

ママのホルモンの影響で、生後2カ月ごろまでは皮脂の分泌がさかんになり、頭皮やおでこ、鼻などに湿疹やかさぶたができることがあります。自然に治りますが、清潔を心がけましょう。

産瘤《さんりゅう》・頭血腫

頭に一時的にできるこぶのこと

産道を通過時にできる、こぶのことです。皮下組織などに体液がたまってできたこぶが産瘤。頭蓋骨と骨膜の間で出血してできるのが頭血腫。両方とも1カ月程度でおさまるので治療不要。

臍《さい》炎・臍《さい》周囲炎

へその緒がとれたあとおへそが炎症を起こす

へその緒がとれたあとに、ブドウ球菌などの細菌に感染し、炎症を起こすことがあります。その炎症がおへその周辺に広がることも。沐浴後には消毒して、清潔に保ちましょう。

鼠径《そけい》ヘルニア

下腹部のふくらみがいつまでも続いたら

本来おなかの中にあるべき腸などの臓器が、足のつけ根に飛び出してしまう病気です。男の子に多く、下腹部のふくらみが長期間治らなければ、手術をすることもあります。

停留精巣

陰のうが下りてこないことがある

男の子の精巣は、出産の3カ月ほど前におなかの中から陰のうの中に下りてきますが、これが何らかの理由で下りてこない場合があります。ほとんどは1年くらいでおさまります。

斜頸《しゃけい》

首がいつも傾いていたら注意を

首にこぶのようなものができ、首が傾いた状態で固定されている症状。寝かせ方に気をつけていれば、多くの場合は1歳ごろまでに自然に治ります。心配な場合は受診を。

結膜炎

目が充血したり、目やにが出る

目が充血したり目やにが出る症状。細菌やウイルス、アレルゲンなどが原因。細菌性の結膜炎は、抗生物質の目薬をさせば1週間以内におさまりますが、ウイルス性だと時間がかかります。

口腔カンジダ症

口の中に白いカスのようなものがつく

産道を通るとき、カンジダ菌という真菌に感染するのが原因の口内炎。口内に白いカスのようなものがつきます。哺乳びんや乳首の菌から感染することも。治療が必要です。

気になることは相談してみよう

定期健診スケジュール

赤ちゃんが生まれたらさまざまな乳幼児健診や個別訪問があります。発育や栄養状態の確認のほか、ママの不安をやわらげる目的も。

赤ちゃんの発達状態を確認し ママの不安を緩和します

赤ちゃんが生まれたら、定期的に「乳幼児健康診査（乳幼児健診）」を受けることになります。小児科医や保健師が、赤ちゃんの発育や栄養状態を確認し、病気にかかっていないか、必要な予防接種は済んでいるかなどをチェックしてくれます。

健診は、普段気になっていることを相談できるチャンス。まわりにサポートしてくれる人がいないママやパパにとっては、精神的な支えにもなります。遠慮せず、何でも相談してみましょう。

健診は、定期で決まっているものは右下の3回ですが、そのほか、自治体によって任意の健診（一般的に無料）が数回あります。予防接種にも、予防接種法により推奨されている「定期接種」と、個人の意思で受ける「任意接種」があります。

定期健診スケジュール

✴ 3〜4カ月

首のすわり具合や、音への反応、肌の状態、先天性の病気などのチェックをします。「あやすと笑うか」「目で物を追うか」も確認。

✴ 1歳半

心音や腸の動き、皮膚の状態に異常がないか、視力・聴力、歯の生え方、歩行などを確認。物の名前がわかるかなども調べます。

✴ 3歳

視力や聴力のテスト、医師による問診、生活習慣の確認、言語・精神・運動発達の確認、社会性の発達確認などが行われます。

任意の健診時期は、自治体によっても異なりますが、1カ月、6〜7カ月、9〜10カ月、12カ月、2歳の5回が一般的。

予防接種の種類

定期接種

予防接種法により接種が推奨されており、無料で受けられる（一部例外あり）。万が一、重い副反応が生じた場合は国から補償される。肺炎球菌、四種混合、BCGなど。

任意接種

自費で受けるものだが、市区町村が独自に助成している場合もある。A型肝炎、ロタウイルス、インフルエンザなど。

個別家庭訪問

生後28日以内の「新生児訪問」と、生後4カ月までの「こんにちは赤ちゃん」訪問があります。

● **保健師の新生児訪問**

母子保健法に基づく事業。赤ちゃんが産まれた家庭を助産師や保健師が訪問し、育児に関するさまざまな相談や指導を行う。

● **「こんにちは赤ちゃん」訪問**

児童福祉法に基づく事業。愛育班員、母子保健推進員、児童委員などが、赤ちゃんの生まれたすべての家庭を訪問。身近な地域の子育て情報などを届ける。

PART 6

産後ママの心と体のケア

待ちに待った赤ちゃんとの対面のあとは、すぐに赤ちゃんのお世話が始まります。お産を終えたママの体は、本人が思っている以上に疲れきっています。また、ホルモンバランスの変化より、精神的にもかなり不安定に。あまり無理をせず、育児をスタートさせることが大切です。産後の体型を戻す産後体操も紹介しています。

産後のママの体と心

お産で想像以上に疲れています！

出産という大きな仕事を終えて、すぐに育児が始まります。忙しい毎日ですが、ママの体と心のケアを考えることも大切です。

お産はフルマラソンと同じ。無理しないで育児をスタート

退院したら、いよいよ家での育児がスタートします。出産直後のママは、フルマラソンを走ったときと同じくらい体力を消耗しているといわれるほど、疲れています。それなのに、家に戻ったらすぐに、慣れない育児が始まります。何かと動いてしまいがちですが、体はまだ回復途中だと自覚し、なるべく休む、栄養のあるものを食べるなど自分自身の体をいたわります。そして、育児はひとりで頑張りすぎないで、パパと協力しながらふたりでやりましょう。

体は、6～8週間かけて徐々に回復していきます。でも、出血が多い、おなかが痛い、傷が痛い、熱が出たなど、気になる症状が出てきたら、すぐに医師や助産師に相談を。1カ月健診まで待たずに、早めに受診をしましょう。

ホルモンの影響で心が不安定になることも

育児がスタートすると、誰でも想像以上に大変だと思うはずです。いくらあやしても赤ちゃんが泣きやまなくて、「私ってママに向いてないかも」と落ち込むことも。でも、赤ちゃんにとって泣くことはママへのメッセージ。「おなかすいたよ」「おむつ替えて欲しいよ」と伝えているのです。だから、赤ちゃんは泣いて当たり前と思って少し大らかな気持ちになりましょう。

また、産後はホルモンバランスの変化が原因で、理由もなく泣きたくなったり、イライラしたりすることがあります。これはマタニティブルー（→p．200）という誰にでも起こる、一時的な軽いうつ状態です。原因がホルモンなので、「落ち込むのは私が悪いのではなく、ホルモンのせい」くらいに考えて、乗りきるのがいいですね。

パパへ

育児は手伝うのではなく、互いに協力し合って

ママの育児を手伝う、なんて他人ごとにしないで、赤ちゃんの親として自覚を持ち、一緒に育児をしましょう。「赤ちゃんをあやすのもおむつ替えもパパのほうが得意」なんて言えると、育児がグッと楽しくなりますね。

産後のママの主な体のトラブル

後陣痛《こうじんつう》

子宮は出産時に大きくなりますが、出産後はもとの大きさに戻ろうと収縮します。このとき、生理痛のような痛みを感じることがあり、これを後陣痛と呼びます。初産では産後2〜3日目がいちばん痛いのですが、徐々におさまります。授乳のときにホルモンが分泌され、子宮の収縮が促進されて強く痛むことも。つらいときは、痛み止めの処方などを相談できるので受診を。

子宮復古《ふっこ》不全

子宮復古とは、子宮が6〜8週間かけてもとの大きさに戻ることをいいます。そして、何らかの原因で、もとに戻ることが遅れている状態を子宮復古不全といいます。原因は胎盤や卵膜の一部が子宮内に残っている、子宮内に感染があるなどが考えられます。大量に出血したり、出血が長く続くときは、医師に相談しましょう。

悪露《おろ》

悪露とは、胎盤がはがれた子宮壁や産道の傷からの出血、さらに、子宮や膣からの分泌物などが混じったものです。出産直後は、真っ赤な鮮血が大量に出ますが、少しずつ量が減り、6〜8週間でなくなります。悪露が出ている間は、感染予防のためにトイレのたびにシャワートイレを使うなど清潔に保ちます。また、入浴は医師の許可が出るまで避けて、シャワーだけにします。

貧血

出産時の出血を補うため、子宮の回復や授乳のため、この時期のママの体は鉄分が多量に必要で、貧血になりやすいのです。さらに、悪露の量が多かったり、なかなか止まらないなども原因になります。また、育児が忙しくて食事がきちんととれずに、鉄分不足になっているのかも。息切れ、動悸がひどいときは受診を。鉄剤を処方されることがあります。

乳房の張り・痛み

母乳育児がスタートしたころに、乳房や乳頭のトラブルが起こりがちです。乳房に母乳がたまり、乳房が張って痛くなる「急性うっ滞性乳腺炎」、その後、さらに細菌感染で起こる「急性化膿性乳腺炎」になることも。赤ちゃんの吸う力が強くて乳首がひび割れを起こす「乳頭部亀裂症」もつらい症状。いずれの症状も痛みや発熱があるときは早めに受診を。

会陰《えいん》切開の傷の痛み

会陰切開の傷は、出産後すぐに縫合し、退院前に抜糸します。抜糸の必要のない糸を使うこともあります。傷の痛みはありますが、3日ほどすると軽減。傷を刺激しないように、円座クッションを利用したり、やわらかい素材の下着をつけるのも手。1カ月ほどたつと、痛みはなくなります。きちんと縫合されているので、トイレでいきんで傷が開くということはありません。

まだ回復途中です

産褥期《さんじょくき》の過ごし方

出産後、ママの体がもとの状態に戻るまでの期間は無理をせず、体の変化に合わせて少しずつもとの生活に戻っていきましょう。

産後6～8週間かけて日常生活に戻りましょう

産後の体が妊娠前の状態に戻るまでの期間を産褥期といい、約6～8週間かかります。産後は赤ちゃんが主役の生活になり、授乳やおむつ替えなどで疲れてしまいがちですが、ママの体もまだ回復していないため無理は禁物です。日常生活に戻る目安は産後4週間くらい。1カ月健診で医師に相談したあと、外出や入浴なども可能に。美容院にカットにも行けるようになりますが、授乳中はパーマやカラーは控えましょう。

また、「毎日ヘトヘト……」というときは、産褥シッター、産後ケアハウスなど、外部のサポートを利用しても。地方自治体で料金を補助してくれる場合もあります。ほかにも支援事業を行っている自治体があるので、住んでいる自治体のホームページで確認をしましょう。

産後すぐ～1週間

授乳や赤ちゃんのお世話だけでも疲れるので、できるだけ横になって休むようにしましょう。産後3日くらいからは会陰切開の痛みも軽減し、体を動かしやすくなりますが無理はしないで。入浴は医師に相談し、産後1～2日目でシャワーは可能。その後、1カ月健診で医師の許可が出るまではシャワーだけにしておきましょう。

産後1～2週間

家事や赤ちゃんの沐浴はできるだけパパやほかの家族にお願いし、ママは授乳とおむつ替えをする程度に。また、産後すぐからこのころまでにマタニティブルーになることがあります。心が不安になったらパパに相談を。悪露の色は次第に薄くなりますが、細菌感染予防のため、ナプキンはこまめに取り替えてください。

赤ちゃんのための 届出と行事・お祝い

お食い初め&初節句

生後100日目に子どもが一生食べものに困らないよう願うのがお食い初め。初節句はひな祭りや端午の節句が一般的。生まれて間もない場合は翌年にすることも。

お七夜&お宮参り

お七夜とは生後7日に赤ちゃんの名前をお披露目し、お祝いをします。ママの体調を考えて、必ず7日でなくても。お宮参りは生後1カ月ごろに氏神様に参拝し、赤ちゃんの成長を祈ります。

生後14日以内に出生届

生まれた日を入れて14日以内に役所に提出します。赤ちゃんの名前はこのときまでに決めておいて。用紙は産院・助産院で用意されていることが多いですが役所でも入手可能。

産後3週間〜

赤ちゃんとの暮らしにも慣れてくるころなので、体調がよければ、育児や家事を少しずつ始めましょう。とはいえ、無理をせず、夜中の授乳で睡眠不足になるので、日中は赤ちゃんと一緒にお昼寝を。近所への買い物程度なら外出してもOKですが、重いものは持たないように注意。赤ちゃんの世話で食事時間が不規則になりがちですが、ママの体の回復のためにも三食決まった時間に食べるなど整えていきましょう。

産後4〜5週間

育児や家事は疲れたら休むようにして、少しずつ日常生活に戻る準備をしていきます。1カ月健診を受け、医師の許可がおりたら入浴も可能に。骨盤体操（→P.204）なども本格的に始めましょう。ただし産後は注意力が散漫になるので、車や自転車の運転は体調をみながら再開します。内祝いなどの準備は疲れないよう余裕を持ってやりましょう。里帰り出産した人は、そろそろ自宅へ戻ってもいいですね。

産後6〜8週間

10カ月かけて大きくなった子宮は、産後6〜8週間かけて妊娠前の状態に戻っていくので、この時期、母体はほぼ回復し、育児や家事が普通にできるようになります。天気のよい日は赤ちゃんと外気浴をしましょう。外出や軽いスポーツも可能になります。働くママで職場復帰する場合はその準備も始めます。ただしあまり無理をせず、パパや家族に相談・協力してもらいながら行うようにしましょう。

疲れたら利用しよう！

地方自治体のサポート事業

自治体では出産や育児をサポートするさまざまな事業を行っており、保健師の訪問や、ヘルパーの派遣などが受けられます。育児支援、家事支援、産後ケアなど自治体ごとに内容が異なるので要チェック。近所のママ友に聞いて情報を集めても◎。

産後ケアハウス（産後ケアセンター）・産後院

専門スタッフがママの体のケアや育児のサポートをしてくれる産後ケアハウスは、産褥期の母体を休めるための入院施設で、助産院に併設されていることが多い。自治体が契約しているところもあり、入院期間や費用、内容は施設ごとに異なります。

産褥シッター

民間企業や、NPO 法人などで自宅への派遣を依頼できます。赤ちゃんの世話だけでなく買い物や洗濯、掃除などの家事、上の子の幼稚園や保育園への送り迎えも行ってくれ、孤独になりがちな産後ママをメンタル面でもサポートしてくれます。

ひとりで悩まないで

マタニティブルーと産後うつ

産後は体だけでなく、心も不安定になるので注意が必要です。ひどくなる前にパパ、友人、両親、医師、助産師などに相談しましょう。

マタニティブルーは誰にでも起こる一過性のもの

マタニティブルーとは、産後3日ぐらいから始まり、1~2週間続く情緒が不安定な状態をいいます。理由もなく、泣きたくなったり、不安になったり、イライラしたり、育児や家事をやる気がなくなったり。原因は、ホルモンバランスの変化です。

妊娠中はエストロゲンやプロゲステロンなどのホルモンが大量に分泌され、赤ちゃんの成長を助け、ママを出産へと導いてくれますが、出産後は一気に低下します。代わりに、母乳をつくるプロラクチンなどのホルモンが多く分泌されるようになります。この急激なホルモンバランスの変化によって、情緒が不安定になり、出産直後特有の軽いうつ状態が引き起こされます。ただこれは、5~6割のママが経験する、一過性のもの。産後2週間程度で落ち着きます。

心配なのは産後うつ。本格的なうつ状態になることも

マタニティブルーよりも心配なのは、2週間たっても気持ちの不安が続いたり、ますます元気がなくなってしまうこと。これは産後うつといって、本格的なうつ状態に陥ってしまっている状態です。気分の落ち込みや無気力、思考力や集中力の低下など、自分ではどうにもなりません。放っておくと、赤ちゃんへの育児放棄や虐待につながることも。さらに、自ら命を落とすことにもなりかねません。そうなる前に、医師や助産師に相談を。パパと一緒に受診してもいいでしょう。マタニティブルーを体験した人は、産後うつにもなりやすいので注意が必要です。いちばんの予防策は、ひとりで育児を抱え込まないこと。不安やストレスは、パパやほかの家族、友人にこまめに相談するのがいいですね。

短時間でいいのでママをひとりに

ときどき、パパが赤ちゃんの相手をして、ママがひとりになる時間も必要。ゆっくりお風呂に入る、お茶を飲む……、そんな時間が持てたら、ママはリフレッシュできます。

ママの話をじっくり聞く

ママはちょっとした言葉で傷つくこともあるので、アドバイスはしないで、話をじっくり聞いくことが大切です。「大変だったね」「よく頑張ったね」など、ママを肯定してあげましょう。

乗り越えアイデア

先輩ママや月齢の近いママと話をする

不安や悩みをひとりで抱え込んで、孤独を感じるのがいちばんよくないので、周囲の人と話しましょう。とくに、同じママ同士なら大変な気持ちがわかり合えるはず。先輩ママに「そのころはこうだったよ」と教えてもらったり、月齢の近いママとは「うちも同じ」と共感してもらえます。直接会えなくても、電話やメールでもいいですね。

家事は手を抜いてOK！ 軽い運動もリフレッシュできる

育児も家事も頑張ろうと思うと、つらくなります。この際、家事は手をぬいてOK。パパに相談して家事はやってもらったり、プロにアウトソーシングしても。部屋がスッキリすると、気持ちもスッキリすることもあるので、あえて整理整頓をするのも手。また、リフレッシュできる体操やストレッチもおすすめです。

ときには思いっきり泣いてみる

理由もなく泣きたくなったら、自分の感情を抑えないで思いっきり泣きましょう。「ママなんだから、泣いちゃダメ！」なんて思う必要はありません。育児をするママが元気なほうが、赤ちゃんだってうれしいはず。ときには、パパに赤ちゃんを見てもらい、感動する映画を見たり、小説を読んだりして泣くと、スッキリするはずです。

納得して始めよう

母乳育児で知っておきたいこと

母乳育児をうまく軌道にのせるためにも、どんな利点があるのか、どんなことに気をつけたらいいのかを知っておきましょう。

ママにも赤ちゃんにもいいことがいっぱいあります

母乳はタンパク質や脂肪、糖分、ビタミン、ミネラルなど、赤ちゃんに必要な栄養がたっぷり含まれた「完全栄養」といわれています。産後1週間くらいまでに出る黄色っぽい「初乳」には、赤ちゃんをウイルスや細菌から守る成分がより多く含まれています。その後、母乳の成分は変化し、赤ちゃんの成長をサポートしていきます。また母乳はママの体の回復にも優れた効果をもたらし、母性を育てるためのホルモンが分泌されるなどいいことずくめです。

ただし最初は量が少なく、赤ちゃんもうまく飲んでくれないため、スムーズにいかないことも多いものです。赤ちゃんにたくさん吸ってもらうことで乳腺が開通し、母乳の分泌量は増えていくので、トライしましょう。

母乳育児のいいところ

ママにとって

母体が回復していく

産後の母体の回復の目安になるのが子宮の収縮。赤ちゃんが乳首を口に含んでおっぱいを飲むことで、ホルモンが分泌されて子宮が収縮するため、母体の回復につながります。

母性を引き出し、育む

自分に母性がわくか不安な人ほど、母乳育児がおすすめです。母性を育てるプロラクチンというホルモンは、母乳を飲ませることでどんどん分泌されるものなのです。

赤ちゃんとのスキンシップが自然にとれる

授乳のたびにママのにおいやぬくもりが赤ちゃんに伝わり、ママも赤ちゃんと肌が触れ合うことでかわいさを感じることができるため、母子の情緒的な結びつきを促進します。

赤ちゃんにとって

赤ちゃんの成長に必要な栄養素が詰まっている

母乳には赤ちゃんの成長に必要な栄養素がすべて入っています。また脳や神経系の発達に必要な乳脂肪を消化するリパーゼが含まれているので、栄養素が無駄なく吸収されます。

健康な体のための土台づくりをする

初乳には赤ちゃんを病気から守る免疫物質がたくさん入っており、ウイルスや異物が胃や腸に入らないようガードもしてくれます。またアレルギー予防効果もあります。

病気にかかりにくくする

母乳は飲み始めと終わりでは違う成分を分泌するので、飲みすぎをコントロールでき、肥満を防げます。母乳で育った人は心筋梗塞や糖尿病も起こしにくいといわれています。

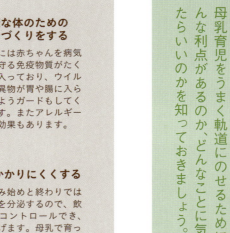

母乳のためのごはん

ママが食べたものは母乳を通して赤ちゃんの体内へ！
通常よりも栄養に気を配るようにしましょう。

和食中心に バランスよく

ママの食事内容が母乳の成分に影響を与えるので、質の高い母乳をつくるためにも多くの食品を取り入れた、バランスのとれた定食スタイルがいいですね。洋食は脂肪分が高いので、和食がおすすめです。

タンパク質、カルシウム、鉄分は積極的に

母乳に必要なタンパク質、カルシウム、鉄分を十分にとりましょう。豆、魚、野菜、海藻などを多くとり、とくに悪露の時期は鉄分を意識的にとってください。また肉の脂身、添加物の多いベーコンなどは控えめに。

汁ものや水分を しっかりとる

母乳の成分の 90％が水分なので、水分不足だと母乳の出が悪くなります。食事のときは水分の多い味噌汁など汁ものを食べ、食事以外でも水、麦茶、ハーブティーなどでカフェインレスの飲みもので、こまめに水分補給をしましょう。

脂肪の多いもの、油脂類、乳脂肪は控えめにする

バターや生クリームなどはおっぱいを詰まりやすくするので、なるべく控えましょう。揚げものや洋菓子も母乳中の脂質が多くなるので控えめに。とはいえストレスをためるほどの我慢はせず、少量なら OK です。

アルコール、カフェインが含まれる飲料は飲まないで

アルコールはもちろん、カフェインも控えて。カフェインは赤ちゃんが不機嫌になり体重増加も悪くなるといわれています。どうしても飲みたい場合はコップ１杯など少量を。飲んで２時間以内の授乳は避けます。

おやつは足りない栄養素やカロリーを補うもので

脂質や糖質をとりすぎると、乳腺炎や肥満につながり、母乳の質にも影響が出ます。おやつ＝甘いものではなく、足りない栄養を補うものを。ヨーグルト、ナッツ、小魚、ふかし芋、果物などがおすすめです。

母乳育児 Q&A

Q— 卒乳はいつごろがいいですか？

A— 1〜2歳を目安に、ママと赤ちゃんのペースに合わせて

離乳が完了し、ひとりでしっかり歩けるようになったころといわれています。授乳回数が減れば自然とおっぱいの分泌量も減るので、そろそろかと思ったら赤ちゃんに「おっぱいやめようかな」と話しかけながら、進めましょう。

Q— 搾乳はどんなときにするの？

A— おっぱいが張るときや外出などで授乳できないときに

おっぱいが張ってつらいときは、搾乳することで、おっぱいの詰まりが解消できます。また、仕事に復帰するときや、緊急の用事で外出するときなどは、搾乳して冷蔵・冷凍保存しておけば、ママ以外でも哺乳びんで母乳を飲ませることができます。

Q— ミルクを足したほうがいいときは？

A— 体重が増えているかを確認し、必要ならば迷わずに

母乳はどれくらい飲んだかわからないので、不安になるかもしれません。赤ちゃんの機嫌がよいか、体重が増えているかで確認し、もし体重が増えないようなら助産師さんに相談し、必要なら迷わずミルクを足しましょう。

隙間時間に気楽にトライ

産後の体型を戻す骨盤体操＆ストレッチ

出産直後の育児に追われる、忙しいママのために、家事の合間やリラックスタイムに気軽にできる、体操＆ストレッチを紹介します。

半年くらいでもとに戻すつもりで

「妊娠中に増えた体重が戻らない」「体重よりも体型がなかなか……」など、産後、気になるママも多いはずです。でも、出産直後は体はダメージを受けているので、まずはよく休んで体力を回復することが大切。様子をみながら、産後1カ月くらいから体操やストレッチを始めましょう。

ママの体は出産によって骨盤がゆるんでいます。また、子宮を支えていた、骨盤の下の筋肉、骨盤底筋《こつばんていきん》が傷つくと、おなかがポッコリしたり、尿もれの原因にもなります。実は、産後6カ月くらいまでは、体がもとの状態に戻ろうとする力が強く、エクササイズの効果が出やすい時期です。体調がよくなってきたら、積極的に動いてみましょう。慣れない育児に追われるストレスからもリフレッシュできます。

体操＆ストレッチを始める前に

- おなかまわりはまだ締めつけすぎない、ゆったりした服装で
- 呼吸は止めないで。自然に続ける
- 1日のうちでいつやってもOK。育児の合間にリフレッシュ！
- テレビを見ながら、家事をしながらなど、隙間時間を活用
- 10回1セット。体調に合わせて2～3セット

教えてくれるのは
須永康代先生

【骨盤ベルトを味方にしよう】

骨盤を支え、筋肉の動きをサポートしてくれる骨盤ベルトを活用しても。ただし、骨盤体操や日常生活でよい姿勢を心がけて、頼りすぎないようにします。

つける位置はキチンと確認して

骨盤ベルトはウエストを締めるのではなく、太もものつけ根部分、股上のすぐ上くらいの位置に巻きます。専用の骨盤ベルトでなくても、伸縮性があるものならOK。写真はマジックベルトで幅は10cmのものを使用。

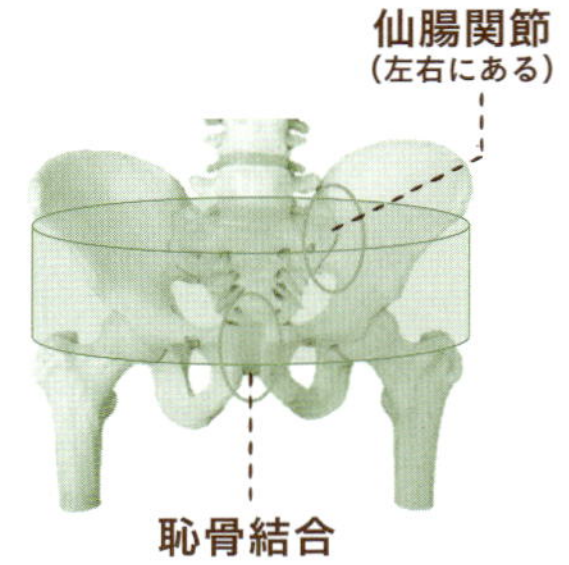

「仙腸関節」（骨盤の中心にある仙骨と腰骨ともいわれる腸骨をつなぐ関節）と「恥骨結合」（骨盤の前側の恥骨をつなげる関節）が，妊娠中にゆるむといわれているところ。その部分を覆うようにベルトをつけると効果的です（図のピンク部分が骨盤ベルトの位置）。

寝たまま体操→骨盤底筋を鍛える

出産で子宮や膀胱を支えてくれる骨盤底筋に負担がかかり、
産後は尿もれになる人が多いです。寝たままできるラクな体操なので、
体調が回復したら、早めに始めましょう。

すう

1 仰向けになって、ひざを立てる。鼻から息をすいながらおなかをふくらませ、腟とおしりの穴をゆるめる。手でおなかをさわり、動きを意識する。

はく

2 口から息をはきながら、おなかをへこませ、腟とおしりの穴を締める。骨盤底筋を締めるようなイメージで。**1** に戻り、10回ほど繰り返す。

足に力が入って
しまう人は
足を広げて

足には力を入れずにリラックス。力が入ってしまうときは、足を広げて壁で支えるとよい。

バランス体操→骨盤を整える、ポッコリおなかを解消

骨盤を整え、骨盤まわりの筋肉を鍛えます。
腹筋にも効果があるので、ポッコリおなか解消にも。
体がグラグラしないように、バランスをとりましょう。

1 床に両手と両ひざをついて、四つん這いになる。手はしっかりついて、体を安定させる。

2 右手は前に、左足を後ろに伸ばす。3～5秒キープして **1** に戻る。手と足が床に平行になり、一直線に。呼吸は自然に続ける。

3 今度は、左手を前に、右足を後ろに伸ばす。3～5秒キープして **1** に戻る。左右交互に合計10回ほど行う。

心と体のケア

おしり上げ下げ体操→ヒップアップ　ポッコリおなか解消

体調が回復してきたら、少し元気に動いてみましょう。
おしりとおなかの筋肉を鍛えます。余裕のある人は、
足を上げて、さらに負荷をかけてみて。

1 仰向けになって両ひざを立てる。足は肩幅に開き、手のひらは床に向ける。

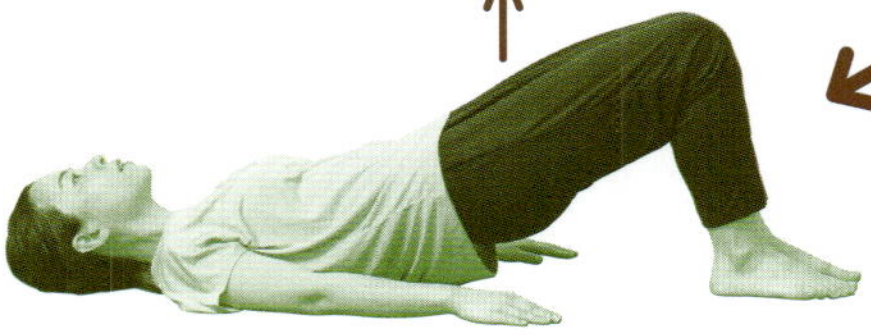

2 おしりを上に上げて、10 ～ 20 秒キープする。**1** に戻り、おしりの上げ下げを 10 回ほど繰り返す。

もっとできる人は

余裕がある人は、おしりを上げた状態で左右の足を交互に上げ下げする。10 回ほど繰り返す。

アレンジ

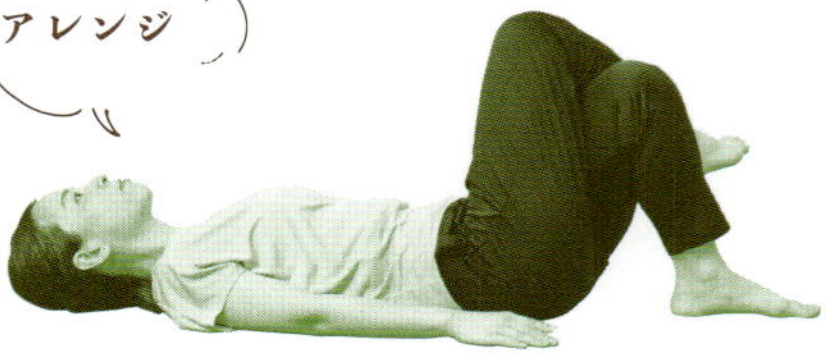

1 仰向けになって両ひざを立てる。片方の太ももの上に、もう片方の足を重ねる。

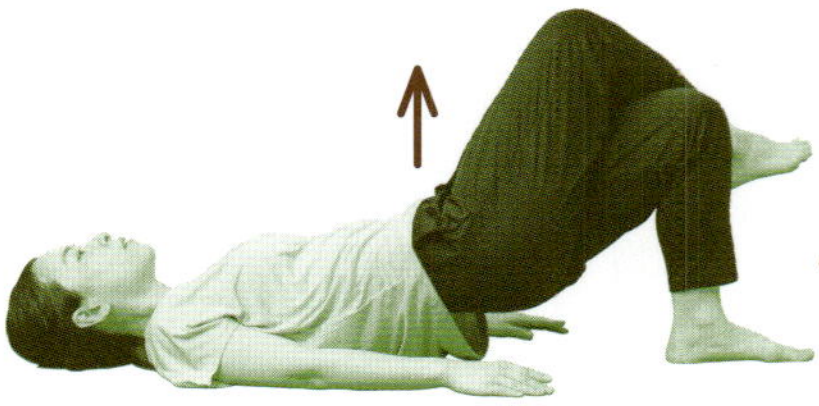

2 おしりを上げて、10 ～ 20 秒キープする。**1** に戻り、10 回ほど繰り返す。よりおなかやおしりに負荷がかかって効果的。反対の足も同様に行う。

"おしり上げ下げ体操" のあとにも

おしりに効くストレッチ

仰向けになり、両手で両ひざを抱える。両ひざを胸に引き寄せ、10 ～ 20 秒キープする。足をもとに戻し、2～3回繰り返す。

仰向けになり、両手で左ひざを抱える。左ひざを胸に引き寄せ、10 ～ 20 秒キープする。左右交互に各2～3回繰り返す。

足ちょい上げ体操→骨盤まわりの筋肉を安定させる

壁を使う体操です。足を上げてから、さらに足を上げて
骨盤まわりの筋肉を鍛えます。
体操のあとに、右のストレッチも続けましょう。

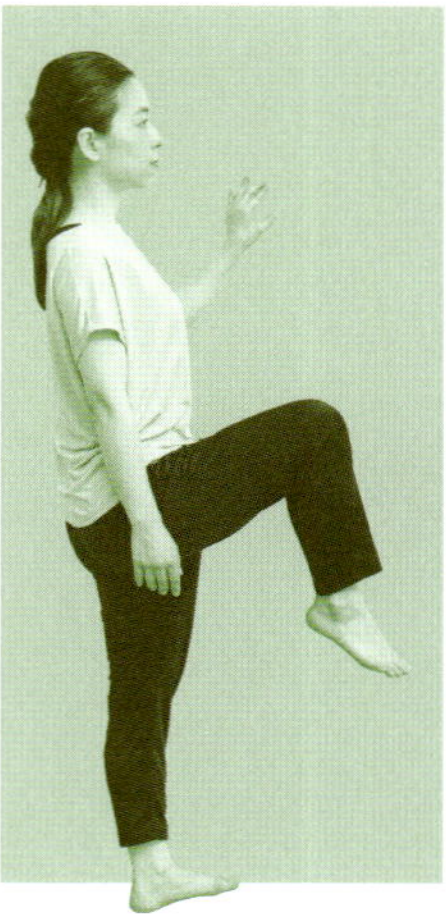

2 直角に上げた足をさらに2～3㎝上げ、10～20秒キープする。左右交互に各5回ほど繰り返す。

1 壁の横に立ち、片手を壁につく。片足をひざが直角になるくらいまで上げる。

"足ちょい上げ体操" のあとにも

ふくらはぎ＆太もものストレッチ

壁の横に立ち、片手を壁につく。片足を後ろに引き、ふくらはぎを伸ばし、10～20秒キープ。反対の足も同様に行う。

壁の横に立ち、片手を壁につく。片足を後ろに上げ、手で支え、太ももを伸ばし10～20秒キープ。反対の足も同様に。

腰のびのびストレッチ→背中のこり＆猫背解消

骨盤を整えるには、よい姿勢をキープするのが
効果的です。背中のこり＆猫背を解消して、
よい姿勢を心がけましょう。

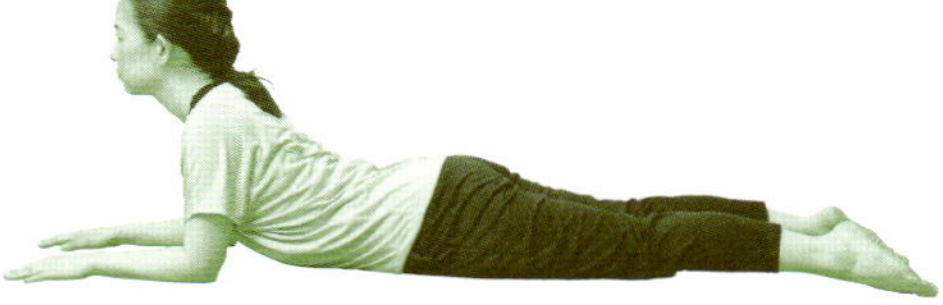

2 上半身を起こし、ひじで支えて10～20秒キープする。1に戻り、10回ほど繰り返す。

もっとできる人は

余裕がある人は、手を伸ばし、上半身をさらに起こす。10～20秒キープする。1に戻り、10回ほど繰り返す。

1 うつ伏せになり、手はひじから直角に曲げる。全身の力を抜き、呼吸は自然に続ける。

予想外のことを解決

産後の体と心の悩みQ&A

産後の体は内部に傷が残っていたり、子宮や乳房が大きく変化する時期なので、体調の変化に気をつけて、心配なときは病院へ。

Q 悪露《おろ》がなかなか止まりません…
A 少しずつ色が薄く量が少なくなっていれば大丈夫です

悪露は、産後2〜3日は赤く粘りけのあるものが多めに出るので、悪露専用のナプキンを使います。その後、量は徐々に減り、1週間後には月経時と同じくらいの量に。3週目ごろからはさらに量も減り、1カ月後には透明のおりもの状になります。色は、血性→茶褐色→褐色→黄色→透明と徐々に変化をしていきます。

もし濃い色の悪露が長引くとき、血のかたまりが出たりしたときは受診を。子宮内に胎盤や卵膜の一部が残っていないかを確認します。自然に排出されることも多いのですが、まれに取り出す手術が必要な場合もあります。また、少なくなった悪露が再び増えたり、においが強くなったなどの変化があったときも、受診しましょう。

Q 突然、発熱しましたが、受診したほうがいいの?
A 38℃以上の高熱が出たときは病院に行きましょう

産後は、胎盤がはがれたあとの子宮壁、子宮頸管《けいかん》、腟、会陰《えいん》といった赤ちゃんの産道となった部分にさまざまな傷があります。これらの傷から細菌感染して、38〜39℃の熱が2日以上続く状態を「産褥熱《さんじょくねつ》」といいます。通常は入院中に起こりますが、退院後、間もなく発熱した場合は自己判断をせず、すぐに受診しましょう。抗生剤が処方されます。

また母体の体力が落ちて細菌感染を起こしやすくなっているため、ほかにも膀胱炎や腎盂腎炎《じんうじんえん》などの尿路感染症にかかったことが原因で発熱している場合もあります。一時的な微熱はあまり心配しなくても大丈夫ですが、高熱が出たら早めに受診するようにしましょう。

Q 会陰切開の傷が気になり、便秘気味です
A 傷はいきんでも開きませんが、いきまなくていい工夫を

傷は縫合されているので傷口が開くことはありません。大切なのは便秘を解消すること。根菜類、海藻類、納豆などの繊維質の多いもの、ヨーグルトなどの乳酸菌を積極的にとったり、水分を多めにとりましょう。また、育児でトイレタイムを逃していることも。パパに協力してもらい、毎朝定時のトイレタイムをつくりましょう。

Q 産後、尿もれが気になるように…

A 骨盤《こつばん》底筋《ていきん》のゆるみが原因かも。体調が回復したら体操をスタート

妊娠中に重い子宮を支えてきたことで、骨盤底筋が弱ってしまうため、産後は尿もれをしやすくなっています。重いものを持ったり、くしゃみをしただけでもれてしまう場合は、パッドを当てておくといいでしょう。体調が回復してきたら、骨盤底筋を鍛えるための体操（↓P．205）を試してみて。尿もれが解消したからとすぐに体操をやめると、再びなることもあるので、少し気長に続けてみましょう。

Q できてしまった妊娠線は消えないの？

A 残念ながら消えませんが、薄くなることもあります

妊娠すると、おなかの表皮は伸びるけれど、その下の真皮や皮下脂肪などが伸びずに亀裂ができてしまいます。これが妊娠線で、おしりや乳房にできることもあります。一度できてしまったものは消えないので、妊娠中からこまめな保湿ケアが大切。産後も、諦めずにクリームなどで保湿ケアをすると、目立たなくなることがあります。

Q 髪の毛がゴソッと抜けてショックです

A 産後2～3カ月後に抜け始め、じきにおさまります

産後は、妊娠中に分泌が増えたホルモンがもとの状態に戻りますが、変化が急激すぎてホルモンバランスが崩れ、抜け毛が起こります。半年～1年後にはおさまってきますが、睡眠不足や慣れない育児でストレスがたまることも髪にはよくありません。低刺激性のシャンプーを使ったり、頭皮マッサージをして乗りきりましょう。

Q 赤ちゃんとずっとふたりきりで育児が楽しくない…

A 少しずつ世界を広げ、楽しみを見つけて

妊娠前は仕事や趣味に忙しい毎日を過ごしていたママにとって、赤ちゃんとずっと家にいると、楽しくないと思うかもしれません。でも、ママの体調も回復してきたら、少しずつ外出もできます。1カ月健診で母子ともに問題なければ、お出かけを楽しんでもいいですね。妊娠前とは違う、新しい楽しみを見つけることができます。

Q パパの言葉や行動にイライラしてしまう…

A パパはママ以上に育児に不慣れ。具体的に言葉で伝えて

パパの言動には悪気がなく、ママが何に悩み、何に怒っているかわからないもの。ママは出産・育児を通して自然と親になっていきますが、パパは親としての意識が芽生えにくいのです。ママが大変なこと、してもらいたいことは言葉ではっきり伝えるようにします。そして、聞いてもらったら「ありがとう」と感謝の気持ちも伝えましょう。

夫婦でしっかり考えよう

産後の家族計画

セックスを再開する前に これからのことを話し合って

出産後すぐは、膣炎や子宮内膜炎などを起こすこともあるのでセックスは控えます。出産後の1カ月健診で会陰の縫合後や膣の状態、子宮、外陰部の傷の状態に問題がないことなどを確認し、問題がなければセックスを再開してもOKです。

ただしセックスを再開する前に、子どもは何人欲しいか、年齢差をどうするかなど家族計画について夫婦でよく話し合いを。すぐの妊娠を望まない場合はしっかり避妊をする必要があります。「月経が再開していなければ妊娠しない」と思っている人も多いですが、月経は排卵してから受精できなかった場合に起こるもの。つまり月経が再開していなくても、すでに排卵している場合があります。

もし、すぐに妊娠を望む場合も、ママの体がもとに戻るまでに1年はかかると考えるので、次の妊娠までは少なくとも半年〜1年あけたほうがいいでしょう。帝王切開でのお産の場合は、必ず1年あけてください。

また、産後は女性にとっては、男性よりも精神的な影響が大きいものでもあります。無理強いはせずに、まずはスキンシップなどから始めてもいいですね。

産後のママは体調もメンタルも不安定。夫婦で気持ちを伝え合い、体をいたわり合いながらのスキンシップが大切です。

産後のセックスQ&A

Q— 授乳中でも避妊は必要ですか？

A— 授乳中でも排卵が起こることもあるので必要

授乳中は排卵が起こりにくくなるホルモンが分泌されているため、月経が再開するのが産後5〜6カ月という人が多いですが、月経が再開していなくても排卵が起こっている場合があるので、妊娠する可能性はあります。

Q— 産後すぐの避妊はどうしたらいいの？

A— 望まない妊娠を避けるためにふたりで相談を

子どもは何人欲しいのかなど、今後の家族計画について夫婦でよく話し合い、妊娠を希望しないなら、セックスを再開する初日から避妊することが大切です。授乳中はピルは避け、コンドームで避妊を。IUD（子宮内避妊器具）を医師に相談してもいいでしょう。

セックスは大切なこと。だからこそママの気持ちも考えて

産後はセックスに痛みを感じることがあり、またママは授乳や育児で疲れていて、そんな気分になれないことも。無理強いせずに、ママの気持ちを受け止めてあげましょう。

PART 7

妊娠・出産にかかるお金

妊娠・出産にはお金がかかります。出産にどれくらいのお金がかかるのか、また、公的にどういった助成があるのかなど、把握しておくことが大切です。とくにお金に関しては、パパの出番といえるかもしれません。煩雑な手続きが多いのでママの負担を軽減できるはず。育児休業についてもよく相談しておきましょう。

計画的に準備しよう

妊娠・出産にかかるお金&もらえるお金

赤ちゃんが無事に産まれるまでにどんな出費が必要になるのかをしっかり確認し、やりくりプランを練りましょう。

何にどのくらいかかるのか把握しておこう

妊娠・出産でかかる主な医療費には、妊婦健診費用、分娩や入院の費用などがあります。ただし、妊娠や出産は病気ではないので保険がきかず、基本的に自費となります。ほかにも、妊婦さん用の服や下着、分娩で入院する際のパジャマや産褥《じょく》ショーツ、産後の補正下着や授乳用の服などのマタニティ用品、赤ちゃんの肌着やおむつ、授乳グッズ、赤ちゃん用寝具、ベビーカーなどのベビー用品の費用もかかります。お財布と相談しながら、レンタルやお下がりなども賢く活用してやりくりしましょう。

また、里帰り出産をする人は、そのための交通費やその間の生活費なども要チェック。さらに、産後には内祝いやお宮参りなどの費用もかかるので、それらも見越した予算の確保が必要になります。

妊婦健診費

健康保険は使えないが、自治体の助成がある

妊娠初期から出産までに受ける妊婦健診は約14回が一般的。1回当たりの費用の目安は5000~1万円程度で、合計で10万円前後かかるケースが多いようです。健康保険はきかないため健診費は自己負担ですが、自治体による助成があるので安心を。ただし、助成金額や内容は自治体ごとに異なるので居住地域の役所で確認しましょう。

分娩・入院費

どこで出産するかによって費用が違うので事前に確認

分娩と入院費用の総額は、約50万~60万円が相場。ただし、都市部では高めのケースが多く、病院、診療所、助産院など出産する施設によっても差があります。また、和痛(無痛)分娩や個室などを選択すると追加費用も必要に。分娩や入院費用にも健康保険は使えませんが、健康保険に加入している場合は出産育児一時金が給付されます。

妊婦健診費の合計額

1回
5,000～1万円
×約14回分
＝総額約**10万円**

自治体の補助あり
(→詳しくはP.214)

正常分娩の平均的な出産費用・妊婦合計負担額
(平成28年度)

50万5,759円
(病院、診療所、助産院の合計・全国平均)

病院の合計・全国平均
51万1,652円
診療所の合計・全国平均
50万1,408円
助産院の合計・全国平均
46万4,943円

※「公益社団法人　国民健康保険中央会」資料より

助成金などのもらえるお金は自分で手続きする必要あり

妊娠や出産ではさまざまなお金がかかり、かなりの出費になります。働いていたママが休職や退職したりすることで、世帯収入がガクンと減ることも……。そんなママやパパ、産まれてくる赤ちゃんを支援してくれるのが、国や自治体の助成制度です。

ただし、こうした助成金や給付金は自分で申請しないともらえません。また、会社員や公務員のママ、自営業のママ、専業主婦など働き方の違いや、雇用保険に加入しているかどうかなどで、もらえるお金の種類が異なります（下図参照）。たとえば、出産育児一時金は健康保険に加入していないと受給できず、出産手当金や育児休業給付金は産後に職場復帰するママだけに支給されるなど、受給資格や条件がそれぞれ違うので注意が必要です。

妊娠がわかったら、働くママは勤務先に、専業主婦や自営業のママは住んでいる自治体の役所の窓口で、利用できる助成制度を確認してみましょう。

妊娠・出産でもらえるお金の目安

○もらえる　×もらえない　△条件によってはもらえる

		専業主婦・パート（※）のママ	会社員・公務員のママ	自営業のママ	社会保険料を払っている契約社員、派遣社員のママ
産前	妊婦健診費用助成	○	○	○	○
	傷病手当金	×	△	×	△
産後（for ママ）	出産育児一時金	○	○	○	○
	医療費控除	△	△	△	△
	高額療養費	△	△	△	△
	出産手当金	×	○	×	○
	育児休業給付金	×	○	×	○
（for 赤ちゃん）	児童手当	○	○	○	○
	乳幼児医療費助成	○	○	○	○
	未熟児養育医療制度	△	△	△	△

※ 社会保険料を払っていない場合。社会保険料を払っているパートの場合は会社員・公務員のママの項目を参考に確認を。
（表はあくまでも目安になります。実際に申請するときは受けられる条件を満たしているか確認してください。）

パパへ

お金のことは積極的に関わろう。ママに代わって申請に行ってもOK

お金の管理をママにまかせっきりのパパも、やりくり計画や節約にしっかり協力してバックアップを。体調不良でママが各種手続きを行えないときは、パパが代理申請できるか調べてみましょう。

妊娠・出産でもらえるお金リスト

どんな助成があるのか知っておこう

出費が高額になる分、妊娠や出産への公的な助成も増えてきています。自分が対象となるものを確認することが大切です。

産前

妊婦健診費用助成

一般的に約14回分の費用は自治体から助成される

自治体に妊娠届出書を提出すると、多くの場合、国が推奨している妊婦健診の回数である約14回分の妊婦健診助成券が発行されます。妊婦健診を受ける際に助成券を出すと、妊婦健診費を助成してもらうことが可能。1回の助成金額は5000～1万円程度が一般的ですが、自治体により額は異なります。場合によっては助成券の対象とならない検査があるので、病院に確認を。

妊婦健診費用助成の内容

- **もらえる人は？**
  妊婦全員
- **いつ申請？**
  妊娠がわかったら自治体に届け出る。多くは母子手帳とともに妊婦健診費用の助成券がもらえる。
- **内容は？**
  約14回分の助成券ほか、自治体によってはタクシー代、歯科検診の助成などが受けられる場合もある。

傷病手当金

働くママが体調不良などで休んだときにもらえる

業務外の病気やけがのほか、切迫流産や早産で入院したり、体調不良で医師から自宅療養を指示され、仕事を休んだときに申請できる制度。3日連続して仕事を休み（待期期間）、4日目以降の休んだ日数分が支給の対象。目安として月給の2／3程度の額を受け取れます。勤務先の健康保険に加入している人で、仕事を休んでいる期間の給料の支払いがないことが条件です。

いくら支給されるの？

1日の支給額
（直近12カ月間の標準報酬月額の平均額÷30日×2/3）
×
休んだ日数分
休んだ日数分（実際に休んだ日－3日）
＝
支給される金額

4日以上休んだ場合に支給される。たとえば、7日休んだら、7日－3日で、4日分支給される。

産後 for ママ

出産育児一時金

分娩・入院費用を1人50万円サポートする

加入している健康保険から支払われ、支給額は子ども1人につき50万円。双子など多胎児の場合は人数分支払われ、死産や流産の場合も妊娠4カ月（85日）以降なら支給対象となります。健康保険から病産院に直接支払ってもらう直接支払制度を利用すれば、退院時の支払いは50万円を超過した分だけに。50万円に満たない場合は、申請すれば差額分を受け取ることができます。

いくら実費で支払うの？

- **自己負担がある例**
  分娩・入院費用 **58万円** － 出産育児一時金 **50万円**
  自己負担 **＝8万円**
- **自己負担がない例**
  分娩・入院費用 **48万円** － 出産育児一時金 **50万円**
  戻ってくるお金 **＝2万円（差額分）**

医療費控除

出産も含め医療費を10万円以上払ったら税金が戻ってくる

生計をともにする家族全員の年間の医療費の合計が10万円を超えた場合、確定申告することで所得税の一部を返金してもらえる制度です。ただし、出産育児一時金や生命保険などで補てんされた金額は差し引いて計算します。控除対象となるのは、妊婦健診費や分娩費、通院のための交通費など。領収書がない交通費は金額をメモしておきましょう。申告すると翌年の住民税が安くなり、保育料が安くなる可能性もあります。

いくら戻るの？

1年間に払った医療費
（家族全員分を足す）
－
補てんされた金額
（出産育児一時金、保険など）
－
10万円
（所得200万円未満の人は所得の5％）
＝
医療費控除額

医療費控除額が出たら、そこに所得税率をかけた金額が戻ってくる税金。所得税率は所得に応じて5～45%（国税庁ホームページ参照）。

医療費として認められるもの

妊婦健診費用、分娩・入院費、体調不良での受診や入院の費用、治療のための薬代、通院のための交通費（タクシー代を除く）、人工授精にかかった費用、不妊治療の費用、出産で入退院するときのタクシー代、入院中の食事代、歯の治療代など。

医療費として認められないもの

妊娠検査薬、里帰り出産の実家までの交通費、タクシー代（体調不良など認められる場合も）やマイカーでのガソリン代・駐車場代、入院のときのパジャマや洗面具など身の回り品を購入した費用、サプリメント、おむつやミルク代など。

高額療養費

医療費が高額になったら健康保険から払い戻される

帝王切開などの異常分娩で医療処置がなされた場合は健康保険が適用され、さらに1カ月の医療費が自己負担上限額を超えた場合は高額療養費制度の対象となり、超過分が健康保険から払い戻されます。自己負担上限額は所定の方法で算出され、月をまたいでの合算はできません。事前に限度額適用認定の申請を行えば、病院での支払いを自己負担上限額までに済ませられます。

パパへ

医療費控除はパパが申告したほうがお得かも!?

医療費控除は、生計をともにする家族で合算し、夫婦のどちらかで申告します。所得が高いほど税金をたくさん払っているので、パパのほうが所得が高ければ戻ってくる税金も多くなります。

出産手当金

産休中の収入ダウンを健康保険がサポート

産休中で給料が減ったり、無給になるママのために、健康保険からサポートされるお金。勤務先の健康保険に加入していて、産後の職場復帰が決まっているママが対象となり、自営業のママは対象外です。標準報酬月額の2／3相当額が休んだ日数分支給され、支給対象期間は出産前の42日間（多胎の場合は98日）、出産後の56日間（8週間）の原則98日間。この期間中に出勤した場合は、出勤した日数分だけ減額されます。

いくら支給されるの？

1日の支給額
直近支給12カ月間の標準報酬月額の平均額÷30日×2/3
×
休んだ日数分
（基本は産前産後の98日）
＝
支給される金額

出産予定日より遅れて出産した場合は、遅れた日数分が支給額に加算されます。

休んだ日数とは？

● 出産予定日に出産した場合、出産予定日より早く出産した場合

42日＋56日＝98日

● 出産予定日より2日遅れて出産した場合

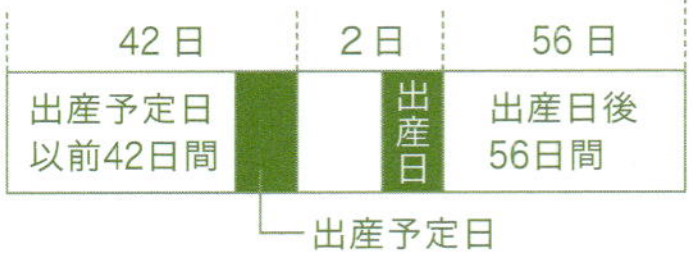

42日＋2日＋56日＝100日

育児休業給付金

育休中に雇用保険からもらえる

働くママが雇用保険に加入している場合、子どもが1歳になるまでの育休期間中（特例で最長2歳まで延長可能）に、育児休業給付金が支給されます。育休前の2年間に11日以上または80時間以上働いた月が12カ月以上あるなど、受給条件を満たしている人が対象。最初の6カ月は月給の67%、それ以降は50%相当額が休んだ日数分支給されます。また条件を満たせば、育休を取るパパも受け取ることができます。

また、産後8週間以内に育児休業を取得するパパは通常の育児休業給付金とは別に出生時育児休業給付金が支給されます。

手取りの収入のイメージ

育児休業前		育児休業中	
給与	230,000円	育児休業給付金	154,100円
所得税	5,000円	所得税	0円
社会保険料	30,000円	社会保険料	0円
雇用保険料	1,200円	雇用保険料	0円
住民税	15,000円	住民税	15,000円
手取り	178,800円	手取り	139,100円

月給の67%を手取り額で比べてみると、休業前の約8割が支給されることに。育児休業給付金は非課税で所得税はかからず、育休中は社会保険料や雇用保険料も免除となります。

※厚生労働省「育児休業給付金が引き上げられました」リーフレットより

パパへ

2人で育休を取れば1歳2カ月まで67%支給される

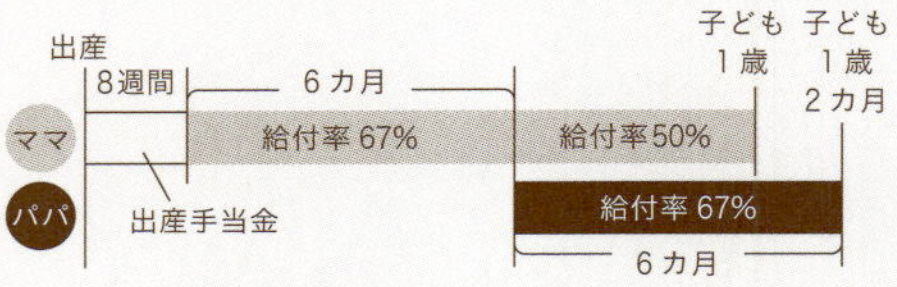

ママは赤ちゃんが1歳になるまで、パパは6カ月（赤ちゃんが1歳2カ月まで）の育児休業を取った場合の例。それぞれ6カ月は月給の67%が支給されます。

for 赤ちゃん

児童手当

出産した翌日から15日以内に手続きを

中学生以下の子どもがいる家庭を支援するための手当。申請の翌月から支給対象となるので、出生届を出したらすぐに児童手当の申請手続きを。申請先は住んでいる自治体で、公務員の場合は共済の窓口になります。支給額は子どもの年齢によって異なり、月額1万円、または1万5000円。所得が限度額以上の場合は子ども1人につき月額5000円に。年3回に分けて4カ月分がまとめて支給されます。

いくらもらえるの？

- **3歳未満**
  月額一律1万5,000円
- **3歳以上小学校修了前**
  月額1万円
  (第3子以降は1万5,000円)
- **中学生**
  月額一律1万円

児童手当をすべて貯蓄すると、第1～2子は合計198万円ほど。第3子なら252万円ほどに。累計額は誕生月で異なります。

※所得が所得制限限度額以上の場合は子ども1人につき月額5000円に、所得上限限度額以上の場合には児童手当の支給はありません。

乳幼児医療費助成

健康保険に加入した子どもの医療費を自治体が負担

子どもの医療費の全額や一部を自治体が負担する制度で、対象年齢や助成金額、所得制限の有無は各自治体で異なります。健康保険に加入している子どもが対象なので、出生届を提出後すぐに加入手続きを。乳幼児医療証を交付する方式のほか、いったん医療費を自己負担して後日申請する方式も。

未熟児養育医療制度

入院治療が必要な赤ちゃんをサポートする

出生時の体重が2000g以下、または発育が未熟なまま産まれて医師が入院養育が必要と判断した赤ちゃんが、指定の医療機関で入院治療を受ける際に、その医療費を公費で負担する制度です。親の所得によって一部自己負担となる場合、自己負担分は乳幼児医療費助成の対象となります。

for シングルパパ&ママ

児童扶養手当

シングルのパパやママの養育費を自治体が支援

離婚や死別、未婚などの理由で、ひとり親になった家庭を対象に、子どもが18歳になった年度末まで自治体が援助する制度。支給額は所得や子どもの人数によって異なります。申請した翌月から支給対象となるので、早めに申請しましょう。

for 妊娠中に退職したママ

失業給付の受給期間の延長

再就職を考えているなら忘れずにハローワークに申請を

妊娠中に退職した場合、すぐには再就職できないとみなされ、そのままでは失業給付を受け取れないので注意。失業給付の受給期間延長の手続きをすれば、通常1年以内の受給期間を、最長4年以内まで延長できます。再就職するつもりの人は忘れずに手続きを。

会社独自の制度も増えている

働くママが知っておきたい制度

働くママの体を守り、育児を応援する法制度や会社独自の制度があるので、前もってリサーチしておきましょう。

会社の制度を確認し、上手に利用しよう

働くママを応援するため、法律で産前産後のママの体を守る制度や育児のための休業制度が定められています。また、産前産後の休暇期間を長く確保したり、原則1年の育児休業期間を3年に延長したりと、企業側が独自の制度を整える動きも増えています。勤務先の制度を確認したり、同僚の先輩ママに話を聞いた上で、パパや上司に相談して休業期間などを決めましょう。

産前産後休業

母体保護のため、産前に6週間、産後に8週間取得できる

産前休業は出産予定日前の6週間、産後休業は出産翌日から8週間で、この期間は就業することはできません。ただし、産前休業はママ本人が請求した場合、産後休業は産後6週間を過ぎてママ本人が請求し、医師が支障ないと認めた場合は就業することができます。

育児休業

産休が明けたら、原則子どもが1歳になるまで取得できる

子どもの1歳の誕生日の前日まで、希望した期間を取れます。保育園に入れないなど一定の条件を満たした場合は1歳6カ月まで延長でき、さらに再申請で最長2歳までの延長が可能。ママだけでなくパパも取得でき、ともに1人の子どもにつき原則2回まで分割して取得することができます。

職場復帰までのスケジュール

妊娠判明

産院で妊娠が確認されたら、仕事を続けるかどうかを考える。家族とも相談し、自分の気持ちを確定する。会社の制度も確認する。

↓

会社に報告

まずは、上司に報告。復帰の時期、今後の働き方などを相談する。報告の時期に決まりはないけれど、妊娠8～11週ごろが多いよう。

↓

産休・育休

産休（産前6週間・産後8週間）、育休（子どもが1歳になるまで）は法律で定められているが、会社によってさらに長く休める場合もある。休む前に確認を。

↓

職場復帰

休む前に決めた時期、働き方などで職場復帰をする。しかし、体調不良や保育園に入所できないなど、変更があるときは早めに上司に相談を。

産休・育休の期間

6週間　産休
出産
8週間　産休
育休
↓
子どもが1歳
延長できる
↓
子どもが1歳6カ月
再延長できる
↓
子どもが2歳

パパの育休取得を応援する制度に注目をしよう！

パパが実際に育児休業を取得するのはまだ少ないのが現状。そこで、パパの育児参加や育休取得をバックアップするための制度が設けられています。

ひとつは「出生時育児休業」（産後パパ育休）で、ママが産後休業を取得している期間のうち最大4週間まで、通常の育児休業とは別に取得できるというもの。出産直後と職場復帰前のママをサポートすることなども可能になります。もうひとつは「パパ・ママ育休プラス」で、夫婦ともに育休を取得する場合、育休期間を子どもが1歳2カ月になるまで延長することができる制度です。「産後パパ育休」と「パパ・ママ育休プラス」はダブルで活用することもできます。

「産後パパ育休」でパパが4回に分けて育児休業を取れる

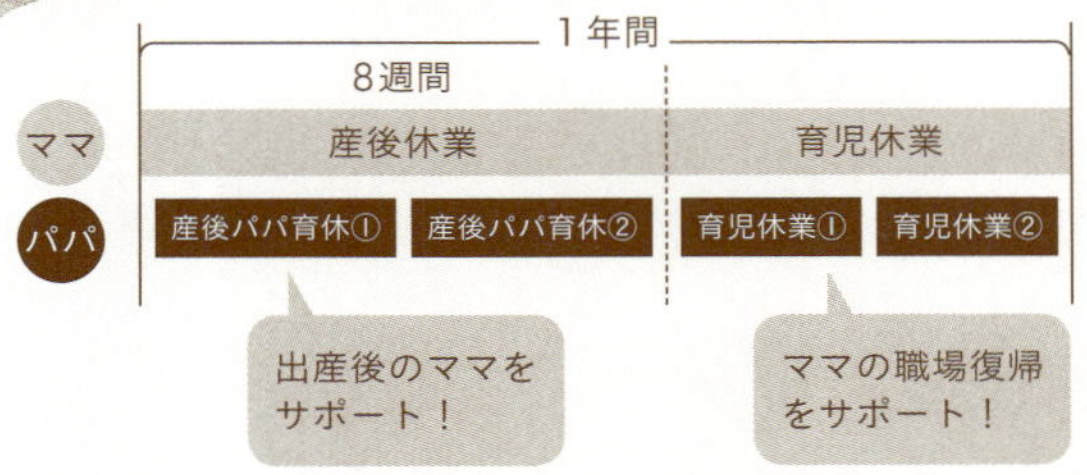

ママの出産後8週間以内の期間のうち最大4週間は、出生時育児休業（産後パパ育休）として取得できます。通常の育児休業と合わせると、子どもが1歳になるまでの間に最大4回に分けて休暇を取得することができます。

「パパ・ママ育休プラス」で育児休業期間が延長

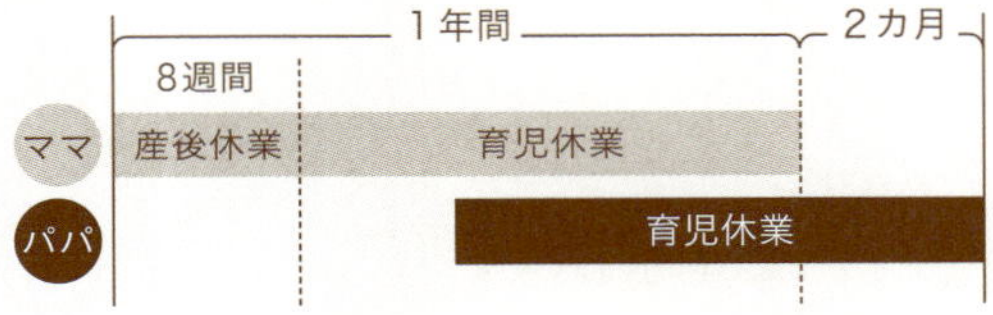

パパとママがともに育児休業を取得する場合、育児休業期間を原則1年から2カ月分プラスすることが可能に。子どもが1歳2カ月になるまで育児休業を取得することができます。ただし、パパとママそれぞれ休業できるのは最長1年間まで。

「パパ・ママ育休プラス」でこんなパターンも可能

パターン1

夫婦が入れ替わりで切れ目なく育児休業を取りたい場合。ママは赤ちゃんが1歳になるまで育児休業を取得し、ママの職場復帰のタイミングでパパが2カ月間の育休を取得します。

パターン2

ママとパパが、子どもが1歳2カ月になるまで入れ替わりで育児休業を取得。夫婦が同じだけ育休を取るという考え方の家庭なら、こんなパターンを検討してもいいですね。

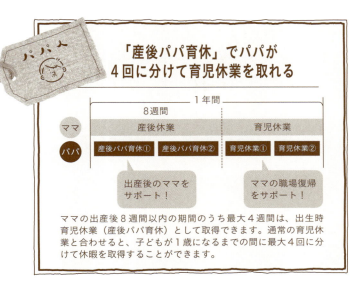

索引

スタッフ

カバーデザイン・イラスト　つむぱぱ
本文デザイン　川上範子
本文DTP　岡田恵子(ok design)、村上幸枝
本文マンガ　林ユミ
本文イラスト　田中麻里子
撮影　成田由香利
取材・文　茂木奈穂子、樋口由夏、日高良美、
須藤桃子、臼井美伸・大橋史子(ペンギン企画室)
鹿島由紀子、秋山由紀、簑田明実
校正　関根志野、木串かつこ
構成・取材　時政美由紀(マッチボックス)
企画・編集　端香里(朝日新聞出版 生活・文化編集部)

取材協力

モデル協力　山口由季、泰ファミリー（P.35 ～ 36）
近藤尚子、慎哉、陽希ファミリー（P.120 ～ 121）
桑原千月、正和、紬希、希弦ファミリー（P.122 ～ 123）
監修（P.212 ～ 219）　AKJ パートナーズ
撮影協力　原早苗、佐藤純子、木村さつき

最新版《さいしんばん》　ママとパパの
はじめての妊娠《にんしん》・出産事典《しゅっさんじてん》

2019年12月30日　第1刷発行
2025年 5 月30日　第9刷発行

監　修　藤井知行・鮫島浩二
発行者　片桐圭子
発行所　朝日新聞出版
〒104-8011　東京都中央区築地5-3-2
[お問い合わせ]　infojitsuyo@asahi.com
印刷所　株式会社シナノグラフィックス

ISBN 978-4-02-333308-6

定価はカバーに表示してあります。

落丁・乱丁の場合は弊社業務部(電話 03-5540-7800)へご連絡ください。

送料弊社負担にてお取り替えいたします。

監修者プロフィール

藤井知行（ふじい ともゆき）

1982年東京大学医学部卒業、1984年東京大学医学部産科婦人科学教室入局。翌年、東京大学医学部附属病院で習慣流産専門外来開設。1993年東京警察病院産婦人科医幹。このとき、鮫島浩二氏と知り合う。2007年よりさめじまボンディングクリニックに毎週火曜勤務。2012年東京大学大学院医学系研究科産科婦人科学講座教授、2013年東京大学医学部産科婦人科学教室主任教授。専門分野は周産期医学（産科学）、生殖免疫学［とくに合併症妊娠、不育症（習慣性流死産）、妊娠高血圧症候群、産科救急の治療］。著書に『週数別 妊婦健診マニュアル』（医学書院）など。

鮫島浩二（さめじま こうじ）

さめじまボンディングクリニック院長。1981年東京医科大学卒業、同年東京警察病院産婦人科入局。1995年埼玉県大宮市・木野産婦人科副院長、1998 ～ 2005年埼玉県熊谷市・中山産婦人科クリニック副院長、2000年NPO 法人国際ボンディング協会設立。2005年10月、NHKスペシャル「“いのち” の対話～妊娠中絶・医師２人の模索～」放映。2006年より現職。日本産科婦人科学会専門医、日本臨床アロマセラピー学会認定医。2013年特別養子縁組を扱う「あんしん母と子の産婦人科連絡協議会」を設立。著書に『わたしがあなたを選びました』『２人で読む 安心マタニティ 280DAYS』（ともに主婦の友社）など多数。